365日
365ホテル 上

ホテル評論家
瀧澤信秋

はじめに

３６５日３６５ホテル旅とは、ホテル評論家、瀧澤信秋が２０１４年、自身に課した酔狂な自腹ミッションである。

恐らく未だ誰もやったことがないであろう、1年３６５日毎日異なるホテルを利用、一度利用したホテルは再び利用できない。良し悪しを決めるには、比較も重要である。1つでも多くのホテルを利用し身をもって知ることが評論家稼業には大切だと考えるゆえの試みである。

ホテルがダブってはいけないということは、住んでいる東京とその近郊のホテルだけでは目ぼしいホテルが尽きてくるので、全国各地のホテルへ出向くことになる。北海道から沖縄まで全国各地へのホテル旅。これはワクワクするのである。

ホテルとは旅館業法等で定義は記されているが、法令上の定義にかかわらず、一般のホテルはもとより、カプセルホテルから旅館、レジャーホテル、はたまた寝台列車での一夜も「ホテル」としてカウントされていく。しかしながら、例えば夜行高速バスの座席での一夜はカウントされない。料金の発生する施設（ベッド）を「ホテル」と、このミッションでは定義付けている。利用に際しては、カミソリや歯ブラシといったアメニティも、例外的な場合を除いて持ち帰り保存していくので、ミッション完了後にホテル間の比較をするのも楽しいと思う。

本書では実用的なレポートを書きたいという思いもあり、コストパフォーマンスやコンセプトに優れたホテルを選ぶという趣旨から、高級ホテルでもこれは安い！　という時は躊躇せず選択、一方これはいかがなものかというホテルでも安いという理由だけで出向くチャレンジの日もある。

　そのように利用したホテル全てに対して得点が付けられている。筆者が過去10年以上にわたり、５００軒以上の国内ホテルを利用した際に用いてきた「ホテルチェックリスト」に基づき算出されたもので、ホテルのエントランスから客室、駐車場に至るまで該当する項目について純粋に加点されていく。よって、充実した設備の高級ホテルの得点は高くなり、簡易なホテルになれば得点は低くなるが、そこには宿泊料金は勘案されていない。

　高い料金を支払えば高級ホテルが利用できるのは当然だ、というように、大切なのはこの料金でこのホテル!?というコスパ（コストパフォーマンス）であり、本書で最も重要視するポイントだ。それを「コスパポイント」として得点と共に記載した。詳細については7ページを参照いただきたい。

　本書では、利用したホテルのレポートだけではなく、ホテル間の移動過程や一般的なホテルの最新情報、お得なホテル利用術、果ては飲食店情報まで、ホテル旅にまつわる様々な情報なども盛り込んだ、欲張りな旅行本でもある。本書の情報が少しでも読者のお役に立てれば筆者としてはこの上ない喜びである。

　なお、リブランドをはじめとしたホテルの変化は激しく、ホテル名や宿泊条件（チェックイン・チェックアウト・料金体系など）の変更はよくあることで、昨日はあのホテルだったが今日はこのホテル、というようなケースも時々見かける。宿泊料金も変動制を採用するホテルは多く、立地や繁閑で大きく差がある。本書に記されている情報等は、あくまでも当該ホテルを利用した日の情報であり、実際に利用される際は改めて情報の確認等していただければ幸いである。

この本の使い方

本書は「ホテル・グルメ」のガイドブックとして、また、「国内の旅行記」「ホテル評論家の日常」という読み物としても楽しんでいただけるようになっている。

ガイドブックとしては、旅へ携行いただけるよう本のサイズを少し小さめにした。旅先でのホテル選び、お店選びの一助になれば幸いである。

旅行記としては、日々のホテルについて中心に書かれてはいるものの、限られたスペースの中で移動過程なども詳述したので、ロードストーリーとしても楽しんでいただけるよう試みたつもりだ。

３６５ホテル旅は、毎日ホテルを利用するということから、ホテル評論家でもある筆者の日常と密接に関わっている。このホテル旅をスタートさせたことにより次第に変化していく筆者の日常、プライベートについても必要な限り盛り込んでいる。そんな読み物としても楽しんでいただければ幸いである。

ホテルガイドブックとして

本書は、３６５ホテル旅上半期として、２０１４年１月から６月までに利用した、全国各地１８１ホテルの感想を中心に書かれている。１８１のホテルには、オススメできるホテルもあれば、これはオススメできないというようなホテルもある。各ホテルには項目ごとの得点と、得点だけではわからない宿泊料金も勘案したお得度である「コスパポイント」が付けられている。過去も含めて多くのホテルを利用してきた、利用者目線のホテル評論家でもある筆者の「ホテルはコスパとコンセプト」という一貫した視座から書かれている。

グルメガイドブックとして

１人で知らない街へ出張した時に困ってしまうのが「夕食」。そんな筆者の経験から、旅先にて１人で楽しめるお店を見つけたいという思いから、旅先では果敢に知らない飲食店へ突撃、アウェイなおひとり様でも和んで楽しめる「地元密着系」の「お手頃な飲食店」情報も盛り込んだ。

旅行ガイドブックとして

３６５ホテル旅は自腹旅でもある。日々のホテル代を捻出するため、交通費は安くしたい。そこで車での長距離移動に際して高速料金を安く抑えるため、深夜にホテルをチェックアウトして出発したり、ＬＣＣ（格安航空）も頻繁に登場するなど交通機関の利用術も盛り込まれているので、旅行ガイドとしても楽しんでいただけるようになっている。

旅行記として

どうしてそのホテルを利用することになったのかという、日々の過程も盛り込むなど、筆者のプライベートなシーンについても多く書かれている。３６５日異なるホテルを利用するということによる旅先でのトラブルや感動の出来事など、ドラマというよりも３６５日連続するリアル旅行記としても楽しんでいただければ幸いである。

喫煙ルーム／禁煙ルーム

　筆者は煙草を吸わないので、日常的にホテルは禁煙ルームを利用するが、365ホテル旅では、最安値の様々な客室利用がひとつのテーマでもあるので、これまで利用する機会の少なかった喫煙ルームの環境が如何なるものなのか、その程度にはどのような特徴があるのかなど体験するために、受動喫煙に躊躇することなく「体を張って」喫煙ルームも利用している。身をもって現場を知ることは大切だ。

　喫煙ルームというだけで嫌煙者からは忌み嫌われるが、たとえば新規にオープンした施設でまだ一度も利用されていない客室ならば当然問題はないし、新しい施設で空調やメンテナンスがしっかりしており臭い自体は気にならないホテルもある。一方臭いが酷く、いたたまれないケースももちろんある。臭いがないとはいっても、厳格には受動喫煙問題と常に隣り合わせの喫煙ルームの利用には、利用者各自の状況に応じた注意が必要になってくる。

　ところで、ホテルの客室利用料金は一般的には禁煙ルーム／喫煙ルーム共に同料金というケースは多いが、時々喫煙ルームが安価で出されているケースに出会う。そもそも、喫煙ルームはカーテンや壁紙の交換などメンテナンスコストがかかるはずだから、禁煙ルームを安くすべきだという意見もあるが、多くのホテルは変動制の料金体系をとっており、需給バランスにおいてその料金は決定される。

　かように、希望者の多さから禁煙ルームの空室がなく、一方喫煙ルームに空室が多い場合、喫煙ルームの料金を下げたプランを提供すれば、禁煙・喫煙どちらでも構わないといった利用者に対してお得感を打ち出しその需要を取り込むことができる。365ホテル旅では、同じホテルでも少しでも安い部屋を予約することを心がけているため、このような事情からも喫煙ルームのプランを選択するケースがある。

　本書はプライベートなホテル旅日記という側面もあり、本文のスペースも限られているので、ホテルの喫煙ルームにおける受動喫煙の問題については触れておらず、禁煙／喫煙ルームの表記もしていない。これら諸問題については別の機会に譲りたいと思う。

プライベートな旅日記としての表現

　ホテル評論家として、専門的な執筆や業界専門誌などへの連載などもしており、かようなケースでは当然専門用語を用いるが、本書はホテルの専門書といった要素は全くない筆者のプライベートなホテル利用に主眼の置かれた旅日記であるため、出来る限り専門用語は用いないようにしている。たとえば、ビジネスホテルという表現を多用しているが、正確には宿泊特化型ホテル・宿泊主体型ホテル・旧態型ホテルなど様々な形態に分類できるし、シティホテルもまた同様。「客室」という表現すら用いず「部屋」としているのも本書の性格ゆえである。ホテルの分類や区分など、専門的な部分については拙著『ホテルに騙されるな！プロが教える絶対失敗しない選び方』（光文社新書）に詳述しているので、あわせて参照していただけると幸いである。

ホテル名・情報表記

　本書では、各ページのホテル名について宿泊した時点でのホテル名を表記している。ホテル名が変わることはよくあるので、本書が発売された時点で既に異なるホテル名になっているケースもある。また、住所はその可能性は低いものの、電話番号は変更されることが稀にある。チェックイン／チェックアウト時刻（レジャーホテルの場合は休憩時間・宿泊滞在時間）の表記は、各ホテルへ確認をした標準的な時間を表記しているが、宿泊プランによっては該当しないケースもある。いずれにしても、本書の情報をもとに実際にホテルを利用される際にはご注意いただきたい。また、各ホテルの地区表記については【都道府県名／都市名】というルールに則っているが。東京と大阪は例外的に【東京／地区名】【大阪／地区名】という表記を用いている。

365ホテル旅のルール

ホテルの定義

ホテルの定義は様々あるが、365ホテル旅においては、「有料のベッドを有する宿泊できる施設」と定義付け、通常のホテルはもちろん、カプセルホテル、レジャーホテルまで様々なホテルを利用している。ホテルの規定するチェックインタイムからチェックアウトタイムの間にホテルを利用することになるわけだが、有料のベッドが条件ということで夜行列車の寝台車やクルーズ船もOK、ただし、この場合はチェックイン、チェックアウトではなく、当該設備が利用できる時間帯での利用が条件となる。ただし、ベッドがない夜行高速バスなどはNGとなる。本書では定義に該当する施設を全て「ホテル」と称している。

ホテルカテゴリー

本書におけるホテルカテゴリーは以下の通りである。

- **・デラックス**　基本的にフルサービスの高級ホテル
- **・ミドル**　リミテッドサービスであるが施設などが充実したホテル
- **・エコノミー**　宿泊に特化したビジネスホテル
- **・カプセル**　カプセルホテル
- **・レジャー**　男女で利用することを前提としたいわゆるラブホテル
- **・旅館**　温泉地などにある1泊2食を基本とした施設
- **・ホステル**　1室を複数人で共有する施設

ダブってはいけない

ホテル評論家として「評論とは比較すること」という考えから、1つでも多くのホテルを知りたいこともあり、「365日異なるホテルを利用する」ことが重要なルールとなっている。

自腹ミッション—予算は限られている—

365ホテル旅では、自腹でホテルを利用するというルールも自らに課した。特に宿泊料金から導き出す「コスパ」を語るには、自分の財布から支払う必要があるという考えからだ。予算は月額を15万円程度としているので、ホテルの予約に際しては、安価なレートで予約できるインターネットの予約サイトを利用した「最安値」が中心となる。宿泊予約サイトは、主に「じゃらん」「楽天トラベル」を利用している。予約サイトの利用によりポイントが付与されるが、1月1日の時点でポイントを０にしてスタートしたので、12月31日までに何ポイント貯まるのかも記録していく。

タダで泊まることもある!?

筆者はホテル評論家として、様々なホテルを取材することも主な仕事の一つである。ホテルへの取材には「覆面取材」と「正式取材」がある。３６５ホテル旅では、日々自腹でホテルを利用しているので毎日覆面取材していることにもなるが、自腹でホテルを利用しホテルチェックリストを作成した結果、高得点のホテルについては正式取材を申し込み、メディアへ情報発信していく。この正式取材は、テレビやラジオ、雑誌などのメディアへ掲載することが前提となっているため、ホテル側からインビテーションを受けることがある。正式取材対象ホテルということで、本書でも概して高得点になっているが、自腹ではないのでコスパポイントは記されない。

アメニティも保存

カミソリ、歯ブラシなどアメニティの良し悪しを判断するためには、同条件で比較する必要があるので全て保存。３６５ホテル旅の終了時点で全て比較できる機会をつくりたいと思っている。よって、アメニティについては、本書では種類・量が得点の根拠になっているだけであり、実際の使用感（クオリティ）は対象となっていない。また、インビテーションを受けたホテルについてはアメニティの持ち帰りはしていない。

得点とコスパポイント

その日その時に感じたこと

ホテルの印象は利用した時の境遇で大きく異なるものだ。同行者がいるのか、体調や天気、その他様々な条件で印象の良し悪しは変わる。本書に記されているホテルの記述はかような前提があるということをここで改めて確認したい。

評価する者の視座

筆者のホテル評価は「コスパ」と「コンセプト」に主眼を置いている。ホテルの評価は、評価する者の視座がどこにあるのかによって大いに変化する主観的な行為である。大切なのは、どこに視座を置いているのかを明確にすることだと考える。

コスパポイント

３６５ホテル旅でホテルを利用する際には、1人のこともあれば同行者がいることもあり、旅館などの場合は宿泊料金に食事が含まれることも多い。また地区や繁閑によってもホテルの料金にはかなり差があるし、ツインのシングルユースやアップグレードなど日々様々な条件でホテルを利用しているのが実態である。

本書の料金は実際に支払った金額を記載しているが、そのように諸条件が異なることから「コスパポイント」を設け、ホテルを利用する際のお得度指標とした。コスパポイントは5ポイント満点で、平均は3・5ポイントと設定している。3・5ポイントであれば平均的にお得なホテル、3・5ポイントを上回る場合はコスパが高い、同じく下回る場合はコスパは低いということになる。

同じチェックリストゆえ、一般のホテルと比較して、たとえばカプセルホテルの得点は概して低くなるが、低料金のカプセルホテルで清潔度や設備が充実しているホテルはコスパポイントが高いケースもある。総合得点は単にチェックリストから出されたものであるが、コスパポイントも参考にしていただきたい

カプセルホテルの得点は低くなるが

デラックスホテルからカプセルホテルまで、快適なステイを基準とした同じチェックリストを用いているため、例えば、専有空間のワーキングスペース有無、ベッドサイズなどではカプセルホテルの場合得点は低いか加算されず、一般のホテルと比較してカプセルホテルの総合得点は概して低くなっている。しかし、それは他のホテルカテゴリーとの比較にはなるものの、そもそもカプセルは「部屋」ではないのだから、カプセルホテル特有の評価基準とすることは妥当ではない。他方、サウナや大浴場を有するカプセルホテルの場合は、パブリックスペース項目で得点が加算される。

得点ではなくコスパポイントを重視

カプセルホテルの得点は低くなるものの、清潔度や設備が充実しているケースでは、コスパポイントが高くなる。得点は単にチェックリストから算出されたものであるが、コスパポイントは、全ホテルカテゴリーに共通したお得度を示すものであり、是非コスパポイントを重視していただきたい。

採点基準とチェックリスト

ホテルチェックリストは、ホテル評論家として日常的に用いる、筆者のホテル評価における職業上の秘密でもあるのだが、9分類60項目のチェックリストを作成することにより得点が導き出されることになる。

各項目0～3点に加算される。各項目3点満点×60項目＝１８０点満点となるが、本書では見やすさを優先して、１８０点を１００点に換算（小数点以下切り捨て）し得点を記載。また、それぞれのホテルについて9つに分かれる分類ごとの得点も記載した。

8分類＋全体特記事項の配点

- 立地6点
- ロビー・フロント33点
- 飲食環境15点
- 外観6点
- パブリックスペース27点
- 駐車場6点
- エントランス6点
- 客室78点
- 全体特記事項3点

8分類に該当しない項目または施設全体に対して何かある場合には、全体特記事項として加減点している。

分類ごとのチェックポイントは次ページの表を参照。

ホテルチェックリスト

分 類	配 点	チェック項目
立地	6	駅からの距離、駅直結型、ターミナル駅を脱出する難易、無料シャトルバスの有無本数などを採点
外観	6	建物と敷地内の外観、経年感やメンテナンス、雰囲気(明るい・暗い)などを採点
エントランス	6	ホテルの顔でもあるエントランスの雰囲気(明るい・暗い)などを採点
ロビー・フロント	33	ロビー・フロントの雰囲気、セキュリティ、スタッフ対応、チェックイン・アウト可能時刻、OA機器の設置有無、打ち合わせスペースの充実度などを採点
パブリックスペース	27	大浴場の有無、サウナの有無、自動販売機設置数、自動販売機販売金額、廊下の雰囲気、洗濯機、ビジネスコーナーの有無などを採点
客室	78	客室面積、電源、インテリア、ネット環境、浴室、携帯充電器、テレビ、ベッドメイキング方式、シーツクオリティ、アメニティ(種類・クオリティなど)、空調などを採点
飲食環境	15	無料朝食、近隣コンビニの有無、周辺飲食環境などを採点
駐車場	6	駐車場の有無、料金、収容台数、周囲のコインパーキング状況などを採点
全体特記事項	3	ホテル全体として特記すべき事項があった場合に3〜−3ポイントを加減点

用語解説

デュベスタイル	羽毛掛け布団をカバーリングするベッドメイクスタイル
ディレイ	飛行機などの出発予定時刻が遅れること
アサイン	客室などを「割り当てる」こと
ANAプレミアムチェックイン	ANAでアッパークラス利用者や上級会員が専用のカウンターなどを利用するチェックインのこと
ビデオオンデマンド	観たい時に様々な映像を視聴できるサービス
フットスロー	ベッドの上の足元に掛けられている長い布
ゲストハウス	1室を数人でシェアする宿泊施設
インバウンド	訪日外国人観光客
レガシーキャリア	フルサービス型の航空会社を指し、格安航空会社(ローコストキャリア=LCC)との対比などで使われる

365日
365ホテル 上

目次

はじめに 2

この本の使い方 4

365ホテル旅のルール 6

得点とコスパポイント 7

ホテルチェックリスト&用語解説 9

2014年 1月

1 1日 東京 池袋 ビジネスホテル西池 16

2 2日 東京 巣鴨 スマイルホテル巣鴨 17

3 3日 東京 板橋 ホテルブーゲンビリア板橋 18

4 4日 東京 浅草 アゴーラ・プレイス浅草 19

5 5日 東京 白金台 シェラトン都ホテル東京 20

6 6日 東京 立川 ザ・クレストホテル立川 21

7 7日 兵庫 姫路 天然温泉 白鷺の湯 ドーミーイン姫路 22

8 8日 大阪 難波 フレイザーレジデンス南海大阪 23

9 9日 千葉 成田 マロウドインターナショナルホテル成田 24

10 10日 北海道 札幌 ホテルモントレエーデルホフ札幌 25

11 11日 北海道 札幌 ノボテル札幌 26

2014年 2月

32 1日 北海道 函館 チサングランド函館 48

33 2日 北海道 札幌 ホテルリソルトリニティ札幌 49

34 3日 東京 新宿 東京ビジネスホテル 50

35 4日 東京 湯島 カプセルランド湯島 51

36 5日 東京 大森 ホテルバー グランティオス 52

37 6日 東京 木場 東京木場ホテル 53

38 7日 静岡 御殿場 Hotel Brush Up 54

39 8日 静岡 浜松 オークラアクトシティホテル浜松 55

2014年 3月

60 1日 東京 浅草 ホテルニュー栃木屋 78

61 2日 長野 上田 ユーイン上田 79

62 3日 長野 長野 ホテル国際21 80

63 4日 東京 池袋 カプセル&サウナ 池袋プラザ 81

64 5日 東京 成増 ホテルヒルトップ 82

65 6日 東京 新宿 ホテルフォーション 83

66 7日 東京 新宿 グランファーレ 84

67 8日 東京 池袋 ホテルエリアス 85

68 9日 東京 池袋 ホテル ドマーニ 86

69 10日 東京 荻窪 クラブイン荻窪 87

70 11日 東京 池袋 HOTEL X 88

71 12日 大分 大分 ホテルフォルツァ大分 89

72 13日 福岡 福岡 HOTEL LA FORESTA BY RIGNA 90

73 14日 福岡 福岡 ホテルフォルツァ博多 91

74 15日 千葉 成田 東横イン成田空港 92

75 16日 神奈川 横浜 ホテルニューグランド 93

76 17日 東京 浅草 ホテルカワセ 94

77 18日 東京 湯島 ホテルリンデン 95

⑫	12日	千葉	千葉	スーパーホテル千葉駅前	27
⑬	13日	神奈川	横浜	コンフォートホテル横浜関内	28
⑭	14日	東京	巣鴨	サウナ&カプセル クリアイン巣鴨	29
⑮	15日	東京	町田	ホテルリソル町田	30
⑯	16日	東京	新宿	グリーンプラザ新宿	31
⑰	17日	東京	大塚	大塚タウンホテル	32
⑱	18日	東京	九段下	ホテルグランドパレス	33
⑲	19日	東京	日本橋	アパホテル小伝馬町駅前	34
⑳	20日	東京	南千住	パレスジャパン	35
㉑	21日	東京	八王子	八王子ホテルニューグランド	36
㉒	22日	北海道	札幌	アートホテルズ札幌	37
㉓	23日	大阪	長堀橋	チサンホテル心斎橋	38
㉔	24日	京都	京都	ANAクラウンプラザホテル京都	39
㉕	25日	東京	大塚	カプセルイン大塚	40
㉖	26日	東京	後楽園	ホテルウイングインターナショナル後楽園	41
㉗	27日	東京	赤羽	カプセル&サウナ コスモプラザ赤羽	42
㉘	28日	千葉	成田	アパホテル京成成田駅前	43
㉙	29日	北海道	札幌	ホテルローヤルステイ・サッポロ	44
㉚	30日	北海道	大沼	クロフォード・イン大沼	45
㉛	31日	北海道	函館	函館リッチホテル五稜郭	46
㊵	9日	岐阜	岐阜	ホテル イルクレド岐阜	56
㊶	10日	三重	四日市	スーパーホテル四日市・国道1号沿	57
㊷	11日	愛知	名古屋	名鉄イン名古屋駅前	58
㊸	12日	東京	板橋	サウナ&カプセル太陽	59
㊹	13日	千葉	千葉	ホテル・ザ・マンハッタン	60
㊺	14日	茨城	神栖	アトンパレスホテル 茶寮砂の栖	61
㊻	15日	東京	駒込	カプセル&サウナ・ロスコ	62
㊼	16日	埼玉	川越	川越プリンスホテル	63
㊽	17日	東京	大塚	ホテルサンターガス大塚店	64
㊾	18日	東京	渋谷	カプセル&サウナ センチュリー渋谷	65
㊿	19日	東京	錦糸町	ロッテシティホテル錦糸町	66
51	20日	神奈川	横浜	スターホテル横浜	67
52	21日	長野	上田	上田第一ホテル	68
53	22日	茨城	つくば	ホテルマークワンつくば研究学園	69
54	23日	東京	浅草	アパホテル浅草蔵前	70
55	24日	東京	竹芝	ホテルインターコンチネンタル東京ベイ	71
56	25日	神奈川	横浜	ホテルマイステイズ横浜	72
57	26日	東京	立川	立川ワシントンホテル	73
58	27日	東京	錦糸町	カプセルイン錦糸町	74
59	28日	東京	八王子	ザ・ビー八王子	75
78	19日	東京	池袋	ホテル昌庭	96
79	20日	埼玉	川口	川口ステーションホテル	97
80	21日	埼玉	川越	カプセルイン川越	98
81	22日	栃木	小山	イーホテル小山	99
82	23日	東京	多摩	京王プラザホテル多摩	100
83	24日	東京	飯田橋	東京セントラルユースホステル	101
84	25日	東京	新宿	カプセルホテル新宿510	102
85	26日	東京	池袋	池袋ホテル&カプセル オアシス	103
86	27日	東京	赤坂	かぷせるイン赤坂	104
87	28日	東京	上野	カプセルきぬやホテル上野店	105
88	29日	千葉	千葉	東横イン千葉みなと駅前	106
89	30日	北海道	札幌	JRイン札幌	107
90	31日	北海道	札幌	スーパーホテル札幌すすきの	108

2014年
4月

91 1日 東京 京橋 ファーストイン京橋 110
92 2日 埼玉 大宮 パークプラザ大宮 111
93 3日 東京 赤羽 サンライズ・イン赤羽 112
94 4日 青森 弘前 津軽の宿弘前屋 113
95 5日 青森 青森 リッチモンドホテル青森 114
96 6日 秋田 横手 ホテルプラザアネックス横手 115
97 7日 福島 郡山 ホテルプリシード郡山 116
98 8日 埼玉 所沢 ホテルモンフレール 117
99 9日 東京 大森 シーサイドイン大森 118
100 10日 愛知 名古屋 ホテルミラージュ 119
101 11日 東京 浅草 スマイルホテル浅草 120
102 12日 東京 池袋 ビジネスホテル三番館 121
103 13日 神奈川 箱根 仙石原品の木一の湯 122
104 14日 東京 上野 カプセル&サウナ センチュリー 123
105 15日 長野 長野 ホテルメトロポリタン長野 124
106 16日 群馬 高崎 アパホテル高崎駅前 125
107 17日 東京 巣鴨 サウナ&カプセル サンフラワー 126
108 18日 東京 大塚 ホテル ビアンカ ドゥエ 127

2014年
5月

121 1日 東京 阿佐ヶ谷 スマイルホテル東京阿佐ケ谷 142
122 2日 東京 新橋 アパホテル新橋虎ノ門 143
123 3日 東京 赤羽 Single CABIN 立花 144
124 4日 東京 小岩 カプセルホテルFK 145
125 5日 東京 潮見 アパホテル東京潮見駅前 146
126 6日 東京 池袋 アパホテル池袋駅北口 147
127 7日 静岡 伊豆の国 伊豆長岡温泉 南山荘 148
128 8日 東京 晴海 晴海グランドホテル 149
129 9日 東京 池袋 スーパーホテルInn池袋北口 150
130 10日 東京 大塚 R&Bホテル大塚駅北口 151
131 11日 東京 町田 ホテル ラクシオ・イン 152

2014年
6月

152 1日 東京 大森 カプセルホテル リード・イン大森 174
153 2日 東京 池袋 ホテルアーバン 175
154 3日 群馬 高崎 高崎ワシントンホテルプラザ 176
155 4日 東京 池袋 池袋ロイヤルホテル東口館 177
156 5日 東京 池袋 華宮旅館 178
157 6日 埼玉 川口 川口センターホテル 179
158 7日 埼玉 川口 ホテルアーバングレイス西川口 180
159 8日 東京 新大久保 新大久保シティホテル 181
160 9日 神奈川 箱根 塔ノ沢キャトルセゾン 182
161 10日 東京 池袋 ホテルマイステイズ東池袋 183
162 11日 東京 浅草 浅草セントラルホテル 184
163 12日 東京 池袋 ホテルアメジスト 185
164 13日 東京 新宿 アパホテル東新宿駅前 186
165 14日 東京 半蔵門 ふくおか会館 187
166 15日 愛知 名古屋 ウェスティンナゴヤキャッスル 188
167 16日 三重 四日市 四日市都ホテル 189
168 17日 東京 大塚 大塚シティホテル 190
169 18日 東京 池袋 ホテルアゼリア 191

109 19日 東京 新宿 ホテルセリオ 128
110 20日 京都 京都 糸屋ホテル 129
111 21日 滋賀 大津 ロイヤルオークホテル スパ&ガーデンズ 130
112 22日 京都 京都 アルモントホテル京都 131
113 23日 東京 新宿 新宿ビジネスホテル 132
114 24日 東京 上野 カプセル&サウナ オリエンタル 133
115 25日 東京 新宿 サウナ&カプセル ビッグレモン 134
116 26日 群馬 高崎 榛名の湯ドーミーイン高崎 135
117 27日 東京 池袋 ホテルウィングインターナショナル池袋 136
118 28日 東京 日本橋 ロイヤルパークホテル 137
119 29日 神奈川 横浜 メルパルク横浜 138
120 30日 東京 新橋 ホテルリブマックス新橋 139

コラム1 いま話題の「デュベスタイル」とは? 76
コラム2 ホテルの「ベッドスロー」は清潔か? 140
コラム3 部屋の電源に気をつけろ! 204
コラム4 進化型カプセルは女性専用スペースも。 205

132 12日 東京 早稲田 リーガロイヤルホテル東京 153
133 13日 千葉 成田 成田ゲートウェイホテル 154
134 14日 北海道 札幌 東京ドームホテル札幌 155
135 15日 北海道 札幌 ANAホリデイ・イン札幌すすきの 156
136 16日 東京 新宿 遊楽膳 157
137 17日 東京 大塚 H-SEVEN OHTSUKA 158
138 18日 東京 竹芝 ベイサイドホテル アジュール竹芝 159
139 19日 東京 大塚 ホテル アペルト 160
140 20日 広島 広島 オリエンタルホテル広島 161
141 21日 愛媛 松山 プレミアイン松山 162
142 22日 高知 高知 セブンデイズホテルプラス 163
143 23日 東京 大塚 ホテルメンテルス大塚 164
144 24日 東京 新宿 カプセルホテルはたごや 165
145 25日 大阪 大国町 リッチモンドホテルなんば大国町 166
146 26日 徳島 徳島 アグネスホテルプラス 167
147 27日 東京 池袋 ホテルオーエド 168
148 28日 東京 北千住 ホテルココ・グラン北千住 169
149 29日 福岡 福岡 グランドハイアット福岡 170
150 30日 福岡 福岡 アゴーラ福岡山の上ホテル&スパ 171
151 31日 埼玉 新座 デイリーイン254 172

170 19日 大阪 ユニバーサルシティ ホテル京阪ユニバーサルタワー 192
171 20日 大阪 天満 アパホテル大阪天満 193
172 21日 東京 下谷 1泊1980円ホテル 194
173 22日 東京 大塚 スーパーホテル東京・大塚 195
174 23日 東京 立川 立川リージェントホテル 196
175 24日 東京 浅草 ホテルニュー魚眠荘 197
176 25日 北海道 札幌 シェラトンホテル札幌 198
177 26日 埼玉 所沢 レスティMOON所沢 199
178 27日 東京 大島 リフレフォーラム 200
179 28日 長野 上田 上田東急イン 201
180 29日 東京 新宿 ビジネスホテル 国際ホテル歌舞伎町 202
181 30日 神奈川 横浜 アパホテル横浜関内 203

カテゴリー得点別ベスト5 206
あとがき 208
全国おひとりさま飲食店インデックス 210
カテゴリー別インデックス 214
エリア別インデックス 218

1月 January

1月のトータル宿泊料

¥173,210

累計 ¥173,210

1	1日	東京 池袋	ビジネスホテル西池
2	2日	東京 巣鴨	スマイルホテル巣鴨
3	3日	東京 板橋	ホテルブーゲンビリア板橋
4	4日	東京 浅草	アゴーラ・プレイス浅草
5	5日	東京 白金台	シェラトン都ホテル東京
6	6日	東京 立川	ザ・クレストホテル立川
7	7日	兵庫 姫路	天然温泉 白鷺の湯 ドーミーイン姫路
8	8日	大阪 難波	フレイザーレジデンス南海大阪
9	9日	千葉 成田	マロウドインターナショナルホテル成田
10	10日	北海道 札幌	ホテルモントレエーデルホフ札幌
11	11日	北海道 札幌	ノボテル札幌
12	12日	千葉 千葉	スーパーホテル千葉駅前
13	13日	神奈川 横浜	コンフォートホテル横浜関内
14	14日	東京 巣鴨	サウナ&カプセル クリアイン巣鴨
15	15日	東京 町田	ホテルリソル町田
16	16日	東京 新宿	グリーンプラザ新宿
17	17日	東京 大塚	大塚タウンホテル
18	18日	東京 九段下	ホテルグランドパレス
19	19日	東京 日本橋	アパホテル小伝馬町駅前
20	20日	東京 南千住	パレスジャパン
21	21日	東京 八王子	八王子ホテルニューグランド
22	22日	北海道 札幌	アートホテルズ札幌
23	23日	大阪 長堀橋	チサンホテル心斎橋
24	24日	京都 京都	ANAクラウンプラザホテル京都
25	25日	東京 大塚	カプセルイン大塚
26	26日	東京 後楽園	ホテルウィングインターナショナル後楽園
27	27日	東京 赤羽	カプセル&サウナ コスモプラザ赤羽
28	28日	千葉 成田	アパホテル京成成田駅前
29	29日	北海道 札幌	ホテルローヤルステイ・サッポロ
30	30日	北海道 大沼	クロフォード・イン大沼
31	31日	北海道 函館	函館リッチホテル五稜郭

総合得点
42
コスパpt
3.2

▼採点項目

立地	3
外観	1
エントランス	1
ロビー・フロント	17
パブリックスペース	11
客室	38
飲食環境	5
駐車場	1
全体特記事項	0

77pt／180pt

1月1日（水・祝）001／365

東京　池袋　〈エコノミー〉

ビジネスホテル西池

東京都豊島区西池袋2-39-9 ☎03-3971-6234
チェックイン16:00 チェックアウト10:00

本日の部屋 シングル／502号室／4200円

ミッション開始の記念すべき1泊目は、池袋から。

日本全国365ホテルの旅。途方もないことをしようとしているのは確かだが、意外に気は楽だ。ホテル評論家としては、あらゆる意味でこれ以上のミッションはないだろう。

記念すべき第1泊目は、景気良くデラックスホテルへ行きたいところだが、元日とあっては高級ホテルの割引率は低い。予算も限られている。翌日は早めに家へ戻らなくてはならないので、家からなるべく近いホテルを選ぶことにした。

というわけで、池袋の高級ホテル「ホテルメトロポリタン」…の向かいにある『ビジネスホテル西池』を予約してみた。4200円という料金は、周囲の同じクラスのホテルと比較して2000円ほど安いレートだ。

ホテルの建物入口に到着していきなり絶句した。ホテルの入ったビルは経年感アリアリのマンションかオフィスといった様子。入口には「ロイヤル池袋」と書いてある。ホテルはどこだ!? と注視すると、ホテル名の書かれた小さな移動式の看板が置かれている。さぁ、チェックイン。フロントの男性は丁寧に素早く手続対応してくれた。フロント前には1人掛けソファが2台、自販機と電子レンジも置いてある。コンビニで買ってきた弁当が冷めてもチンできる。ビルの5階までがホテルフロアのようで、エレベーターの内1基が「ホテル専用」とある。客室フロアの廊下は薄暗く、途中の客室からはテレビの音が大きく漏れ少々心配になるが、客室へ入ると明るい雰囲気だったので救われた思い。ユニットバスは新しい温水洗浄便座も導入されていて綺麗だ。空調は個別エアコンで快適。安いには理由があるとはいえ、エコノミー派であればこうした選択もアリではないだろうか。元日とあって周囲の店はやっていないが、コンビニで調達してきた弁当を「チン」して糖質0発泡酒をあおり、ひとり元日の夜は更けていく。

総合得点
56
コスパpt
3.9

東京　巣鴨　〈エコノミー〉

スマイルホテル巣鴨

東京都豊島区巣鴨2-4-7 ☎03-5567-1001
チェックイン14:00 チェックアウト11:00

本日の部屋 シングル／1703号室／4800円

▼採点項目

立地	3
外観	2
エントランス	2
ロビー・フロント	22
パブリックスペース	14
客室	50
飲食環境	5
駐車場	3
全体特記事項	0

101pt／180pt

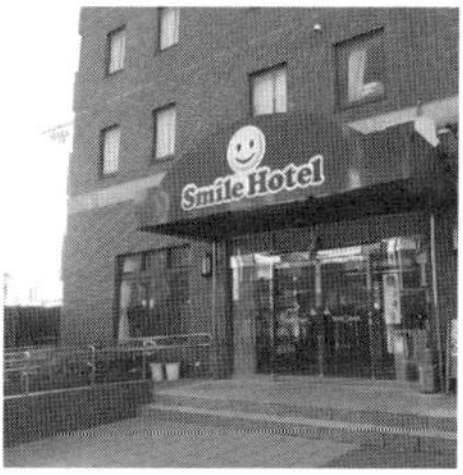

山手線巣鴨の立地で、この値段は破格。

昨夜のホテル、やはり低廉なエコノミーホテルだからか、なんとなく疲れを残したような気分でチェックアウトして帰宅。家でおせち料理を食べた後は、懲りもせず今宵の宿を選ぶ。巣鴨にめぼしいホテルを見つける。巣鴨の北口から東側にある繁華街に「鴨川」という古いホテルがあったことは覚えていたのだが、そのホテルが黄色い看板と低廉な料金で人気の『スマイルホテル巣鴨』として名前を変えて営業しているとのこと。料金は4800円だ。山手線駅から徒歩2分ほどだろうか。そんな立地でチェーン系のビジネスホテルが4800円とは破格だ。

駅からホテルへ向かって歩くと、狭いエリアに派手なネオンの風俗店が林立。なんとホテル前にも風俗店が堂々と店を構えているぞ。なかなかの環境である。飲食店も多くあり、特に男性サラリーマンの1人出張には「いろいろな意味で」困らないであろう。

外観は、スマイルホテルの黄色い看板がなければただの古いビジネスホテルだが、スマイルマークの黄色いカラースキームで印象は大きく変わる。大したものである。

さてチェックイン。フロントの男性は笑顔、丁寧で好印象。これも「スマイル」ホテルチェーンクオリティか。ロビーは広々とし、ソファもたくさん置かれている。

客室へ入ると、スマイルホテルチェーンが積極的に導入しているデュベスタイル*のベッドメイキングが目を引く。やはり客室を広々みせる効果は高い。そしてなんとサービスのミネラルウォーターも1本置かれている。東京23区内、山手線駅から徒歩2分ほど、これで4800円とは驚きだ。巣鴨のスマイルホテル、意外な穴場かもしれない。部屋のテレビで正月番組を見ながら、コンビニで買ったチーズや他のつまみと缶ハイボール、結構幸せなおひとり様時間なのである。

1月3日（金）003／365

総合得点
46
コスパpt 3.1

▼採点項目

立地	3
外観	2
エントランス	2
ロビー・フロント	20
パブリックスペース	13
客室	37
飲食環境	6
駐車場	1
全体特記事項	0

84pt／180pt

東京　板橋　〈エコノミー〉

ホテルブーゲンビリア板橋

東京都北区滝野川7-8-8 ☎03-5961-1945
チェックイン15:00 チェックアウト10:00

本日の部屋 シングル／902号室／4500円

すぐ隣は池袋。小地味な駅だが、意外に使える！

1月3日にもなると正月気分は抜けるものだが、元日からの365ホテル旅ミッション、正月などはないのと同じ。コンビニの弁当とつまみで済ます新年の宴も、これまでの人生にはなかったと思う。さて、巣鴨でコスパ高いホテルに泊まったこともあり、ちょっといい気分で2日続いた豊島区から脱出。埼京線で池袋と赤羽に挟まれ、あまり目立たない板橋駅前へ。駅からロータリーを挟んだ向かいにある『ホテルブーゲンビリア板橋』が今宵の宿。周囲に飲食店は少ないので、「食事は池袋で」「ホテルは1駅移動してブーゲンビリアへ」的な使い方ができそうだ。

早速チェックイン。フロント男性は好意的にテキパキ対応してくれて嬉しい。フリーのコーヒーサービスもある。客室へ向かおうとすると、ホテルが入居している日本語学校の建物とエレベーターは共用の様子。建物本体の入口からも直接そのエレベーターへ行けるからだろうか、防犯には敏感のようで、専用のカードキーがないとエレベーターの行き先ボタンは押せない仕組みだ。廊下にずらっと並ぶ部屋のドアを目にした予感は当たり、部屋へ入ると一瞬、細長さが際だっているように見える、否、間口が狭いからそう見えるのだろう。幅が狭いベッドと、小型のパソコンも置けない正方形を斜めに切ったようなテーブルがデスク代わり。客室でのデスクワークは不可能な様子。

やはりセキュリティは厳しいようで「宿泊者以外の入室厳禁／監視しています／第三者が入室した場合はすぐ客室へ電話します」といった注意書きが置かれている。よからぬ企みの男性諸氏は素直に諦めた方が良さそうだ。近頃のホテルでは珍しく温水洗浄便座がないぞ。何とも細長く見える客室の、何とも細長く見えるベッドで、仕事もできずに朝になるのを待つ。池袋から1駅、駅前、4500円。立地が魅力のホテルなのだろう。

総合得点
65
コスパpt
4.3

▼採点項目

立地	4
外観	3
エントランス	4
ロビー・フロント	21
パブリックスペース	18
客室	61
飲食環境	3
駐車場	2
全体特記事項	0

116pt／180pt

1月4日(土) 004／365

東京　浅草　〈エコノミー〉

アゴーラ・プレイス浅草

東京都台東区寿2-2-9 ☎03-3842-8421
チェックイン15:00 チェックアウト11:00

本日の部屋 シングル／820号室／4900円

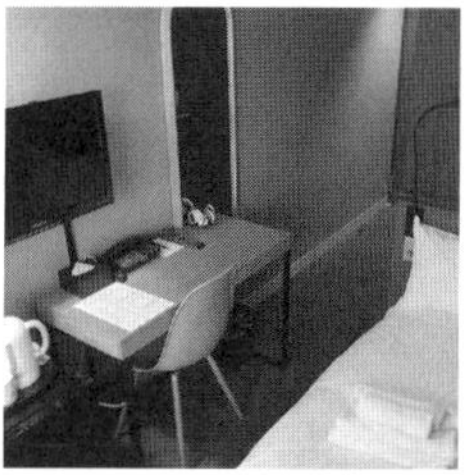

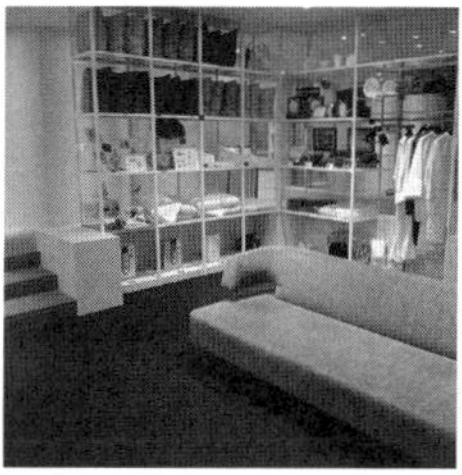

ホテルの質はからだを直撃。4日目にして熟睡。

　ホテルに泊まるという行為は、何らかの用事があって泊まる必要に迫られることが動機になるのだろうが、ホテルに泊まること自体が目的になるような素敵なホテルもある。「ディスティネーションホテル」というらしい。しかし、そんなホテルじゃないのに泊まることを目的に正月を過ごした男がここにいる。今宵は地下鉄銀座線田原町駅至近にある『アゴーラ・プレイス浅草』を予約。このホテルでは宿泊プランにもよるが、最安値のプランではタオル以外のアメニティはない。シャンプーも買うことになるので知っていれば持ってくればいい。我が家には腐るほどホテルから持ち帰ったアメニティ在庫がある。いや腐る「ほど」じゃない、中には本当に期限切れが存在するので厳選して持参する。

　エントランスを入るとスキップフロアでロビースペースを見下ろす設計。ブティックのようにアメニティが陳列され、価格が表示されている。見せる工夫が印象的だ。これまでの3つのホテルにはないオシャレさに何だか嬉しくも戸惑う。

　シャンプー・リンスはもちろん、デスクスタンドからクッションまで有料。不必要な人にも客室料金に上乗せさせられる「不公平感への挑戦」である。「安く・快適なホテル」をコンセプトにした365ホテルの旅だが、どちらを取るかと聞かれれば、モチのロンで「安さ」なのでアメニティは割愛だ。そんな男を差別することない笑顔をくれるフロント女性にも癒やされる。客室もオシャレだ。テレビは壁付け、暗めの客室の照明は寝るための客室を主張しているかのよう。浴室なんてガラス張りのシャワーブースだぜ。窓からはスカイツリーの眺めにフッカフカのベッド。あぁホテルってやっぱいい、と改めて感慨深くなる浅草の夜である。4日目にして心からリラックスできるホテルでぐっすり眠る。これで4900円とは感動的。

総合得点
83
コスパpt
4.5

▼採点項目

立地	4
外観	4
エントランス	5
ロビー・フロント	34
パブリックスペース	24
客室	70
飲食環境	5
駐車場	3
全体特記事項	1

150pt／180pt

1月5日(日) 005／365

東京　白金台　〈デラックス〉

シェラトン都ホテル東京

東京都港区白金台1-1-50 ☎03-3447-3111
チェックイン14:00 チェックアウト12:00

本日の部屋 ツイン／アップグレード／1008号室／7980円

ハイランクホテルも、日曜なら手の届く金額に。

もっとグッスリ眠っていたかったが、走り出したばかりの地下鉄銀座線で帰途へ。家へ戻ってからオフィスへ行き、一日原稿書きなど。結局ホテルという場所は寝る場所であって、仕事には向かない場所なのだとも思う今日この頃。

さぁ、今宵のホテルは…日曜日は一般的にホテルが安い。楽天トラベルやじゃらんほど有名ではないが、「ベストリザーブ」という予約サイトがある。このサイトには「おすすめハイランクホテル」というコンテンツがあって、高級ホテルが驚くような価格で出されている。もちろん室数限定なので満室のことは多いが念のため覗いてみると…おっ『シェラトン都ホテル東京』が激安で出されているぞ。なんとなんとの７９８０円！

安くなっていても１万５０００円は下らないデラックスホテルだから驚きの料金だ。「キャンセル料問答無用１００パーセント頂戴します」でお馴染みの事前クレジットカード決済であるが、今日のキャンセルはありえないのでクリック。

早速チェックイン。こんな激安で予約したのに、な、なんとプレミアムフロアへアップグレードまでしていただく。気分は既に最高潮である。プレミアムフロア…なんて素敵な響きなのだろう。大きなテーブルにパソコンを広げているとバリバリ仕事が捗る。ホテルは仕事に向かない場所と前述したが、朝令暮改の評論家にも困ったものだ。都ホテルスーパーベッドで「ここ数日の」疲れを癒やしつつ、ホテルって何なのだろうと思う。旅人の疲れを癒やすはずの場所である。しかし、元日からどんどん疲労は蓄積し、精神的なプレッシャーも大きいのだろうか、体重も減ってきたところで救世主のようなシェラトン都ホテル東京。３６５ホテル旅、ダイエットにもなるのか、なんてことを考えつつ、今夜は中華「四川」のルームサービスといこうじゃないか。

1月6日(月) 006／365

東京　立川　〈ミドル〉

ザ・クレストホテル立川

東京都立川市錦町1-12-1 ☎042-521-1111
チェックイン14:00 チェックアウト11:00

本日の部屋 シングル／アップグレード／607号室／6000円

総合得点
67

コスパpt
3.8

▼採点項目

立地	3
外観	4
エントランス	4
ロビー・フロント	29
パブリックスペース	16
客室	58
飲食環境	4
駐車場	3
全体特記事項	0

121pt／180pt

西東京随一の繁華街、立川の、穴場シティホテルへ。

デラックスホテル、あまりに快適ラクチンすぎて明日からの関西出張を危うく忘れるところだった。関西へはホテル取材出張だが、365ホテル旅は予算も限られるので、地方への移動はLCC利用が多くなりそうだ。成田空港近隣のホテルへ前泊したいところだが、急遽立川市で仕事になったので立川のホテルを選ぶことにした。

立川は西東京随一の繁華街。シティからビジネスまで駅近くに多くのホテルがある。閑散期なら割引率も高く、デラックスクラスである「パレスホテル立川」の利用率は高い。しかし、365ホテル旅において利用率は意味を持たない。365日全て異なるホテルを利用するからだ。1度利用したら2度目はない。お気に入りは大切に「とっておきたい」。ホテルを「とっておく」…すごいんだか、すごくないんだか、なんだかなぁの話ではある。次点は『ザ・クレストホテル立川』だろう。記録を見ると年に1回くらいの利用なので、365ホテル旅ベースとしては合致するぞ。駅から少し歩く立地だが、今日は車なので気にしない。仮に駅から歩いても、立川駅南口のこれでもかという充実の飲食店がある繁華街を通ってくるので、食べて飲んでからホテルへインするにも良い立地だ。

チェックイン。広々したロビーはさすが帝国ホテルグループといったところか。アップグレードしていただいた。なるべく安くホテルを選ぶということは、どうしてもという理由がなければ基本的に閑散期利用になるから、空室に余裕のある時でもありアップグレードしていただけることは多い。広く落ち着いた客室。ソファセットも備えた余裕のホテルライフだ。だからというわけではないが、コンビニでおつまみ程度を調達して部屋で夕食を済ます。寒いし何より明日は成田へ向けて早朝出発、外で飲むという選択肢はない。

総合得点
62

コスパpt
3.9

▼採点項目

立地	4
外観	4
エントランス	4
ロビー・フロント	24
パブリックスペース	20
客室	52
飲食環境	4
駐車場	1
全体特記事項	0

113pt/180pt

兵庫 姫路 〈ミドル〉

天然温泉 白鷺の湯 ドーミーイン姫路

兵庫県姫路市豊沢町160-2 ☎079-286-5489
チェックイン15:00 チェックアウト11:00

本日の部屋 シングル/893号室/5990円

大浴場、サウナ、コンビニ完備の鉄板ビジネスホテル。

予定外の立川泊となったが、成田から朝7時半発の関空へ向かう飛行機を予約してある。LCCの格安運賃はキャンセルや変更はできないことが多く、時間厳守も絶対条件。でもいざ空港へ行くと遅延したりと肩すかしをくらうことも多い。運賃は関空まで4千円弱。立川から成田まで高速料金だけで2千円以上かかるが、そのアンバランスさが何とも違和感。LCCを利用すると格安だから他で贅沢するかと思いきや、飛行機がこの料金なのにこんなに支払えるかという不思議な心理にもなる。そんな思いもあり、高速を利用しないで行けるところまで行ってみようと早朝4時前に出発。あれ、時間厳守じゃなかったっけ? まっ、いい。国道20号線も都心も湾岸道路もほとんど信号に引っかからず、成田まで3時間弱は上出来だろう。結果オーライであるが、その行動キケンである。

大阪での仕事を終え姫路で取材。姫路駅近くの数あるホテルの中で、大浴場&サウナの魅力に負けて、いや勝利した気分で意気揚々とドーミーインへ。1階にはセブン-イレブン。ビジネスホテルの1階にコンビニはテッパンだ。早速大浴場へ。熱々サウナはいいが、水風呂冷たくブルってちょい心臓に悪いか。慣れて交互に繰り返すと極楽至極。体の水分をすっかり絞り出し砂漠状態になったので、水分補給のためホテルから駅を挟んだ反対側となる姫路の繁華街へ。365ホテル旅では、アウェイなおひとり様にもオススメの地方飲食店情報も盛り込んでいきたい。今宵は久々に行く「ふく鳥」という鶏料理が自慢の居酒屋へ。昭和然とした路地のビル地下にある。名物手羽先をはじめ全て美味しい。カツオのたたきにはネギやニンニクたっぷりなのも嬉しい。最高! と唸りまくり。1人でまったりできる出張先の秀逸な地元密着系居酒屋はもはや財産である。

総合得点
86
コスパpt
4

1月8日（水） 008／365

大阪　難波　〈デラックス〉

フレイザーレジデンス南海大阪

大阪府大阪市浪速区難波中1-17-11 ☎06-6635-7111
チェックイン14:00 チェックアウト12:00

本日の部屋 ダブル／アップグレード／1302号室／13000円

▼採点項目

項目	点
立地	5
外観	5
エントランス	5
ロビー・フロント	33
パブリックスペース	23
客室	73
飲食環境	5
駐車場	3
全体特記事項	3

155pt／180pt

デラックスホテルというだけで、足取りも軽く。

「ドーミーイン姫路」の露天風呂で雨の朝だと気付く。原稿も進まず、仕事も充実感も中途半端なままチェックアウトタイム。雨の街へ放り出される。

　ホテル予約はチェックインの30分前ということも多い。当日限定プランなんてのもあり、意外な安値で予約できたりもするが、今日のホテルは以前から決まっていたデラックスホテルだ。デラックスホテルというだけで朝から足取りが軽くなるのだから、ホテル評論家とはいえ一人の人間、そりゃ正直なものである。

　軽い足取りで神戸のホテル取材を終え、夕方までに原稿を仕上げるため、難波の『フレイザーレジデンス南海大阪』でアーリーチェックイン。フレイザーレジデンス南海大阪は、南海難波駅に隣接した、「住む」もコンセプトになっている大阪初のレジデンシャルスタイルのデラックスホテルなのだ。

　レジデンスタイプということもあって、室内にはキッチンや洗濯機もあり、食器類やアイロンに至るまで揃っている。明日は夕刻成田へ戻るも帰宅せずホテル泊の予定。明後日からは3日間札幌というわけで、最初から狙っていた「フレイザー洗濯タイム」に突入。洗剤も置いてあるので本当に助かる。部屋も広いから余裕で洗濯物を干せる。こちらサウナも無料。ドーミーイン姫路に続く奇跡の連日サウナに癒やされるぞ。

　難波中心ということもあり、夜のお店もよりどりみどり。部屋にはキッチンもあるのだからディナーはなんでもござれであるが今夜は天満橋へ。立ち喰い串カツなど満喫した後の〆は、アーケード街にある「居酒屋」というよりは「上質なダイニング」である「くすのき」へ。特に「きずし（鯖）」は好物のひとつだが、こんなクオリティは初めてだ。感動。カウンターもあるので、おひとり様居酒屋レベルも相当高い。

総合得点
59
コスパpt
3.8

▼採点項目

立地	3
外観	3
エントランス	3
ロビー・フロント	23
パブリックスペース	18
客室	50
飲食環境	2
駐車場	3
全体特記事項	0

105pt／180pt

1月9日(木) 009／365

千葉　成田　〈ミドル〉

マロウドインターナショナルホテル成田

千葉県成田市駒井野763-1 ☎0476-30-2222
チェックイン13:00 チェックアウト11:00

本日の部屋 シングル／1254号室／5000円

空港のランウェイが眺められる、当たりの客室。

慌ただしかった関西出張も連日のサウナ効果か、実り多き出張となり、来た空路を戻り関空から成田へランディング。

明日からは札幌。またまた早朝のLCCで飛ぶので空港からも割と近く、早朝の送迎バスもある『マロウドインターナショナルホテル成田』へチェックイン。またまた、そしてまた「サウナ」があるホテルだ。サウナ好きオッサンにはたまらんぜ。

このクラスのホテルにしては部屋が広い。「が」じゃなく「も」か。こちら、ホテルも相当デカい。サウナへ行き着くまでにいい感じでウォーキングができる。

無料シャトルバスで成田市街へ飲みに出たいところであるが、成田ナイトという元気はなく、結局ホテル1階のコンビニで調達した缶ビールにつまみで夕食に代える。体力温存も365ホテルミッションの要なので、美味しい充実した食事は大切と思っていたが、いたずらに繁華街へ出かけないことも体力温存に繋がるという相反。とにかくホテル内に品数、種類が充実したコンビニがあるのは助かる。

ところで、マロウドインターナショナルホテル成田といえば、客室によっては旅客機のランウェイが眺められることで航空ファンには有名。今宵はラッキーなことに客室最上階でランウェイが楽しめるポジションだ。実際部屋へ入ると窓外は次々と離陸する飛行機が。これはかなり素敵な「夜景」である。この夜景を楽しまない手はない。それがホテル内のコンビニで、缶ビールとつまみを調達した理由のひとつでもあるが、客室で夜のランウェイ眺めて晩酌という絵を描いたわけだ。

しかし、である。いざテーブルにつまみを並べ、ランウェイを眺めるべく部屋の照明を落とすと、缶ビールもつまみもどこにあるのか見えない。

夜のランウェイ眺めて晩酌とは我ながらいい絵を描いたと思ったが、早々に諦めたホテル評論家の絵描きであった。

1月10日（金）010／365

北海道　札幌　〈デラックス〉

ホテルモントレエーデルホフ札幌

北海道札幌市中央区北2条西1-1 ☎011-242-7111
チェックイン14:00 チェックアウト11:00

本日の部屋 ツイン／2030号室／14000円

総合得点
72
コスパpt
3.7

▼採点項目

立地	4
外観	4
エントランス	3
ロビー・フロント	25
パブリックスペース	22
客室	67
飲食環境	3
駐車場	3
全体特記事項	0

131pt／180pt

本年最大級の客室の広さに、すっかりくつろぐ。

冬の北海道行きの際に携行する靴底装着用滑り止めをバッグに忍ばせ、厳冬の北海道に降り立つ。成田で親戚夫妻と合流した北海道入り。ホテル取材というよりも、グルメに主眼の置かれた、というとカッコイイが、単なる食いしん坊旅行である。

真冬の閑散期日、札幌のホテルは安すぎで驚く。だからデラックスルームなぞ利用できるのだが、『ホテルモントレエーデルホフ札幌』の40㎡なんてのは本年最大客室面積。1万4000円という宿泊料金も本年最高値だが、広いのはやっぱりいいことである。こちらにはイケてる「カルロビ・バリ・スパ」がある。やはり真冬の札幌、ヌクヌクサウナは欠かせない。基本的に有料のスパだが、利用券も付いたプランを選択するあたり我ながらぬかりはないぞ。サウナは真冬の札幌に欠かせない？ 姫路でも大阪でも成田でもサウナっていますがなにか？ これで4日間連続サウナ生活なのだ。なんと幸せなサウナ生活、いや人生。

札幌食いしん坊旅行の夜はススキノの「すし処のむら」へ。カウンター6席と小上がり2卓の小さなお店。広告宣伝一切なし。口コミのみ。ススキノ寿司屋数あれど、かなりのこだわり寿司屋である。

のむらの後は「ta:sixun（タイスケサン）」へ。スッキリしたイケてるシャンパンに、バカラの大振りロックグラスに入ったカクテルフルーツ。マスター大野さんの接客をみていると、客商売のなんたるかをいつも勉強させられる気分。出過ぎてはいけない。主役はゲスト。しかるにその存在感というやつ。そしてオーディオシステムが素晴らしい。しかも会話を邪魔しない音質。こちら紹介制のお店。敷居が高いとか低いとかではなく、限られた席数でゲストにゆっくりしてほしいという店主の気遣い。電話で確認してから出向くのがベターである。

総合得点
70

コスパpt
3.8

▼採点項目

立地	4
外観	4
エントランス	4
ロビー・フロント	30
パブリックスペース	18
客室	61
飲食環境	3
駐車場	3
全体特記事項	0

127pt／180pt

北海道　札幌　〈デラックス〉

ノボテル札幌

北海道札幌市中央区南10条西6-1-21 ☎011-561-1000
チェックイン14:00 チェックアウト11:00

本日の部屋 ツイン／1507号室／10800円

いちいちおしゃれな、フランス系ホテルチェーン。

北海道食いしん坊旅行2日目は、親戚夫妻と小樽観光などして午後は再び札幌へ戻る。札幌2日目は、中島公園を見下ろす『ノボテル札幌』のデラックスツインだ。今日も楽しいかなデラックスホテルライフ。

こちらは、フランスのホテルチェーン「アコー」のアッパーミドルブランドホテル。吹き抜けのあるロビーから見下ろすとイエローのソファが目立つ。いちいちオシャレだ。デラックスホテル続きだが、明日からは再びエコノミーホテル生活の予定。ここは「ホテルで安らぐ」を満喫しておこうじゃないか。う〜ん、でも365ホテル旅はまだまだ序盤戦。この慣れは決して良くない。

38㎡と広い部屋は、ブルーをアクセントに、とにかくおしゃれなカラースキームがフランスを感じさせる。窓の外は雪景色の中島公園を見下ろす眺望。ホワイトとブルーのコントラストも新鮮だ。文学的香りすら漂う。あまり調子に乗るなよ、オレ。

明日は帰京という、北海道食いしん坊旅行最後の夜は、2日連続のススキノナイトにして以前から気になりつつ1人では突撃できなかった居酒屋「きばらし」へ。ススキノの外れにあるが予約困難な人気居酒屋だ。

カウンター席に着くなりドドーンと出てくる海鮮。とにかくスタートからラストまでずっとスパート！ 出てくるわ出てくるわ、刺身に毛ガニにぼたん海老、その他たくさん。決して上品ではないが、最高の食材がドバッ！ と出されて、ひたすらガツガツ喰らうのである。〆は意外にもシーフードカレー。ホタテやらホッキやらゴロゴロしていいエキスが出ているぞ。メロン、イチゴ、葡萄までといったデザートにも驚きである。新しいススキノのお気に入りはできたが、やはり1人ではその迫力を持て余すことになるだろうか。

総合得点
58
コスパpt
3.5

▼採点項目

立地	5
外観	3
エントランス	3
ロビー・フロント	23
パブリックスペース	14
客室	52
飲食環境	3
駐車場	2
全体特記事項	0

105pt／180pt

1月12日(日) 012／365

千葉　千葉　〈エコノミー〉

スーパーホテル千葉駅前

千葉県千葉市中央区弁天1-15-10 ☎043-255-9000
チェックイン15:00 チェックアウト10:00

本日の部屋 シングル／806号室／5000円

LCCで成田着。「眠り」重視の千葉のホテルへ。

札幌最終日の新千歳空港。復路のLCCジェットスターは13時55分発。出発時刻2時間前にならないと荷物は預けられないので、キャリーケースをコロコロしつつ空港でいつもの北海道最後の儀式である「各店ハシゴ」へゴー。まずは、まつじんこと「松尾ジンギスカン」へ。タレに漬け込まれた羊肉が特徴のジンギス。超レアで食べるのが美味しい。2軒目は立ち喰いの「五十七番寿し」へ。こちら3階レストラン街ではなく2階の海鮮お土産店内にある隠れた穴場。3軒目は「北海道ラーメン道場」、最後は「宮越屋珈琲」で〆。この新千歳空港4軒ハシゴは腹苦しいコースとなり、かつ機内熟睡への睡眠導入剤になる。

さて荷物を預ける。LCCは預けること自体が有料というケースが多い。荷物は20kgで事前申告済み。何度もLCCを利用していると目方でドン、自分の荷物を持てばおおよそ何kgか当てられる特技を身に付けた。今回は…19・5kg一発合格！ LCCを利用しているといろいろな技が身に付くものだ。これまたLCC的な1時間ディレイ*。千歳は吹雪いていたが成田は夕闇トワイライトタイム。

既に遅い時間なので家には立ち寄らない365ホテル旅。かれこれ家に戻らず1週間になる。どうしても帰宅しなくてはならない時のためにどうしても帰宅しなくてもいい時には帰宅しない。成田空港から千葉市へ移動。夜も遅いので「眠り」がポイントのスーパーホテルへ。千葉駅すぐの立地だ。うら若き見習い女性が丁寧に自動チェックイン機の手続をしてくれた。これもやはり「自動チェックイン」になるのか？ 室内は暗めだが眠りに重点を置いているのでまっとうな暗さである。「靴を脱いでぐっすりお眠り下さい」と入口足元に大きく書かれているので靴を脱いでぐっすり眠ることにしよう。靴を脱がないで眠る選択肢はオレにはない。

総合得点
61
コスパpt
3.9

▼採点項目

立地	4
外観	4
エントランス	3
ロビー・フロント	23
パブリックスペース	15
客室	55
飲食環境	4
駐車場	2
全体特記事項	0

110pt／180pt

1月13日(月・祝) 013／365

神奈川　横浜　〈エコノミー〉

コンフォートホテル横浜関内

神奈川県横浜市中区住吉町3-33 ☎045-650-4711
チェックイン15:00 チェックアウト10:00

本日の部屋 シングル／810号室／4700円

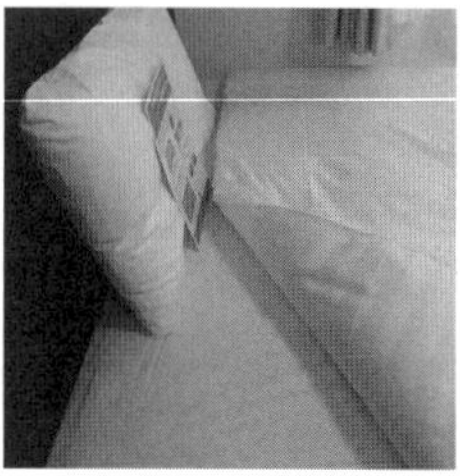

バランスの良さが、なにより魅力のコンフォートホテル。

千葉から午前中に帰宅。さすがに1週間家を空けていたので、郵便物の処理やら何やらやることたくさん。そんな作業をしつつ今日は横浜へ行こうと思い立ち、『コンフォートホテル横浜関内』を予約した。

一般的に、翌日が平日の日曜日や連休最終日はホテルの宿泊料金レートはグッと下がる。今日は月曜にしてその連休最終日である。週末などは高くて目も当てられない横浜のホテルも底値。横浜を代表する観光地であるみなとみらいや山下地区の高級ホテルが射程圏内となるが、頻繁に出向く横浜ゆえ「とっておきたい」ホテルばかりだ。

前回は3年ほど前にこのホテルを利用した。当時は導入されていなかったが、デュベスタイルのベッドメイキングになったので、今回は利用してみたかった。

眠りに力を入れるエコノミークラスのホテルは多いが、客室面積などに割切感を感じることが多い。そんな中でコンフォートホテルはバランスが良く秀逸なホテルチェーンだ。デスクも広め、幅広ベッドは低反発マットレス、インテリアもスタイリッシュで、女性ファンも多いというがわかる気がする。

関内はビジネスホテルチェーンの激戦区で、コンフォートホテルの向かいには「アパホテル」があり、1区画向こうには「リッチモンドホテル」などと、ホテルリサーチをする側としては参考になる地域である。

また、関内という場所は多種多様な飲食店が集まる地域で、昼のビジネス街と夜とでその表情をガラリと変える。関内ナイトに繰り出したいところであるが、目下執筆中の原稿が終わらない。

昨夜のスーパーホテルはデスクが暗くて仕事にならなかったので今夜はバリバリ仕事。せっかくの横浜ナイトも残念ながらナシ。

総合得点
39

コスパpt
4

▼採点項目

立地	4
外観	3
エントランス	2
ロビー・フロント	19
パブリックスペース	20
客室	19
飲食環境	3
駐車場	1
全体特記事項	0

71pt／180pt

1月14日（火） 014／365

東京　巣鴨　〈カプセル〉

サウナ&カプセル　クリアイン巣鴨

東京都豊島区巣鴨1-18-4 ☎03-3946-5517
チェックイン13:00 チェックアウト10:00

本日の部屋 下段／439号／2000円

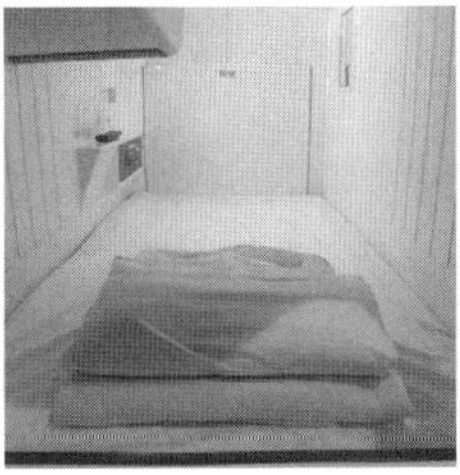

ミッション初のカプセルホテルは、なんと2000円。

365ホテル旅、1週間地方→1週間東京&近郊→1週間地方といったスパンで、全国特定地域の気になるホテルを集中的に潰していこうと目論んでいる。各地へ飛んでいるLCCジェットスターは大きな味方で、来月や再来月搭乗分セールも見逃せない。元々安いのでセールとはいえ普通に買うより2千〜3千円程度の割引なので、閑散期だからそんなに値上がりするとは思えないし、変更がきかないし、来月や再来月のことまで予定はわからないし、今ひとつクリック出来ない。

そんなことしていたらテレビ局の方から電話が。新しい番組企画があるので飲みましょうと。場所はなぜか巣鴨だ。そしてついにこの日が来た。このミッションをスタートした時から、いつかこの日が来ると思っていた、ミッション初のカプセルホテルである。遅めに始まり盛り上がったので終電に間に合わず、結果としてのカプセルホテルになった。

カプセルホテルは法律上「簡易宿所」の一種とはいえ評論の範疇で、時々メディアからも取材依頼があり、取り上げてる。男性専用というイメージだったカプセルホテルも、女性をターゲットにしたりと多様化していてなかなか興味深いが、こちらは完全なる男性専用。なんとなくムワッとしてむさ苦しいのである。そう、オレもだ。

ロッカーで館内着に着替え、いざカプセルへ行かん。寝る場所であるカプセルの入口は簾になっている。法律上カプセルに鍵はかけられない。だから別の場所に各自専用のロッカーがある。カプセルのある部屋全体を1つの客室と見立てその中にベッドがたくさん入っているという解釈だ。まっ、0時から6時までのプランとはいえ、サウナも使えて2000円はお得だ。波瀾万丈の365ホテル旅、まだまだ始まったばかりだが、東京の全カプセルホテルを制覇したいとも思っている。

総合得点
61
コスパpt
3.8

1月15日（水） 015／365

東京　町田　〈エコノミー〉

ホテルリソル町田

東京都町田市森野1-12-15 ☎042-732-9269
チェックイン14:00 チェックアウト11:00

本日の部屋 シングル／310号室／5500円

▼採点項目

立地	4
外観	3
エントランス	3
ロビー・フロント	22
パブリックスペース	14
客室	58
飲食環境	3
駐車場	3
全体特記事項	0

110pt／180pt

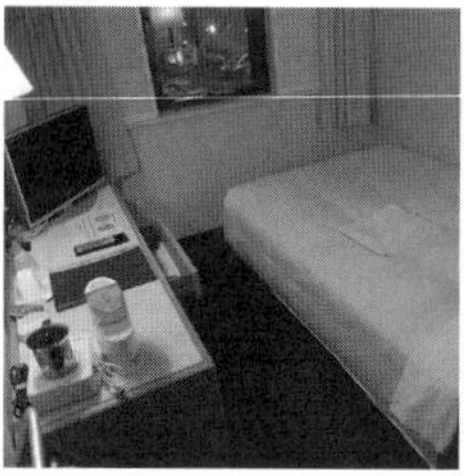

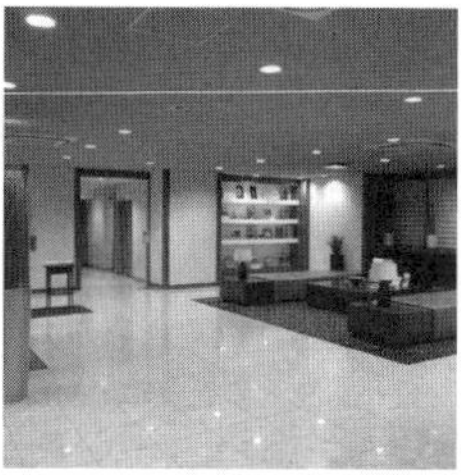

駅至近で駐車場無料。広々ロビーも高ポイント。

2000円という料金が安いとはいえ、0時チェックイン6時チェックアウト、半覚醒のまま巣鴨から帰宅する。飲みに行ったら2000円なんてすぐにつかってしまう金額だが、100円でも安く良さげなホテルを探そうとして、結果半覚醒、「疲れた〜」を連呼する一貫性なき男がここにいる。そんなこと言ってられん。コンサルタントの仕事がビッシリの一日だ。生活費を稼がねば。ホテル評論家の仕事でも以前に比べたら稼げるようになってきたが、やはりホテル評論家は先行投資が必要な仕事だ。資格を取るために予備校へ通うのと似ている。いや、似てないな。

多摩地区と横浜、町田で打ち合わせ。町田まで来たので『ホテルリソル町田』へチェックイン。駅から至近の立地にしてなんと駐車場無料なのだ。都市部の駅近ホテル駐車場なのに驚きである。ロビーは広々としてオシャレだ。ピカピカの床に茶色のボックス型ソファが余裕を持って置いてある。部屋のベッドメイキングはデュベスタイルではないが、マットレスのなんと素晴らしきかな。心地よいホールド感についウトウトしてしまう。部屋は3階という低層階だったが、行き交う横浜線が眺められて、鉄道ファンとしても嬉しい。

夜は地元で評判というホルモン焼き店で元気をいただくことに。駅のある繁華街方面へ歩き、踏切を渡り小径を行くと、以前から噂を聞きつつ行ったことのなかったホルモン焼きの「いくどん」がある。西東京地区と神奈川北部に多店舗展開しているが、やっぱり本店でしょ〜というわけで、なんとこちら24時間営業。アウェイな街で1人盛り上がれるお店は貴重だ。ホルモンはもちろん美味しいのだが、スープはお代わり自由のサービスで、減るとすぐさま器につぎ足してくれるし、こちらが頼まなくても頻繁に網を交換してくれる。食べて飲んで2000円そこそこで大満足。今度は朝来てみたいぞ。

総合得点
42
コスパpt
3.9

▼採点項目

立地	5
外観	3
エントランス	3
ロビー・フロント	20
パブリックスペース	21
客室	19
飲食環境	4
駐車場	1
全体特記事項	0

76pt／180pt

1月16日(木) 016／365

東京　新宿　〈カプセル〉

グリーンプラザ新宿

東京都新宿区歌舞伎町1-29-2 ☎03-3207-5411
チェックイン15:00 チェックアウト10:00

本日の部屋 下段／4115号／2680円

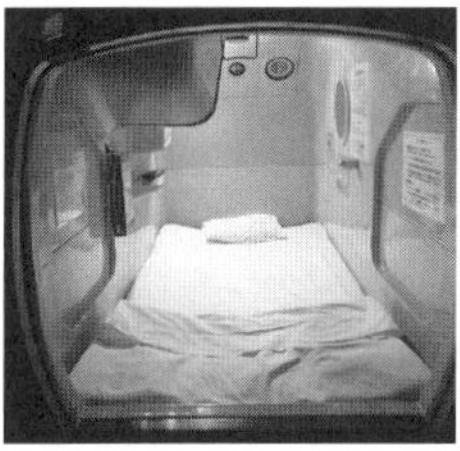

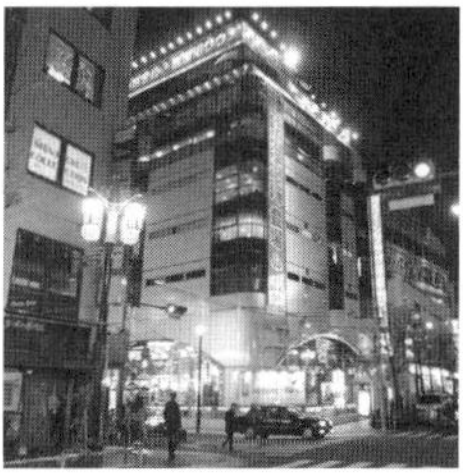

4時間仕上げのクリーニングサービスは、エライ。

　朝、町田から帰宅し、着替えだけ準備してオフィスへ。日中はオフィスで打ち合わせ各種。夕刻から五反田で会食。その後友人と待ち合わせている六本木へ移動。友人が出演するジャズバーへ出向く。生きる活力を与えてくれる高揚感。結局遅くなってしまい新宿までは戻れたものの歌舞伎町のカプセルホテルへ投宿。

　都心で会食などが盛り上がってしまってカプセルホテルという、何だかイッパシのサラリーマンになったかのようで、フリーランス的な毎日としては嬉しくなる。カプセルホテルといえば、以前からレポートを読みたいという声が多く寄せられている。特に地方に住む激安に旅する若者には嬉しい情報とのこと。都心のカプセルホテルも進化していて、想像以上に心地よく何より安い。365ホテル旅ではこれからも頻出することと思う。やはり都内のカプセルホテル全店制覇するしかないな。

　かような使命感もあり、新宿歌舞伎町の高名なカプセルホテル『グリーンプラザ新宿』へ。西武新宿駅向かいに煌々としたネオンサイン輝くホテルだ。ネット割引で2680円はお得感が高い。しかも15時にチェックインできることを知る。大浴場、サウナも広々して清潔感もある。かなり心地よいぞ。

　もう夜は遅い。ひとっ風呂浴びてカプセルへ向かう。ずらっと並んだカプセルを眺めていると、カプセルホテルとはよく考えられたネーミングだなと思う。おっと忘れてた、翌朝は新宿で所用なので寝る前に着ていた服をクリーニングに出す。4時間仕上げとは嬉しい。朝起きたら仕上がっているぜ。

　ゆっくり寝ようと思うも、深夜でも人の出入りが激しいのは歌舞伎町のカプセルホテルゆえか。都会の繁華街はまさしく24時間眠らない、オレはあまり眠れないのである。

総合得点
43
コスパpt
2.9

▼採点項目

立地	3
外観	2
エントランス	2
ロビー・フロント	16
パブリックスペース	11
客室	40
飲食環境	3
駐車場	1
全体特記事項	0

78pt/180pt

東京　大塚　〈エコノミー〉

大塚タウンホテル

東京都豊島区北大塚2-9-1 ☎03-5961-3880
チェックイン16:00 チェックアウト12:00

本日の部屋 シングル/502号室/4900円

0時からチェックイン可能な、ビジネスホテルとは?

　新宿歌舞伎町のカプセルホテルで目覚める。充分な睡眠とはいかないまでも、朝風呂・朝サウナと水風呂を繰り返しているとスッキリしてくる。最近、ビジネスホテルで大浴場なんてのが流行っているが、大浴場ならカプセルホテルは最強だ。スッキリサッパリ気分で新たな一日が始まる。当初の予定通り帰宅しないで直接向かうことにした。午後一度帰宅して夜まで自宅仕事。夜11時過ぎに外出する。というのも今夜の宿は0時からチェックインが可能というプランだ。

　大塚駅北口から繁華街風俗店街方面へ歩を進めると、『大塚タウンホテル』があった。深夜0時チェックインプランを選んだのも、安い料金ということもあるが、深夜0時のホテルを見たかったからだ。ビジネスホテルだけど、休憩利用の料金も表示されているホテルをたま～に見かける。それが繁華街や飲み屋街、風俗店街などにあると「ラブホテル」的利用がされてるんじゃないかと邪推したりする。本当に休憩するだけならいいけど「休憩」なんてしない男女も多いのだろう。まっ、ホテルなんて多かれ少なかれそういう面はあるのだ。ホテルに着いて0時を過ぎると、カップルが次から次へと入っていく。フロントは上部が目隠し?の曇りガラス張りになっている。かなり期待通りである。エレベーターで客室階へ。降りた瞬間、ホテル評論家人生(というほどの経歴でもないが)最狭幅の廊下を見て、スゲェ!と唸ってしまった。デカイ図体のオノレとしてはギリギリサイズでもある。３６５日ホテル旅でよく見かけるLCC機内持ち込みギリギリサイズのスーツケースになった気分だ。

　部屋はとり立てて特徴はない。インテリアの統一感もないが、40インチ壁掛け液晶テレビがいい感じだ。何となくベッドに入るのがためらわれるのは我が想像力のなせる業か。

総合得点
66
コスパpt
3.5

▼採点項目

立地	3
外観	4
エントランス	3
ロビー・フロント	22
パブリックスペース	26
客室	56
飲食環境	3
駐車場	3
全体特記事項	0

120pt／180pt

1月18日(土) 018／365

東京　九段下　〈ミドル〉

ホテルグランドパレス

東京都千代田区飯田橋1-1-1 ☎03-3264-1111
チェックイン14:00 チェックアウト11:00

本日の部屋 ツイン／アップグレード／1212号室／7900円

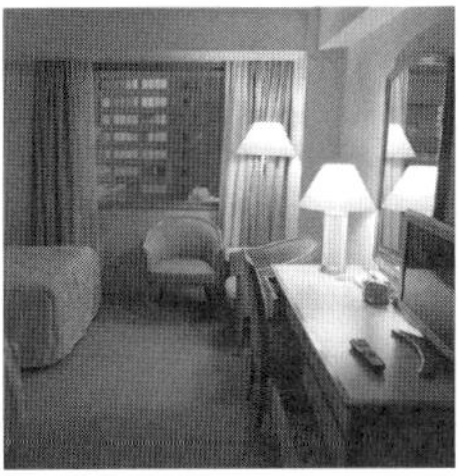

「ちょっと気になるホテル」に、気兼ねなく宿泊。

いつもその前を通過するのだが、足を踏み入れたことのないちょっと気になる都心のホテルなんていうのも365ホテル旅では気兼ねなく利用しよう。

そもそも「足を踏み入れたことのないちょっと気になるホテル」には、「高級すぎて気後れしている」場合と「きっとこんなもんだろう」とタカくくっている場合があるが、今回は後者である。本当に失礼だ、おれ。

「パレスホテル」といえば多くの人々が認めるラグジュアリーホテルであるが、『ホテルグランドパレス』は昔ながらのグランドコミュニティホテルといった印象がある。そんなわけで土曜日なのに安価な宿泊プランがあったことと、神楽坂で友人と上海蟹を満喫する予定があったので、タクシーで安価に移動できる立地ということもありリザーブした。

贅沢にとられたロビーの広さなど、30年前には相当高級だったホテルなんだろうなぁというある意味における「質の高さ」がある。ご高齢の方々には好評なのではないかと思う。部屋も確かにスタイリッシュさや斬新さはなく経年感もあるが、ベッドは寝心地いいし、アメニテイは豊富、バスローブまであるぞ。

細かなところでは満足度が高いけど、どうしても施設全体の古さは隠せず最新ホテルと比べると、どうしても得点は低くなってしまう。まぁ、このホテルに泊まることができたのも365ホテル旅のおかげだ。またひとつホテルを知ることができた。この前向きな、いや、楽天的性格は365ホテル旅には肝要だと思う。

ホテルからタクシーに乗って神楽坂へ。以前から所望してやまなかった冬の味覚上海蟹のフルコースを満喫した。「上海美味小屋」というお店。こんなに美味しい上海蟹初めてだった。しかもこんな値段でいいの!? っていう驚きの安さ。友人の美食家度に感嘆した夜だった。

総合得点
60
コスパpt
4.1

▼採点項目

立地	4
外観	4
エントランス	4
ロビー・フロント	21
パブリックスペース	14
客室	58
飲食環境	2
駐車場	2
全体特記事項	0

109pt／180pt

1月19日(日) 019／365

東京　日本橋　〈エコノミー〉

アパホテル小伝馬町駅前

東京都中央区日本橋大伝馬町14-20 ☎03-5642-2111
チェックイン14:00 チェックアウト11:00

本日の部屋 シングル／313号室／4300円

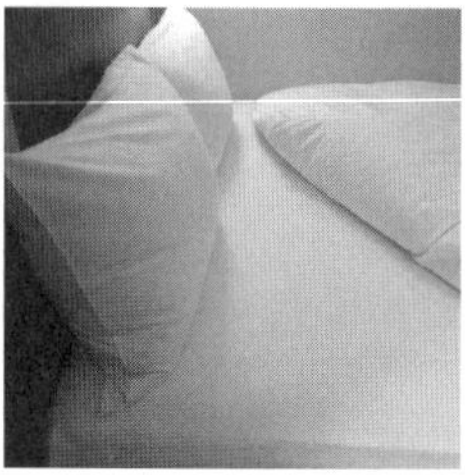

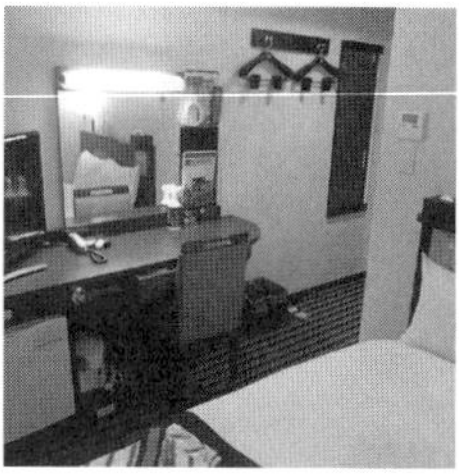

アパホテルが新しく建てた施設は、高級感満点。

うおっ！ なんでこんなに高いんだ⁉ 最近都心へ出店攻勢をかけているアパホテル都心店の宿泊料金である。高いのである。特にウィークデイがハンパなく高い。先日も六本木周辺でホテルを探していたら、アパホテルが1万5000円近く。近隣のデラックスホテルと同じくらいでびっくりした。そんな都心だから、日曜や連休最終日はググっと安くなっているので気になっていた。そのような中でも一番安く出されていた日本橋の『アパホテル小伝馬町駅前』へ向かうことにして予約。20時チェックインプランで4300円だ。ウィークデイの3分の1くらいだろうか。

アパの都心店には2〜3台分の駐車場スペースを設けているホテルが多い。宿泊者駐車料金はどこも3000円と書いてある。駅至近の立地なので「電車で来いよ」といったところなのだろうが、わたくし都心は車移動が多い。実はホテルの斜め向かいにはコインパーキングがあり、20時から翌朝8時まで500円で駐車できる。20時チェックインプランにまさしく合致した設定で、計4800円という計算だ。こういうことに病的な喜びを覚える。到着すると、無事駐車場も空いていて、というより、好きなところへ勝手にとめやがれ的に1台もない状態で、もしや満車かもは杞憂に終わる。

アパホテルが新しく建てた施設はキレイで快適だ。客室も以前よりは少し広めになっているしテレビも大きい。アパの特徴のひとつである大浴場はないケースも多いところは、こちらも同様。でも部屋の浴槽は楕円で使いやすい。おっ、このフカフカベッドのマットレスはなんじゃ⁉ オレの知っているアパホテルではないぞ⁉ シーリーという高級なマットレスを使っているらしいが本当に素晴らしい。これは他店舗も要調査だ。都心で快適に過ごせる意味では利用価値の高いアパホテルだ。

総合得点
41
コスパpt
3

1月20日(月) 020／365

東京　南千住　〈エコノミー〉

パレスジャパン

東京都台東区清川2-31-6 ☎03-6458-1540
チェックイン15:00 チェックアウト10:00

本日の部屋 シングル／606号室／3500円

▼採点項目

立地	4
外観	3
エントランス	2
ロビー・フロント	15
パブリックスペース	18
客室	30
飲食環境	2
駐車場	1
全体特記事項	0

75pt／180pt

外国人バックパッカー向けの宿が、あちこちで進化中。

生活臭のある街を歩くことが好きだ。特に東京の下町や近郊都市などのぶらり街歩きは発見が多い。ところでJR常磐線の南千住駅周辺といえば、今となっては再開発された地区もあるが街歩きに魅力的な地域である。今回は山谷。今までと違うのは「泊まる」ということだ。山谷には簡易宿泊所が多い。ドヤ街ともいわれる。とてもヤドとはいえないからドヤということが語源らしいが、ここ数年外国人バックパッカー向けに、安いけどキレイにオシャレになっている施設も多いらしい。2020年オリンピックに向け、建て直されたり、改修されたりと、今後更に進化していくであろうこの地区の宿泊施設事情、一度チェックしておこう。

真冬とはいえ、あちらこちらでおじさんが道路に座り込み缶ビールやカップ酒をあおっている。泪橋交差点に隣は吉原、なんともいえない混沌とした空気がここにはある。そんな地区の幹線道路沿いに今日のヤド「パレスジャパン」がそびえる。立派な建物だ。「パレ○ホテル」みたいな名前だが全く違う。あちらは皇居こちらは山谷を見渡す。

キレイな外観に加え、ロビーもフロントも外国人向けにアレンジされていて陰湿な雰囲気は皆無だ。フレグランス？ 強い香水？ 独特の香りが館内に漂う。ここは異国だ。

客室はシングルベッドがやっと1台入るほどのスペース。寒いからだろうが、ベッドの上に柄物毛布が載っているのはチョット「ひく」。生活臭のする場所を「歩く」のは好きだが、生活臭のある個室滞在までオマケでついてくるのはなあ。こちら、個室もあるけど、ドミトリー形式といわれる相部屋もある。共同トイレ、共同シャワールーム、共同洗面台と共同で連帯感が生まれるのか否かについては、誰とも鉢合わせしなかったのでわからずじまい。

総合得点
52
コスパpt
3.2

▼採点項目

項目	点
立地	2
外観	3
エントランス	3
ロビー・フロント	20
パブリックスペース	14
客室	48
飲食環境	2
駐車場	3
全体特記事項	0

95pt／180pt

東京　八王子　〈エコノミー〉

八王子ホテルニューグランド

東京都八王子市大和田町6-1-6 ☎042-645-0015
チェックイン13:00 チェックアウト12:00

本日の部屋 ツイン／719号室／8000円

西洋のお屋敷のような、不思議な雰囲気のホテル。

　明日からは今月2回目の関西出張。もはや365ホテルになくてはならない格安航空LCCを利用する予定なので、成田へ前泊といきたいところだが、急遽夕刻から八王子で仕事になってしまった。早朝八王子から成田までの移動はツライなぁと思いつつ、深夜八王子から中央道を経由して目的地の神戸へ車で行ってしまうのはどうだろうと考える。早朝4時までに八王子料金所を通過すれば高速料金は半額になる。現地での足にもなるし、重量気にせず荷物も積み込める。

　というわけで八王子へは車でゴー。仕事を終えると20時近く。八王子では駅前の「京王プラザホテル八王子」をよく利用するが、よく利用するゆえ「とっておきたい」ホテルだ。結局『八王子ホテルニューグランド』に決めたが、できれば夜にはチェックインしたくないホテルでもある。なぜなら西洋のお屋敷イメージといった佇まいのホテル、はっきり言おう、外観が暗いのだ。外観イメージに反してロビーやエレベーターホールの明るい雰囲気にはホッとするが、客室へ入ると少し暗いイメージ。落とされて、持ち上げられて、落とされた、みたいな起伏の激しい気分。カーペットのヨゴレもある。でも揃っているんだなぁ〜このホテル。客室に空気清浄機、お持ち帰りスリッパなど備えている。

　ここで2つの重大な問題が発覚する。時は21時。その1、パソコンの電源ケーブルをオフィスへ忘れてきた。その2、明日札幌で緊急の仕事になった。帰るしかないじゃん。というわけで仮眠後、深夜2時半にホテルをアウト。落とされて、持ち上げられて、落とされて、また持ち上げられて落とされるという、複雑な気分の深夜3時中央フリーウェイ。あっそうそう、こちらのホテル駐車場が無料、駅からのシャトルバスもある。もうひとつ、横浜のニューグランドとは全く関係のないホテルである。

総合得点
68
コスパpt
4.1

▼採点項目

立地	4
外観	4
エントランス	4
ロビー・フロント	22
パブリックスペース	20
客室	63
飲食環境	3
駐車場	2
全体特記事項	1

123pt／180pt

1月22日(水) 022／365

北海道　札幌　〈ミドル〉

アートホテルズ札幌

北海道札幌市中央区南9条西2-2-10 ☎011-512-3456
チェックイン14:00 チェックアウト11:00

本日の部屋 シングル／1817号室／4900円

真冬の北海道、すべてが安い。今夜の決め手はスパ。

結局急遽札幌行きLCCの客となるため、深夜八王子から帰宅してほとんど寝ずに早朝成田へ。成田空港は積雪で、機体の雪を除雪するため30分のディレイ。

新千歳空港着。寒すぎるぜ。とにかく厳冬の北海道行きにレンタカー予約は必須。閑散期とあって1泊2日で2100円という格安10万km超えレンタカーを借りる。「旅ぷらざレンタカー」というサイトが格安直前予約もできて便利だ。格安10万km超えとはいえそこは真冬の北海道、スタッドレスが効く効く、グイグイ走らせる。仕事を終わらせホテルへイン。来週も札幌へ来る予定なので1月の渡道は3回になりそう。これも閑散期厳冬の北海道、飛行機やホテル、レンタカーなどが安いからということがあるので365ホテル旅にはもってこいだ。

チェックインしたホテルは『アートホテルズ札幌』。決め手は「フロ」である。こちらのホテル、「パークサイド・スパ」というイケてる大浴場があって、サウナや水風呂なんかも無料利用できるのだ。部屋のベッドメイキングも、ちょっと前にデュベスタイルに変えてイメージ一新、部屋の窓もでかくて明るくて開放的。いいぞいいぞ。ホテルにいてもデスクに向かってばかりだが、大きな窓は仕事をしていても気分がいい。そして壁付けされたズボンプレッサー。こういう機能的な設えは限られた客室面積ゆえに好印象だ。バスルームはいつも大浴場に行くので使ったことがない。

このホテル、ススキノ中心までギリギリ徒歩圏内ではあるが、真冬の極寒北海道の場合、徒歩圏のゾーンは狭くなる。命にかかわる問題でもある。オレは歩いたぞ。タクシー代分飲んで食べたいから。帰りも歩いたぞ。酒が入ってますます命にかかわる問題である。それにしても真冬の閑散期北海道、レンタカーにホテルと全てが安い。

総合得点
48
コスパpt
3.2

▼採点項目

立地	4
外観	2
エントランス	2
ロビー・フロント	18
パブリックスペース	13
客室	45
飲食環境	3
駐車場	1
全体特記事項	0

88pt／180pt

1月23日（木） 023／365

大阪　長堀橋　〈エコノミー〉

チサンホテル心斎橋

大阪府大阪市中央区南船場2-4-10 ☎06-6263-1511
チェックイン14:00 チェックアウト11:00

本日の部屋 シングル／425号室／5300円

宿泊代高騰の大阪中心地で、救いのホテル。

早朝3時から札幌のホテルで「前夜締め切り」の原稿を仕上げて朝6時に送信。昼に新千歳空港へ。12時45分発のLCCピーチ関西空港行きへ搭乗。ピーチで関空へ行く時にいつも買っているのが機内限定で販売している「Peach.なんばきっぷ」。関空からなんばまでラピートが運賃込み1000円で乗れるのだ。普通乗車券を買えばそれだけで890円なので、実質110円差と超オトクなキップ。

極寒の北海道からポカポカした大阪へ移動したわけだが、急遽札幌へ寄ったので、本来の予定はここ大阪からだ。仕事終えて、さてホテルをどうしようかと悩みに悩む。だって、大阪のホテル高騰してんだもん。昨秋あたりからずっとだ。オトク感あるホテルは中心部から離れて郊外になるか、「とっておきたいホテル」になるので、中心部で選ぶとなると難しい選択だし何より納得いかない料金。結局、夜は新世界へ行くことにしたので、地下鉄堺筋線長堀橋1分が決め手になって『チサンホテル心斎橋』へイン。ホテルを飲み食い基準で決めることは多いが、やはり仕事基準でキメたいものである。

部屋へ入った瞬間に、デスクチェアが斜めにはみ出して、デスク下にちゃんと収まっていない。なんだかテキトーである。ベッドボード上の電話や時計も斜めに置かれていてテキトーな感じだ。シャンプーやリンスのボトルもテキトーに置かれている感じだ。あと、外出しようとカードキー差込電源を抜いた瞬間真っ暗闇になるのを久々に見た。いや暗くて何も見えない。

ひとり大阪の定番新世界へ。ジャンジャン横丁をスルーした辺りにある行きつけの「ぜにや」へ。ここの焼肉は時々無性に食べたくなるのだ。お刺身から鍋から串カツなどなど何でもあり、カウンター中心なので1人でもゆっくり楽しめる。

＊こちらのホテルは現在『ネストホテル大阪心斎橋』として営業している。

総合得点	67
コスパpt	3.8

▼採点項目

立地	4
外観	4
エントランス	4
ロビー・フロント	25
パブリックスペース	19
客室	60
飲食環境	3
駐車場	3
全体特記事項	0

122pt／180pt

1月24日（金） 024／365

京都　京都　〈デラックス〉

ANAクラウンプラザホテル京都

京都府京都市中京区土橋町10 ☎075-231-1155
チェックイン13:00 チェックアウト11:00

本日の部屋 ツイン／アップグレード／718号室／8000円

シャトルバスの有無も、ホテル選びのポイント。

梅田の雑踏をスーツケース転がしつつ、ＪＲの快適ラクチン新快速に乗り込み昼過ぎに京都へ移動。2月7日に開業する、「ザ・リッツカールトン京都」の記者会見とプレス向け内覧会へ出席するために、本当は「京都ホテルオークラ」が近いのだけど、『ＡＮＡクラウンプラザホテル京都』のツインシングルユースが８０００円と安かったので予約。

京都駅から15分間隔でホテルまでのシャトルバスがあって便利。客室は7階、というと低層だと思われるかもしれないが8階建ての7階だ。

デスクにコンセント差込口がなかったので壁づたいにパソコンの配線をのばしたり、カードキー連動電源が壁のコンセントまで連動していて外出したらノートパソコンのバッテリーがなくなっていたり、クローゼットの奥行きがスーツの肩幅より狭かったり、マットレスのホールド感が弱かったり、いろいろですが…概していい部屋であります。もちろんいいホテルです。あれっ、文章がですます調になってるぞ。

京都の夜は先斗町や祇園へ行くことも多く、実際行きつけはその辺りなのだが、仕事もたまっていたので烏丸辺りで。久々に会う京都の友人と待ち合わせ。以前から気になっていた「にこみ鈴や」へ行くも満席にて撃沈。

どうしようかとブラブラして大衆中華店があったのでイン。「禧龍」というお店。観光では絶対立ち寄らないお店だ。店内はスーツ姿のサラリーマンで満席。ここも満席か、と諦めかけたところで丁度2席空いた。しばらく炭水化物減らし気味のプチ糖質制限的生活を送っていたのでこんな中華は久々だ。しかも1杯目はこちらも久々の糖質制限発泡酒じゃない「ちゃんとしたビール」。追加注文した２０００円の焼酎ボトル、なんだかんだ1本開けてしまった。結局閉店まで飲み食い滞在。

総合得点
37
コスパpt 3.7

▼採点項目

立地	4
外観	2
エントランス	2
ロビー・フロント	19
パブリックスペース	18
客室	19
飲食環境	3
駐車場	1
全体特記事項	0

68pt／180pt

1月25日(土) 025／365

東京　大塚　〈カプセル〉

カプセルイン大塚

東京都豊島区北大塚2-15-10 ☎03-3940-4681
チェックイン15:00 チェックアウト10:00

本日の部屋 下段／5071号／2680円

京都から関空経由成田。無駄なのか得なのか。

　京都からLCCへ搭乗するため関空へ移動。ジェットスター、別途料金のかかる座席指定はしなかったのだが5Dという上席がアサイン*。京都駅から新幹線ならびゅ～んと3時間くらいだが、京都駅→関空→成田→都内自宅で5時間近くか。東関東自動車道、湾岸市川渋滞、首都高高井戸事故見物渋滞が都心環状線まで影響し9号線も渋滞。なんとか帰宅。

　何とも無駄な動きをしているようだがトータルで3000円ほど節約になってよかったです。はい。3000円ですよさんぜんえん。3000円といえばカプセルホテルに1泊してお釣りがくるぞ。このミッションをスタートしてからというもの、やたらコスト意識が高くなっている自分に気付く。

　夜は池袋へ。出版社の方と打ち合わせを兼ねて飲む。365ホテル旅の話題で盛り上がり最高潮である。やっぱりカプセルや安宿レポートが面白いかもと言われ、そうですか、はい、と酔った勢いで隣の大塚へ移動してカプセルへ潜り込むのであった。カプセルホテルって駅近の便利な場所にあって、中も清潔で割と好印象なところが多いが、今夜のカプセルホテルはやたらオッサン度が高い。高オッサン度というのは、オッサン客が多いということも意味するが、空気中オッサン濃度が高いということでもある。もっとわかりやすく言おうか。おっさん臭いのである。オマエもおっさんだって？ はい。3つ奥のカプセルに潜り込んでいる（たぶん）オッサンは「うぅうぅうぅ」とうめいているし、隣のカプセルからはテレビの音も漏れてくる。カプセルルームの中では静かにしてくださいって書いてあるけど無秩序だ。

　昨夜はデラックスホテル、今夜はカプセルホテル、このデラックス→カプセルという落差に快感すら覚えつつある、しかし確実にヤラれる、365ホテル旅である。

総合得点
54
コスパpt
3.2

▼採点項目

立地	3
外観	2
エントランス	2
ロビー・フロント	22
パブリックスペース	13
客室	52
飲食環境	2
駐車場	2
全体特記事項	0

98pt／180pt

1月26日(日) 026／365

東京　後楽園　〈エコノミー〉

ホテルウィングインターナショナル後楽園

東京都文京区本郷1-25-11 ☎03-5804-1011
チェックイン15:00 チェックアウト10:00

本日の部屋 シングル／621号室／5000円

おしぼり、古事記、靴磨き。気配りに癒やされる。

早朝一度帰宅してオフィスで原稿書きなど。午後は横浜方面で仕事。夜は世田谷区の用賀まで友人のライブへ出向き、かなり遅い時間まで盛り上がると深夜。渋谷辺りのカプセルへとなるパターンだが、少し足を延ばして後楽園まで出向いてみた。というのも、数あるホテルチェーンで「ホテルウィングインターナショナル」って利用したことがなかったので泊まってみたく『ホテルウィングインターナショナル後楽園』を予約。

このホテルの入口は路地にある。この立地では、ホテルウィングインターナショナル「後楽園」とあるが、ホテルからきっと後楽園は見えない。もしかしたらどこかの部屋から後楽園は見えるかもしれないけど、深夜だしよくわからない。

こういうのはこのホテルに限らずよくある話だ。有名地や観光地などネームバリューがある場合には多少関連は薄くとも名前に使われていることは多い。使うのはホテルだけに限らない。マンションなんかもね。そもそも地名だってそうだ。軽井沢なんていうのも、東西南北いくつの軽井沢があるのだろう。

話は逸れたが、ホテルウィングインターナショナルチェーンを利用したことがなかったというのも、どの辺りが「インターナショナル」なのかイマイチわからないキライも…。という評論家にあるまじき姿勢である。

結果、行ってみなきゃわからんなぁと改めて思ったわけである。細かい気遣いに癒やされるのだった。チェックインのおしぼりに癒やされ、明るくリニューアルされた客室に癒やされ、部屋のリーフな壁紙に癒やされ、デュベのフカフカベッドに癒やされ、デスク引き出しの古事記にちょっとだけ癒やされ、靴磨きサービスしますなんていうのには超癒やされるんだな。

ありがとう、そしてごめんなさい、ホテルウィングインターナショナル。

総合得点
34
コスパpt
3.9

▼採点項目

立地	3
外観	2
エントランス	2
ロビー・フロント	18
パブリックスペース	15
客室	18
飲食環境	3
駐車場	1
全体特記事項	0

62pt／180pt

東京　赤羽　〈カプセル〉

カプセル&サウナ コスモプラザ赤羽

東京都北区赤羽1-39-3 ☎03-3902-7770
チェックイン15:00 チェックアウト10:00

本日の部屋 上段／414号／1980円

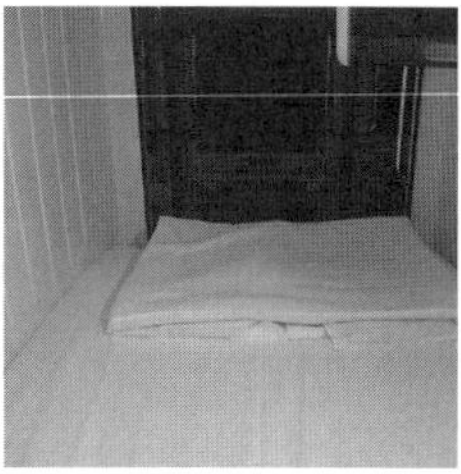

本ミッション今のところの最安値。1980円のカプセル。

本ミッション最安値ホテル登場である。場所は東京都北区赤羽。昭和の雰囲気を残す飲み屋が多くて好きな場所だ。そんな赤羽で飲みの夜。友人と飲みの予定だったが変更になったので、元々予約してあったお店へ1人行くことに。

赤羽は昭和の香り漂う飲み屋街が駅近に豊富。飲兵衛にはたまらない街で時々出向く場所でもある。赤羽の居酒屋といえば「まるます家」が有名で、今夜も行こうと目論んでいたが月曜はお休みの様子。友人との飲み予定変更は正解だったかも。こちらが本命、OK横町の「たちばな」へ。おでんが自慢の美人女将のお店。ポテトサラダ、ハンバーグなども絶品。とにかく全国チェーンの居酒屋にはない、1人でゆっくりできる空気感がありがたい。

そんな赤羽、ホテルも昭和な感じのところが多いけど、なんとなんと1980円の『カプセル&サウナ　コスモプラザ赤羽』を発見して潜り込んだ。1980円ということで一体どんなだろうとインするのを躊躇したが、別段悪くないぞ。安さの理由、それは「テレビが映らない」「上段限定」だからだ。この365ホテル旅ミッションで、はじめて都内のカプセルホテルを利用するようになった。それまで抱いていたイメージよりもとても印象がいい。でもこのミッションでのカプセルホテル利用は、深夜にインして早朝アウトする前提だからまさに寝るだけ。だからテレビは映らなくてもいいんだな。でも上段は苦手だ。梯子みたいなステップをよじ登らなきゃならん。まだ登りはいいが、高所恐怖症のケがあるオレとしては、下りはちょっとコワイ。それにしても1980円ってのはすごいなぁ。これを下回る、ある意味上回るホテルはあるのか。今夜はカプセルホテル上段。人生初体験である。何事も体験である、とこのミッションで何度つぶやいたことだろう。

1月28日(火) 028／365

総合得点
63
コスパpt
3.8

千葉　成田　〈エコノミー〉

アパホテル京成成田駅前

千葉県成田市花崎町906 ☎0476-20-3111
チェックイン15:00 チェックアウト11:00

本日の部屋 シングル／1506号室／5000円

▼採点項目

立地	4
外観	3
エントランス	3
ロビー・フロント	23
パブリックスペース	18
客室	59
飲食環境	2
駐車場	2
全体特記事項	0

114pt／180pt

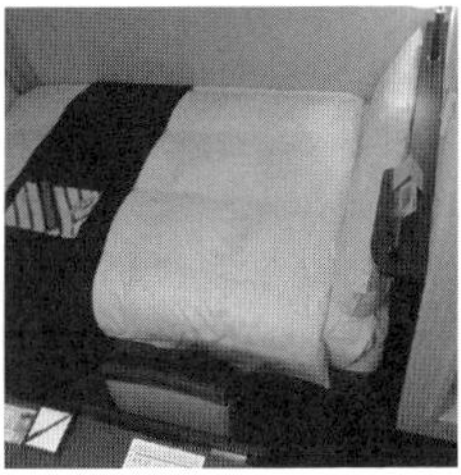

北海道への旅立ち前夜は、贅沢アパホテルから。

東京と地方を行き来する365ホテル旅。当初四国へ行こう思っていたが、飛行機、ホテル、レンタカー、全てが安い内に再度北海道のホテルをと1週間出向くことに。何となく最近ニュースでみるなぁと「バニラエア」のサイトを見たら5500円で予約できたので朝イチ8時の便をポチッと。ところが何とこの日、成田→札幌便が就航初日らしい。初日の初便である。有料の座席指定はしなかったがウェブチェックインで2Cという上席がアサイン。翌朝札幌へ向かうLCCへ搭乗するための前泊ということで、座席指定ではなく号車指定の京成イブニングライナーで22時過ぎに成田駅着。京成成田駅直結の『アパホテル京成成田駅前』へ夜10時過ぎのチェックイン。

京成成田駅の東口ロータリーに面しているが、東口ロータリーは駅の崖下的構造なので、1週間分の荷物が入った重量級スーツケースを転がして長い連絡路を行かねばならん。そしてこの長い連絡路、上りはエスカレーター下りは階段。下り階段とはいえ重量級スーツケースを持ち上げて息が切れる。そして明日はホテルから直接空港への連絡バス。最後まで上りエスカレーターの恩恵を受けずに終わった。

いやぁアパホテルいいっすね〜。数多くつくっているだけあって本当に研究していると思う。先日監修した雑誌企画でもランキング1位だ。大浴場もあって疲れがとれる。翌日からは1週間の北海道ホテル旅。疲れは残さずいきたいものだ。まっ、客室は狭いから滞在というよりは寝るだけなんだが、寝るについてもツボを押さえている。先日の都心アパホテルもベッドが素晴らしかった。やはりベッドは重要。心地よすぎて危うく寝過ごすところだった。カードキーをポストへ入れるだけのチェックアウトに救われた。さぁ空港への無料連絡バスへ走れ！

総合得点
59
コスパpt
4

▼採点項目

立地	3
外観	3
エントランス	3
ロビー・フロント	20
パブリックスペース	15
客室	58
飲食環境	3
駐車場	2
全体特記事項	0

107pt／180pt

1月29日(水) 029／365

北海道　札幌　〈エコノミー〉

ホテルローヤルステイ・サッポロ

北海道札幌市中央区南6条西8 ☎011-512-5800
チェックイン15:00 チェックアウト11:00

本日の部屋 ツイン／908号室／3000円

ススキノ至近。家具から小物まで気遣い満載。

偶然にもLCCバニラエアの就航初便に搭乗することになった。LCCは主にジェットスターの利用が多いが、荷物を預けると1000円くらいかかる。でも、バニラエアは20kgまで無料なので運賃5500円のところ、いつも荷物を預けるオレとしては実質4500円の感覚だ。

札幌ほど出向いている都市はないと思う。ゆえにホテル実勢料金繁閑落差には敏感で、お正月明けから雪祭りまでの間は365ホテル旅にとってもってこいの時期と判断。結果として今月3回目の渡道となった。今回も格安レンタカー。5日間でなんと8400円。札幌のめぼしいホテルはほぼ宿泊済みなので、敢えて宿泊したことのないお得感あるホテルを選んでみたい。『ホテルローヤルステイ・サッポロ』が激安だったのでリザーブ。碁盤の目札幌、南6条西8丁目。どういう場所かとあえていえばススキノの外れということか。ススキノ中心部から特殊浴場が立ち並ぶ猥雑なエリアを抜け、東本願寺の辺りといえば街を知る人にはわかりやすいか。

そんな立地ゆえかとにかく安い。ホテルの外観を見るにプチゴージャスにして窓は少なく、一瞬レジャーホテル(ラブホテル)!? かと思ったが、ロビーは豪華でレセプションもシティホテルクラスを彷彿とさせる。部屋は30㎡近くあるツインのシングルユースプランがなんと3000円。そして揃っているのである。家具から小物までの気遣いも感じられる。そんな広い部屋にして小窓がひとつだけということを除けば大満足なのだ。

そんな小窓は、原稿書きに没頭するデスクから右横のポジション。望める景色は、北の大繁華街ススキノ中心部のネオンである。原稿を書かなきゃいけないのに誘蛾灯のように誘われそうに。夜になればなるほど窓外のネオンは華やかに。誘われるなぁ。

総合得点
68
コスパpt
4.2

▼採点項目

立地	3
外観	4
エントランス	4
ロビー・フロント	30
パブリックスペース	18
客室	60
飲食環境	1
駐車場	3
全体特記事項	1

124pt／180pt

1月30日（木） 030／365

北海道　大沼　〈デラックス〉

クロフォード・イン大沼

北海道亀田郡七飯町字大沼85-9 ☎0138-67-2964
チェックイン15:00 チェックアウト10:00

本日の部屋 ツイン／204号室／4500円

閑散期のリゾートホテルは、お得すぎる穴場。

　札幌のホテル取材を昼過ぎに終え、札幌から函館へ行けるところまで行ってみようと思い立つ。しかし積雪の上、気温は高く雨が降っていて路面の状態は悪く、明るいうちには函館まではたどり着けないことがわかり、思いっきり閑散期の大沼公園付近で泊まることに。

　誰もいない、鳥の鳴き声だけがこだまする厳冬の薄氷大沼公園。ホテルを渡り歩く無味乾燥なホテル旅だが、真冬の北海道を目の当たりにすると、寒風吹きすさぶ中、車を降りてしばし佇み、旅情を感じ、人生の何かがプチリセットされていく。

　ほとんどのお店がシャッターを下ろしている大沼公園駅前。そんな駅近くのデラックスリゾートホテル『クロフォード・イン大沼』へ。閑散期のリゾートホテルは、しーんとしていて、客はオレだけ？ 的状態になるようなケースもあり、かなりコスパの高い宿泊が期待できるのだ。

　絶対に客は少ないはずなのに、ロビーは明るく、大金持ちの別荘へ招かれたような気分だ。ゲストが少ない閑散期とはいえ、逆に、だからか、全てが丁寧なリゾートホテル。

　部屋に入り、まずはライティングデスクを確認。手持ちのアダプターでは電波圏外、リゾート地だからこそ必須なネット環境がある。ＬＡＮケーブルも常設されていて欣喜雀躍である。コンセントは４口。空気清浄機に加湿器、ワイングラスにオープナー、揃ってる揃ってる。広さは28㎡、ツインのシングルユースで、な、なんと４５００円！ 北海道ホテル旅、相次ぐ低料金&高得点。たまらんぜ。

　ウッディなリゾートホテル部屋で１人ワインとチーズなどやっていると、ふと、日曜日の１９８０円カプセルホテルの空間を思い出し、バリエーション豊富になってきた３６５ホテル旅、期待と不安でワクワクしてくるのである。

総合得点
56
コスパpt
3.9

▼採点項目

立地	3
外観	2
エントランス	2
ロビー・フロント	19
パブリックスペース	14
客室	56
飲食環境	2
駐車場	3
全体特記事項	0

101pt／180pt

北海道　函館　〈エコノミー〉

函館リッチホテル五稜郭

北海道函館市五稜郭町35-3 ☎0138-33-2111
チェックイン13:00 チェックアウト12:00

本日の部屋 ツイン／1003号室／3200円

五稜郭至近。名前に違わず、少々リッチな滞在。

　猛吹雪の中のはるばる来たぜ函館へ。五稜郭至近のホテルを予約した。到着したのは11時半。チェックイン時刻には相当早かったので、荷物だけ置きに来たところ「外は吹雪いて大変でしょう～もう部屋の準備ができていますよ」だなんて嬉しいお言葉。ありがたくチェックインさせていただく。

　今回は、最安値であるホテルのおまかせプランで予約したわけだが、この「ホテルおまかせプラン」というのはとんでもないケースに出会うことがある。その昔、いきなりスイートルームに案内されたことも。今日は最上階のツインであった。しかも清潔なデュベスタイルになっていて部屋が広く感じられる。

　お持ち帰りスリッパも置かれていて気分は最高！　そして、なんとシューキーパーまで置かれているのだ。ホテルの部屋にシューキーパーが置かれているのは初めてみた。

　谷《や》地頭《ちがしら》温泉という地元の人に愛されている、お気に入りの温泉を楽しもうと思っていたので、一度も使わなかったユニットバス。排水管からだろうか、何らかの原因で猛烈な悪臭がバスルームに充満する。これが致命的なマイナスポイントになった。とはいえ、料金はなんと３２００円。驚きの料金である。

　リッチホテルといえば全然リッチじゃなくて立地も（しつこい）イマイチというのが昔の印象だったが、進化しているゾ。少々リッチな気分でハイコスパな宿泊となったのだ。

　夜は市電で函館駅まで行き「活魚ろばた汐活」へ。地元密着系にして1人観光客を受け容れる懐の広さ。もちろんカウンター席もあり。そして豊富なメニュー。真冬の北国港町、イカ刺に熱燗なんていいじゃないか。

　これぞ、おひとり様居酒屋の王道、至福の北国港町の夜だった。

2月

February

2月のトータル宿泊料

¥153,050

累計 ¥326,260

32	1日	北海道 函館	チサングランド函館
33	2日	北海道 札幌	ホテルリソルトリニティ札幌
34	3日	東京 新宿	東京ビジネスホテル
35	4日	東京 湯島	カプセルランド湯島
36	5日	東京 大森	ホテルバー グランティオス
37	6日	東京 木場	東京木場ホテル
38	7日	静岡 御殿場	Hotel Brush Up
39	8日	静岡 浜松	オークラアクトシティホテル浜松
40	9日	岐阜 岐阜	ホテル イルクレド岐阜
41	10日	三重 四日市	スーパーホテル四日市・国道1号沿
42	11日	愛知 名古屋	名鉄イン名古屋駅前
43	12日	東京 板橋	サウナ&カプセル太陽
44	13日	千葉 千葉	ホテル・ザ・マンハッタン
45	14日	茨城 神栖	アトンパレスホテル 茶寮砂の栖
46	15日	東京 駒込	カプセル&サウナ・ロスコ
47	16日	埼玉 川越	川越プリンスホテル
48	17日	東京 大塚	ホテルサンターガス大塚店
49	18日	東京 渋谷	カプセル&サウナ センチュリー渋谷
50	19日	東京 錦糸町	ロッテシティホテル錦糸町
51	20日	神奈川 横浜	スターホテル横浜
52	21日	長野 上田	上田第一ホテル
53	22日	茨城 つくば	ホテルマークワンつくば研究学園
54	23日	東京 浅草	アパホテル浅草蔵前
55	24日	東京 竹芝	ホテルインターコンチネンタル東京ベイ
56	25日	神奈川 横浜	ホテルマイステイズ横浜
57	26日	東京 立川	立川ワシントンホテル
58	27日	東京 錦糸町	カプセルイン錦糸町
59	28日	東京 八王子	ザ・ビー八王子

総合得点
61
コスパpt
3.9

北海道　函館　〈ミドル〉

チサングランド函館

北海道函館市宝来町22-15 ☎0138-24-3311
チェックイン14:00 チェックアウト11:00

本日の部屋 ツイン／707号室／4400円

▼採点項目

立地	3
外観	3
エントランス	3
ロビー・フロント	23
パブリックスペース	15
客室	59
飲食環境	2
駐車場	2
全体特記事項	0

110pt／180pt

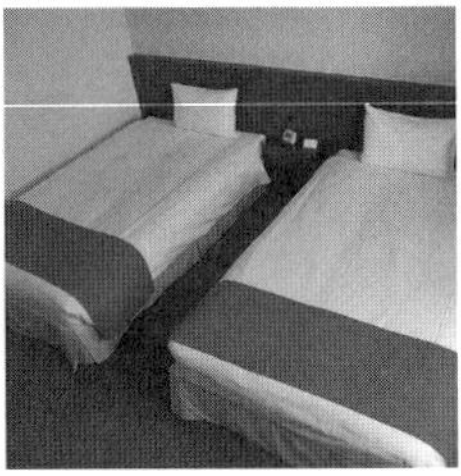

「眺望のいい部屋」希望で、ハイフロアへのご案内。

昼前にホテルをアウトして函館の人気ラーメン店「ラーメンあじさい」へ。ホテルの近くだった五稜郭の本店へ行ったが駐車場がなかったので、「函館ベイ美食倶楽部」にあるお店へ。

ここに来たのが運の尽き。なんと、あじさいの向かいには、地元で評判のローリングしーすー「まるかつ水産」があるではないですか。もちろんすぐさまゴー。

もう1泊函館滞在。「もう1日滞在」ではなく「もう1泊滞在」というあたりが365ホテル旅ならではである。函館駅から市電で4駅、宝来町電停から徒歩1分の『チサングランド函館』が今宵の宿。駅近とはいえ、車でのアクセスなのだが、駐車場のおじさんが優しい。

それにしても、北海道閑散期ホテルは安いなぁという感慨深き思いで、最安値だった4400円シングルルームを予約したが、そこは365ホテル旅、最安値で予約しているのに、わがままにも「眺望のいい客室希望」なんてネット予約の希望欄へ書いてみたところ、海が望める上層階のツインルームへご案内。

「この客、最安値なのにリクエストなぞしてきやがって」なんて空気は微塵も感じられない、ニコニコ接客のフロント女性に恋をしそうだ。

キレイにリニューアルされた1人で過ごすにはなんとも贅沢な空間。ツインルームのシングルユース、海を望みつつ…ハテ、ベッドは2台使って良いのか否かなんて考えたり、いまひとつ旅情やロマンチストという言葉とは縁遠い、現実的なホテルを巡る旅なのである。

明日は早朝の出発予定。日中食べ過ぎたので、近くのコンビニで調達してきたサラダやチーズを広々としたホテルの部屋で。ハイボールと発泡酒で、北国の冬に乾杯。

＊こちらのホテルは現在『函館グランドホテル』として営業している。

総合得点
65
コスパpt
4

▼採点項目

立地	5
外観	4
エントランス	3
ロビー・フロント	29
パブリックスペース	20
客室	52
飲食環境	3
駐車場	2
全体特記事項	0

118pt／180pt

北海道　札幌　〈エコノミー〉

ホテルリソルトリニティ札幌

北海道札幌市中央区大通西5-3 ☎011-241-9269
チェックイン14:00 チェックアウト11:00

本日の部屋 シングル／302号室／4000円

大通公園沿い、女性向けインテリアもよし。

　早朝4時半に函館のホテルを出発。車通りのない凍てつく街を後にする。千歳へのレンタカー返却期限が正午12時。まだまだ時間はある。高速道路は使わないで一般国道を節約走行で行くことに。高速代は３０００円くらいだろうか。３０００円、特に閑散期北海道ならなかなかのホテルが1泊出来るからなぁ。節約節約。信号がほとんどないので一般道でも時間が読める。噴火湾の夜明けに感動しつつ、途中車中で仮眠もして、9時半過ぎには室蘭を通過、11時過ぎに無事レンタカー返却。

　明日は午前の飛行機で東京へ戻るので、レンタカーなしでも新千歳空港へアクセスできる千歳のホテルを予定していたが、以前から泊まろうと思いつつ高レートで機会がなかった札幌のホテルが、雪祭り直前の日曜日だからか、かなり安いプランで出されていたのでリザーブ。レンタカーはその場で延長手続をすると正規料金が請求されるので、ネットで割引料金である1日２１００円で再予約して別の車を借りることにした。黄緑色の車。派手だ。でも走行3万kmで格安レンタカーにしては上々のコンディション。

　大通公園に面した西5丁目にある『ホテルリソルトリニティ札幌』へ。ロビーは開放感があってステキだ。部屋もセンスがあってキレイなのだが完全に女性向けのインテリア。テレビが壁付けだったり、眺望がなかったりと、まぁ、４０００円でこの立地、大浴場もあるのに文句言っては怒られる。ひとつ風呂して飲み放題したい気分に。狸小路の「ヤマダモンゴル」へ初参戦。ジンギス&飲み放題したい時には、北大近くのヤマダモンゴルへ行っていたが、狸小路のヤマダモンゴル、飲み放題は2名からとのこと。ハイボール1杯にジンギス2人前で終わらせ「さかな屋金ちゃんの店　魚平」へ。新鮮刺し盛り１０００円に飲み放題８８０円。たまらんぜ。

2月3日（月） 034／365

総合得点
39

コスパpt
3.2

▼採点項目

立地	3
外観	2
エントランス	2
ロビー・フロント	13
パブリックスペース	11
客室	38
飲食環境	1
駐車場	1
全体特記事項	0

71pt／180pt

東京　新宿　〈エコノミー〉

東京ビジネスホテル

東京都新宿区新宿6-3-2 ☎03-3356-4605
チェックイン16:00 チェックアウト10:00

本日の部屋 シングル／726号室／4300円

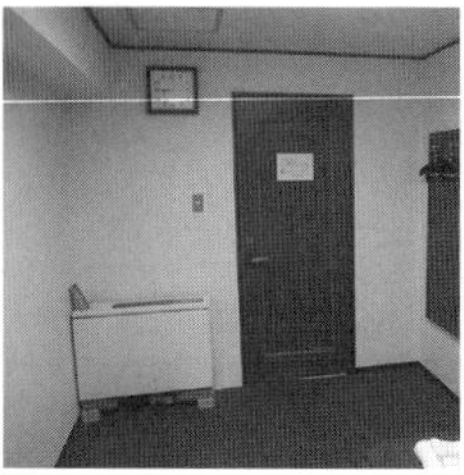

北海道から自宅経由で、またビジネスホテルへ。

北海道ホテル旅を終え、さぁ帰京。予定よりも1時間近く早く空港に着いたので、レンタカー会社の送迎車に国際線ターミナルで降ろしてもらう。国際線ターミナルには無料インターネットコーナーがあって電源も使える。LCC就航前によく利用していたANAプレミアムチェックイン*ならラウンジも使えるが、サービスという言葉とは縁遠いLCCライフには工夫が必要だ。

15分のディレイで成田へランディング。本日のホテルへ行く前に、洗濯などのため一度自宅へ戻るつもり。

スカイライナーへ乗ろうと地下へ向かうと、スカイライナーより15分後発の池袋行きの成田エクスプレスがあったので急遽変更。自宅へは池袋が至近なので助かる。スカイライナーより30分くらい余計にかかろうが数百円高かろうが、重たいスーツケース転がして日暮里で山手線に乗り換えることを考えると、やはり池袋直通にはかなわないのである。

今夜のホテルは『東京ビジネスホテル』というそのままズバリなネーミングのホテルだ。その名前ゆえ以前から気にはなっていたが、最寄りの地下鉄駅からは少々遠い。新宿駅からならタクシー利用が賢明。

受験生とおぼしき皆さんがチェックインしている。そっかぁ全国各地から若者が上京する季節。少しでも安いホテルをと探して来たんだな、きっと。

ホテルは旧式のビジネスホテルであるが、ロビーは明るく、ソファがたくさん置かれている。部屋は最近ブームの全国チェーンビジネスホテルに比べるとやはり旧式。トイレやお風呂がない部屋で、共用トイレや大浴場を利用。自販機コーナーは市価より安い設定なので、これも知っていればホテル選びの理由になる。夕食は久々の家メシで済ませてきたので早々に寝る。

総合得点
35
コスパpt
3.5

▼採点項目

立地	4
外観	2
エントランス	2
ロビー・フロント	18
パブリックスペース	16
客室	17
飲食環境	3
駐車場	1
全体特記事項	0

63pt／180pt

2月4日（火） 035／365

東京　湯島　〈カプセル〉

カプセルランド湯島

東京都文京区湯島3-36-6 ☎03-5807-7771
チェックイン15:00 チェックアウト10:00

本日の部屋 上段／304号／2800円

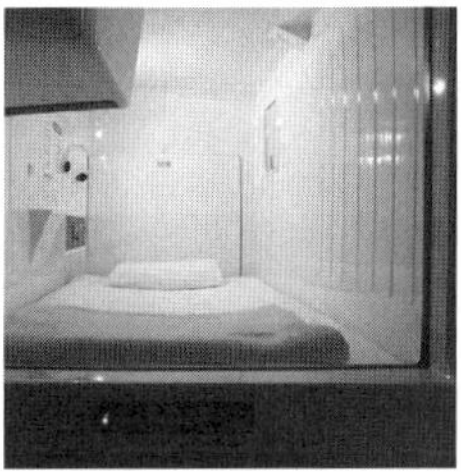

カプセルに泊まっても、東京にいても、気分は旅。

新宿のホテルから早朝帰還。約1週間の北海道ホテル旅で不在中の録画テレビ番組などをチェック。今回の365ホテル旅では、1週間東京とその近郊、1週間は地方というおおよそのサイクルでホテル旅を続けていくことにしている。そんなわけで、東京にいる時は都内での所用や打ち合わせが増える。

都内は車で移動していたのだが、なんと夕方からかなりの降雪。タイヤはノーマルだったので少々焦ったが、夜になるとおさまってきてホッとする。

本郷のジャズ倶楽部へ。趣味でボサノバ音楽もやっている関係で、友人知人のライブへ出向くことは多い。雪・ボサノバ。2月だというのに何だかしっとり静かなクリスマスの気分になってしまった。

365ホテル旅、無味乾燥なホテルだらけ生活、リアルに部屋は乾燥していることも多いが意外にロマンチックだぜ！という瞬間もある。東京にいても毎日ホテルならばそれも旅、時に旅情すら感じるのである。

すっかりいい気分で遅い時間。車は夜間均一料金の安い駐車場へ置きっぱなしにして、湯島の繁華街方面へフラフラ。客引きに声を掛けられまくる湯島メイン通りの外れ付近に堂々と構える『カプセルランド湯島』。大きな看板が目に入りチェックインすることにした。

ランドというだけに回転する大浴場とかアミューズメントも期待していたが、ごくごくフツーのカプセルホテルであった。機能的なカプセルホテルという印象。休憩室の冷水ポットやコーヒーサービスなど、ビジネスホテルでも流行っているサービスがカプセルホテルにあると何だか嬉しくなる。

大浴場でゆったりしていると、また（お酒が）飲みたくなる。ここは湯島の繁華街。モチのロンで飲みに出かける深夜0時過ぎ。

総合得点
74

コスパpt
-

▼採点項目

立地	4
外観	4
エントランス	4
ロビー・フロント	28
パブリックスペース	18
客室	69
飲食環境	4
駐車場	2
全体特記事項	1

134pt／180pt

2月5日（水）036／365

東京　大森　〈ミドル〉

ホテルバー　グランティオス

東京都品川区南大井6-24-4　☎03-3768-2011
チェックイン15:00 チェックアウト10:00

本日の部屋 ツイン／602号室／インビテーション

斬新な試み！「バーのあるビジネスホテル」。

365ホテル旅、ホテル料金カテゴリーでは初登場の「インビテーション」。ホテル評論家を生業にしているが、新しく開業したホテルやリニューアルしたホテルなどから、泊まらせてやるから一度ホテルを見に来いといった連絡をいただくことが多い。

評論家業の他にも、「オールアバウト」の公式ホテルガイドや、ホテル専門情報メディアの編集長もやっていることからジャーナリストという側面もある。メディアへ紹介だけならば簡単なことではあるが、評論家でもある身、これはイイ！　と感じなければもちろん紹介などできないし手厳しい評価になることすらある。そんな辛口評論家を呼ぶということは、ホテル側としては相当の自信があるのだろうか、実際素晴らしきホテルが多いのもまた事実なのだ。今日は、大森駅至近の『ホテルバー　グランティオス』という新しいコンセプトのホテルがプレオープンしたということでお招きいただいての宿泊取材になった。

「バーのあるビジネスホテル」という新たな試み。ご用意いただいた、ホテルで一番広いテラス付きハリウッドツインの部屋へイン。ジェットバス＆テレビまで備える浴室。デスクの引き出しにはステーショナリー一式まで。静かな落ち着いた部屋には、大きいデスクはもちろん、ゆったりしたソファとローテーブルも備えられており、デスクでパソコン入力しつつ、向かいのソファとローテーブルでは校正作業、というとんでもなく贅沢な午後。テラスに出て湯上がりビールなんていうのもいいだろうなぁ。

夜はホテルを経営するグランティオスの石橋隆太郎社長にお招きいただき、設計事務所の方と至近の店で極上しゃぶしゃぶ懐石をば。美酒佳肴を満喫した後はホテルのバーへ戻り、フロント奥にあるバー「バローダの月」で極上ワインまでごちそうになってしまったのだ。

2月6日(木) 037／365

総合得点
31
コスパpt
2.9

▼採点項目

立地	3
外観	2
エントランス	2
ロビー・フロント	15
パブリックスペース	14
客室	16
飲食環境	2
駐車場	2
全体特記事項	0

56pt／180pt

東京　木場　〈カプセル〉

東京木場ホテル

東京都江東区木場1-4-3 ☎03-3645-1001
チェックイン15:00 チェックアウト10:00

本日の部屋 上段／414号／3600円

受験シーズンの高騰期にも使える、「割切型」。

「ホテルバー　グランティオス」、ビジネスホテルにして朝食はなんとルームサービスで提供されてビックリ。全17室というスモールホテルだからこそできるキメ細やかなサービスなのだろう。

昼前に一度帰宅しスーツに着替え出発。業界誌の刊行やセミナーなどを事業内容とする会社から、話があるからちょっと来いと呼び出されていたので銀座へ。話を聞いてみると、同社が発行する別々の専門誌へ論説&エッセイ連載というオファーをいただく。ありがたい。続いて365日365ホテル旅ホテル本(この本のこと)を、単行本で1年を上下巻として刊行することが決まったとの連絡も。こりゃ春からワクワクである。

ホテル評論家を専業にしたのは半年前で、その前はコンサルタントの仕事をしていたことから、まだ仕事が継続中のクライアントもいて、夕刻は新木場のクライアント先へ。せっかく江東区の木場まで来たので、以前からその安さが気になりつつ、突撃できなかった『東京木場ホテル』へチェックイン。安さが人気のホテルらしい。寝るだけならという「割切型」ともいえるだろう。

「進化型」ホテルや、「コンセプト型」ホテルなどの呼称をメディアへ発信しているが、「割切型」っていうのも新たなジャンルになりうるか。

まっ、3600円が安いかと言われれば賛否はわかれるが、実は東京のホテルが超高騰しており、特に受験シーズンということで、毎年この時期は地方から東京へ若者が押し寄せてくる。そういう状況からすると3600円はかなり安い印象である。

今日なんて全くイケてないビジホ(最近こういう言い方が流行っているらしいぞ)が1万円以上なんてザラ。365ホテル旅的にはこの時期の東京は鬼門だ。東京の用事を済ませたら、サッサと地方へズラかることにしよう。

総合得点
57
コスパpt
3.8

▼採点項目

立地	2
外観	2
エントランス	2
ロビー・フロント	18
パブリックスペース	20
客室	56
飲食環境	1
駐車場	3
全体特記事項	0

104pt／180pt

2月7日（金） 038／365

静岡　御殿場　〈エコノミー〉

Hotel Brush Up

静岡県御殿場市神山719 ☎0550-87-1414
チェックイン15:00　チェックアウト10:00

本日の部屋 シングル／307号室／4000円

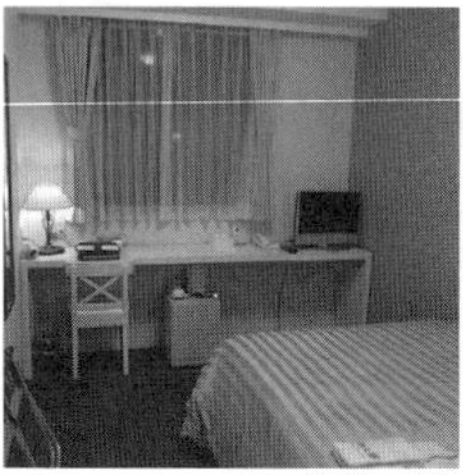

車なら選択肢はぐっと広がる。御殿場の一夜。

　というわけでサッサと地方へズラかることにした。チンタラ気ままなホテル旅には車が便利だ。駅から遠くてもいいホテルはたくさんある。今回は東京からひとり気ままに自分の車で行くことにした。チェーンを積んでいるとはいえ、車のタイヤはノーマル。北国へ向かうのは自殺行為である。西へ向かおうと思う。恋人よ、僕は旅立つ、東へと向かう何たらで、という歌を思い出す。妻よ、僕は旅立つ、西へと向かう車で、なんてセンチメンタルな気分でいると、行ってらっしゃい、いつ帰るの?とあっさり見送られる。旅立ちの準備をして出発。

　まずは車で下北沢まで。知人である放送作家の方が主宰する劇団の舞台を鑑賞。笑えるところは大笑い、泣けるところはグッと深くジーンと、時に深く考えさせられ、最後はとても爽やかな気分で新たな自分を感じられるような舞台。これって３６５ホテル旅にも通じるものがある。深いなぁ。

　舞台が終わると21時過ぎ。マイカー(古い言い方だ)ホテル旅のスタート。気ままに東海道を下っていこう。高速道路は使わず無理をしないで行けるところまで行ってみようなんて３６５ホテル旅ならではだ。とりあえず２４６号線をひた走る。厚木を過ぎても元気があったので御殿場まで来た。0時近く。御殿場高原「時之栖」内にある、以前から気になっていた割と新しい『Hotel Brush Up』へチェックイン。

　これは予想以上のホテルだ。リゾート施設内にあるのに、パソコンやコピー機などもあり、ビジネス利用もできる。渡り廊下で繋がっている「御殿場高原ホテル」の温泉も利用できる。この温泉がまた素晴らしい。マイカー旅1日目にしてはなかなかじゃん前途洋々ホテル旅。この時まだ激しく雪が降り出していることを知らない旅人であった。

2月8日(土) 039／365

静岡　浜松　〈デラックス〉

オークラアクトシティホテル浜松

静岡県浜松市中区板屋町111-2 ☎053-459-0111
チェックイン15:00 チェックアウト12:00

本日の部屋 シングル／アップグレード／3225号室／7900円

総合得点
75
コスパpt
4

▼採点項目

立地	4
外観	5
エントランス	4
ロビー・フロント	31
パブリックスペース	22
客室	63
飲食環境	3
駐車場	2
全体特記事項	1

135pt／180pt

鉄道ファンにうれしい、新幹線ホームの眺望。

御殿場の朝。大雪だ。部屋の窓からは吹雪で周囲の景色が見えない。心配になり車を見に行くとボンネットには既に15㎝くらいの積雪。エントランスから近い場所に車を止めてあったのは正解だった。今季初登場のチェーン装着。眠気ざましには丁度いい運動。それにしても、チェーンの準備までは良かったのだが、さすがに長靴までは積んでおらず、革靴が積雪の中に埋まるなんともなチェーン交換。すっかり体も冷え切り温泉へ直行。雪見温泉に体もほぐれていく。なんとサウナに水風呂まで備えタオルも使い放題。御殿場まで来て良かった。御殿場から30分ほど走り沼津へ入ると雪はなくなりチェーンを外すことに。たった30分といえども、装着・取り外しが面倒といえども、命にはかえられない。静岡県内の国道1号線は信号も少なく13時過ぎには浜松へ。このまま名古屋までも行けそうな勢いだったが、浜松のランドマーク、『オークラアクトシティホテル浜松』へインすることに。

鉄道ファン的には、こちらのホテルでは32階の27・26・25号室指定なのだ。浜松駅新幹線ホームをモロ眼下に見下ろすロケーションなので飽きない。最安値リザーブ&土曜日にもかかわらず32階25号室のデラックスツインにアップグレードしていただいた。ありがたい。

このホテルは浜松ということもあって館内はピアノがモチーフになっている。ロビーにはピアノの脚を模した柱があり圧巻だし、エレベーターランプはグランドピアノの形になっていたりと至る所に「音楽」がちりばめられている。

浜松まで来たので夜はギョーザの気分。車を出してお初となる「福みつ」へ。お店は家族連れなどで行列している。これは期待できるゾという思いと共に、テーブル席ばかりの店で1人利用はいかがなものかと考え、客室ならビールと楽しめるしテイクアウトに。

総合得点
60
コスパpt
3.8

▼採点項目

立地	4
外観	3
エントランス	2
ロビー・フロント	21
パブリックスペース	17
客室	56
飲食環境	3
駐車場	2
全体特記事項	0

108pt／180pt

2月9日（日） 040／365

岐阜　岐阜　〈エコノミー〉

ホテル　イルクレド岐阜

岐阜県岐阜市神田町9-23 ☎058-266-8111
チェックイン15:00 チェックアウト11:00

本日の部屋 シングル／622号室／4800円

やたらと落ち着くデスクで、仕事に没頭。

ホテルの部屋からはキラキラした遠州灘の海。なんて爽やかな朝なのだろう。365ホテル旅、さぁ今日はどこまで行こうか…。

高速道路は使わないと決めた今回の旅。東京から浜松まで一般道を走ってきたが、更に西へ向かうため、はじめて浜名バイパスを走行してみた。

いつもは東名で通過してしまう浜名湖周辺だが、こんな素晴らしい道路があったのか！ と新発見。ゆっくり車旅は驚きと発見の連続だ。

あまりに気持ちいいドライブ、その後も快走で気付けば名古屋も通り越し岐阜まで来てしまった。

岐阜は仕事で何度か出向いているお馴染みの都市。いつもは「岐阜都ホテル」や、温泉旅館であれば長良川沿いの「十八楼」というパターンなので、岐阜駅周辺のホテルはリサーチ不足。

今回は駅近くのホテルを利用することにしよう。

全国多くの都市同様に、こちらでもやはり全国チェーンのホテルが席巻している。均一のクオリティはアウェイな旅人にも安心感を与えるが、コチトラ365ホテル旅、そんなチェーン（失礼だ、オレ）には目もくれず、旧「ホテルサンルート岐阜」が2012年8月に新たなコンセプトでリニューアルオープンした『ホテル　イルクレド岐阜』が気になっていたのでリザーブしてみた。

シックなトーンでリニューアルされた館内。客室もキレイになっている。やたらと落ち着くデスクポジションで仕事に没頭する。

夕食は建物1階にある「宮本むなし」で、ひとりむなしくもない夕食をササっと済ませ、夜の街へも出かけず、デスクスタンドも借りて深夜まで仕事に没頭。スタッフの優しさも印象深く、ひとときの幸せを感じた岐阜のホテルライフであった。

総合得点
61

コスパpt
3.8

▼採点項目

立地	3
外観	4
エントランス	3
ロビー・フロント	21
パブリックスペース	18
客室	57
飲食環境	2
駐車場	2
全体特記事項	0

110pt／180pt

2月10日（月） 041／365

三重　四日市　〈エコノミー〉

スーパーホテル四日市・国道1号沿

三重県四日市市市浜田町1-6 ☎059-355-9002
チェックイン15:00 チェックアウト10:00

本日の部屋 シングル／1003号室／5000円

幹線道路沿い、かつ繁華街にも歩ける好立地。

東京から一般道で岐阜まで来た。もっと西へ向かえそうだが、帰りも一般道を利用するというルールと決めたので、この辺りが限界か。だって大阪まで行けたとしても、一般道とあっては帰りはかなり絶望的な気分になること必至。

名古屋をスルーして四日市へ向かうことに。国道沿いに名古屋周辺で時々みかける、恐らく海鮮を食せるチェーンであろう「まるさ水産」があったのでランチにイン。

365ホテル旅では、地方のおひとり様飲食店情報も盛り込もうと思っているが、こちらのお店は駅からは遠いので、車を利用しない旅人には参考にはならずか。とはいえ素晴らしかった！ 久々に美味しい刺身を堪能。デカ椀赤出汁に各種フリードリンクも付いて1000円はお得。近所にあったら通うなきっと。

四日市に到着。四日市は以前から訪れることの多い街。幹線道路沿いにそびえる、その名も『スーパーホテル四日市・国道1号沿』は新しく建物も気になっていたのでチェックインすることに。スタッフの男性は優しいし、部屋からの眺望もいい。スーパーホテルは「眠り」に主眼のおかれたホテルチェーンだが、日差しもバンバン注ぎ、仕事のしやすいデスクとチェアで原稿執筆がはかどる。

辺りがすっかり暗くなったのにも気付かないくらい集中していて、気付くと21時近く。遅めのディナーは、四日市の繁華街へ向かって少し歩いた所にある、地元の常連さんで賑わう焼肉ホルモンのお店「うぐいす」へ。四日市の繁華街にある昭和然とした路地にひっそり佇む、1人客でもカウンターで楽しめる古くからのお店。松阪でもそうだったが、新鮮ホルモン、注文受けてから味噌ダレに絡ませるのがこの地域の流儀の様子。裏メニューの牛テールスープ、もしあれば絶対オーダーしたいコクと香りの逸品。

総合得点
58
コスパpt
3.6

▼採点項目

立地	3
外観	3
エントランス	3
ロビー・フロント	23
パブリックスペース	16
客室	52
飲食環境	2
駐車場	3
全体特記事項	0

105pt／180pt

2月11日（火・祝） 042／365

愛知　名古屋　〈エコノミー〉

名鉄イン名古屋駅前

愛知県名古屋市西区名駅2-21-12 ☎052-571-3434
チェックイン15:00 チェックアウト10:00

本日の部屋 シングル／12号室／5000円

巨大ターミナル駅の「駅近」は、用心してかかるべし。

スーパーホテルの無料朝食、2月1日から部屋着禁止との掲示。それにしても充実した無料朝食である。紙コップドリンク自販機も朝食時は無料になるなんて嬉しい。

四日市まで来たので久々に再会する友人の会社へ寄ってから、愛知県の東郷町へ車を走らせる。

音楽家の友人がコンサートに出演することになっている同町のコンサートホールへ。この演奏会は「原典譜演奏」といって、書き下ろし自筆譜もしくはそれに近い状態の譜面を取り寄せて、全国から演奏家が集うといったもの。365ホテル旅、時に高尚である。

このコンサートへは何度か来ているが、実はコンサートへ行くという時点で宿泊するホテルは決まる。

コンサートが終わると、名古屋駅近くの素敵な隠れ家的アイリッシュパブでいつも打ち上げ飲み会となるので、そのお店から最も近い『名鉄イン名古屋駅前』に宿泊するからだ。

名古屋駅周辺にホテルは多いが、巨大ターミナル駅なので、駅近というだけでホテルを選ぶと目的地までとんでもなく歩くはめになりかねない。こちらのホテルも、「名鉄イン名古屋駅前」という名前にもかかわらず、駅からは少々歩くことになるが、今夜の店からは近い。手段としてのホテル選びだ。至って標準的なビジネスホテルといったところ。

夜はそのお店へ。雰囲気最高な大人の隠れ家「Pub Arco（アルコ）」。カウンター中心なので、おひとり様初来店でもダンディで優しい話題豊富なマスター野村さんが素敵な時間を演出してくれることだろう。お酒はもちろん、フードも絶品でつい長居してしまうのであった。

そんなわけで名古屋の友人らも、アルコから最も至近の名鉄イン名古屋駅前を「ホテルアルコ」と呼んで憚らない。

総合得点
32
コスパpt
3.5

▼採点項目

立地	3
外観	2
エントランス	2
ロビー・フロント	14
パブリックスペース	17
客室	16
飲食環境	3
駐車場	1
全体特記事項	0

58pt／180pt

2月12日(水) 043／365

東京 板橋 〈カプセル〉

サウナ&カプセル太陽

東京都板橋区大山町32-27 ☎03-3959-2750
チェックイン15:00 チェックアウト10:00

本日の部屋 上段／218号／2850円

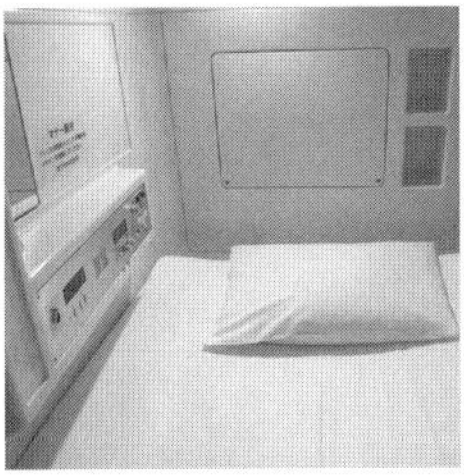

サウナ目的でカプセルに泊まるのは、全然アリ！

　西へ向かったドライブホテル旅もそろそろ終わり。不在にしていた東京ではたくさんの用事が待っている。

　帰りも高速道路を利用しないので、名古屋を早朝4時過ぎに出発。まだ静かな市街を抜け一路東京へ。途中休憩しながら13時過ぎに都内へ。

　休憩時間除いて実質7時間、平均時速四十数kmとはなかなか。やはりバイパスが多く、信号ナシ60km規制の道路が多いことも勝因。意外に快適で、時間がある時は高速ナシの東海道もアリかと思う。

　一度帰宅し書類や郵便物を整理。やはり長距離ドライブの疲れか、どうしてもサウナへ行きたかったので、今宵はカプセルホテルへ出向くとしよう。「出向くとしよう」なんて、カプセルホテルにも慣れたものだ。

　いつもなら池袋あたりにするところだが、今夜は板橋区。

　東武東上線大山駅といえば、「ハッピーロード大山」という充実したアーケード商店街があって、24時間サンドイッチ店なんかも有名。そんなアーケード街にあるのが今宵の宿『サウナ&カプセル太陽』である。

　カプセルホテルといえばターミナル駅の繁華街が定番のように思われるが、こちらのようなターミナル駅から外れた駅近くというのも便利である。ターミナル駅は広いから、駅徒歩近くと言われてもかなり歩く場合がある。それよりも、ターミナル駅を外した駅近という選択はアリだ。料金もその分安めに設定されている。

　新しい施設ではないが、何だか落ち着くのも板橋区クオリティか。長距離長時間運転にサウナ効果はバツグン。そのままカプセルで仮眠できるというのはかなり悦楽である。サウナ後にサンドイッチが美味しいぜ。

2月13日(木) 044／365

総合得点
75
コスパpt
3.6

▼採点項目

立地	3
外観	4
エントランス	4
ロビー・フロント	30
パブリックスペース	23
客室	66
飲食環境	2
駐車場	3
全体特記事項	1

136pt／180pt

千葉　千葉　〈デラックス〉

ホテル・ザ・マンハッタン

千葉県千葉市美浜区ひび野2-10-1 ☎043-275-1111
チェックイン15:00 チェックアウト12:00

本日の部屋 ツイン・スイート／アップグレード／1107号室／12000円

前日とのギャップがすごい、スイートルーム宿泊。

　東京と地方を行き来する365ホテル旅なので、久々に東京へ戻ると打ち合わせたくさん。ちょうど東京23区東部にいたので、予約サイトで安く出されていた幕張のデラックスホテル『ホテル・ザ・マンハッタン』へチェックインすることに。

　高層ビルが林立する幕張新都心にあって、大型のホテルも多い中、スモールラグジュアリーホテルの存在感が光るデラックスホテルがホテル・ザ・マンハッタンだ。

　実は以前から気になっていたホテル。今回初利用となった。この日都内は全体に高レートでめぼしいホテルはない。

　そのような中、最安値1万2000円でスタンダードツインをリザーブ。そうしたら、な、なんと、よろしければスイートルームをお使い下さいだって。よろしくもよろしくなくもお言葉に甘えまくるしかないでしょ。365ホテル旅、いろいろありすぎてもう意味わからん。

　贅沢な1人掛けチェアに座りながらデスクでチェックイン。部屋が少なく定員も限られるから出来るんだろうなぁ。

　素晴らしく贅沢だ。そして館内の独特な雰囲気は、昔のかっこいいアメリカ映画のセットに出てきそうなイメージだ。アール・デコ様式っていうらしい。でも古くないんだなぁ。斬新にさえ見えるからすごい。

　部屋のインテリアもそんなアール・デコで統一されている。リビングスペースとベッドスペースが完全に分かれていて、どこに身を置いていいのか困ってしまう。昨夜のカプセルホテルでは、身のやり場に困ってしまい、今夜は身の置き場に困ってしまう365ホテルライフ。うーむ。

　圧倒的な広さのバスルームで夜景を見ながらのアワアワ、アワワのジェットバス。昨夜のカプセルホテル大浴場もかなり味わい深いが、味わい深さでいったら、あちらはB級グルメ、こちらは高級レストランみたいな?

総合得点
69
コスパpt
3.8

▼採点項目

立地	2
外観	3
エントランス	4
ロビー・フロント	24
パブリックスペース	21
客室	65
飲食環境	2
駐車場	3
全体特記事項	1

125pt／180pt

茨城　神栖　〈旅館〉

アトンパレスホテル　茶寮砂《さりょうすな》の栖《すみか》

茨城県神栖市大野原1-12-1 ☎0299-92-4411
チェックイン15:00 チェックアウト10:00

本日の部屋 3402号室／18000円（1泊2食付）

全室露天風呂付き！　格安プランに驚愕。

今日は雑誌連載のホテル覆面調査のため、昼に幕張から帰宅。午後は埼玉県川越市のホテルへ向かう予定だったが、都内へ向かうほど雪が強くなるという予報で高速道路も通行止めになってしまうらしい。

川越は更に雪が酷くなるという予報で、予定を変更することに。というよりも、川越のホテル、雪の影響で一気に満室になったようで、そもそも予約自体が不可能である。

幕張から、積雪の予報の出ていない千葉・茨城方面へエスケープしようと思い、成田周辺を探すもこちらも満室。それではと、利根川を渡って以前から気になっていた茨城県神栖市のホテルへ。この辺りに雪が降ることは少ないそうで、雨は降っているものの全く問題なし。いい感じで危険回避できたようだ。

神栖市で一番大きなシティホテルである、「アトンパレスホテル」の国際館ルクソール4階を純和風数寄屋造りに大リニューアルして誕生した『茶寮砂の栖』へ。ホームページで見る限り超高級旅館の風情。

実際到着してみると、全10室の贅沢な空間に驚かされる。なんと全室和洋室80㎡以上で、全客室に露天風呂付き。温泉ではなく鉱泉ではあるが、とにかく贅を尽くした空間なのだ。

こんな素晴らしい旅館が1泊2食1室2名（正確に書くのは大変だ）利用時で1名な、なんと8000円という格安プランが出されている。結局予約した部屋は「特別室雅」。和室10畳+6畳+3畳+洋室16畳計92㎡だったが、これでも1人9000円である。

365ホテル旅、初登場の旅館だが、あまりの凄さにため息ばかり。夕食の懐石も大満足。これで1人9000円はありえん。金曜だからこの料金だが、平日だったら同じ部屋で8500円というプランも発見した。また「来年」来たい。

総合得点
39
コスパpt
3.5

▼採点項目

立地	3
外観	3
エントランス	4
ロビー・フロント	20
パブリックスペース	19
客室	18
飲食環境	3
駐車場	1
全体特記事項	0

71pt／180pt

東京　駒込　〈カプセル〉

カプセル&サウナ・ロスコ

東京都北区中里2-4-8 ☎03-3915-0005
チェックイン24時間

本日の部屋 上段／B51号／3300円

24時間チェックイン可のカプセル、使える!

「茶寮砂の栖」、朝食もなかなかだ。最後まで満足度高きステイになった。

雪をいい感じで避けて千葉から茨城へと移動してきたが、千葉から東京方面の高速道路チェーン規制も解除されつつあるので、覚悟を決めて銀世界の東京へ戻ることに。

茨城は雨だったが、成田辺りから雪がちらほら見えはじめ、やはり東京へ近づくと雪が凄い。自宅に不在の365日ホテル旅、留守宅は誰も除雪していないわけで、車庫に車も入れられない。汗を拭いつつ雪かきをしても完全には除雪できず、御殿場に続き再度チェーンを装着してやっと車を入れる。

夜になると雪はやんだものの、とはいっても都内の一般道はまだ雪が残っており、なるべく近くのカプセルホテルのサウナでヌクヌクすることに決め、駒込の『カプセル&サウナ・ロスコ』へ。駒込駅から徒歩30秒という素晴らしい立地。こちら、なんと24時間チェックインオッケーらしい。もっと早く知っていればと悔やまれる。

アプローチには「美味しい食事も24時間」との看板。24時間戦える、否、癒やされるカプセルホテルだ。エントランスのガラス枠が木製にしてあったり、ウッディにリニューアルしてあり、女性の利用も意識した進化系カプセルホテルの様子。

広々したロビーとフロントは明るくてホッとするし、大浴場入口の暖簾もカッコイイロゴ入りでオシャレだ。実際、女性の利用客が受付している姿もちらほら見かける。女性専用のスペースもかなり充実しているようだ。

クリーニングは90分で仕上がるとのこと、利用者にとっては心強い。365ホテル旅、遠隔地に出向いて東京へ戻ると無性に癒やしが欲しくなる。そんな時のサウナに癒やされ、そのままカプセルで眠るというスタイルにハマりつつある今日この頃。

総合得点
63
コスパpt
3.6

▼採点項目

立地	4
外観	2
エントランス	3
ロビー・フロント	22
パブリックスペース	20
客室	57
飲食環境	3
駐車場	3
全体特記事項	0

114pt／180pt

2月16日(日) 047／365

埼玉　川越　〈ミドル〉

川越プリンスホテル

埼玉県川越市新富町1-22 ☎049-227-1111
チェックイン14:00 チェックアウト11:00

本日の部屋 ツイン／836号室／9100円

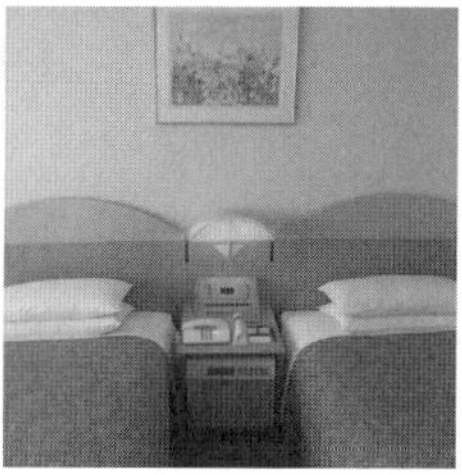

地元密着型脱力系居酒屋が楽しい、川越の夜。

　早朝に駒込から戻り、睡眠時間が足りないので家で二度寝。毎日ホテルで寝ていると、自宅の寝心地と比べたりもするが、家の布団が落ち着くのは「自分の匂い」に包まれているからか。まだ関越道は通行止めだが、何とか川越へ。国道254号線は新座辺りまではスイスイだったが、ふじみ野辺りから渋滞。結局、練馬→川越約30㎞を2時間かかって到着。

『川越プリンスホテル』へチェックイン。要所要所はリニューアルされているものの、デュベスタイルもお持ち帰りスリッパも採用されていないし、やはり全体的な古さは否めない。館内自販機価格はペットボトルで170円と、このクラスのホテルにしては好意的ではある。最近のシティホテルでは、部屋の冷蔵庫に高い飲み物を入れずに、館内に自販機を設置してあるケースを多く見かける。これも利用者目線だ。

　覆面調査を終えホテルの部屋で仕事。夕刻、川越在住の親戚と待ち合わせし川越の夜をご案内いただく。近くの居酒屋で刺身などやっつけて、川越で人気というワインバー「タケヤ」へ移動。お通しのチーズも気が利いているし、スタッフも好意的。気軽にワイワイできる感じで雰囲気も良い。ただ、アウェイなおひとり様飲食店としてはどうかなぁといったところ。そこで3軒目は「やきとりとらや」へ。ハマった！　鯖の串焼きをはじめ、料理が出てくるスピードが早くてすこぶる美味しい。カウンター席も充実しているしお座敷も広い。ゆったりまったりできる地元密着型脱力系居酒屋は本当に貴重。やはりグルメな地元の方にご案内いただくのは最強だ。

　今回はプリンスホテル泊ということで本川越周辺だったが、もっと美味しいお店がありそうなグルメな魅力満載の川越ナイトだった。365ホテル旅、また川越へ出没することにしよう。

総合得点
44

コスパpt
3

▼採点項目

立地	3
外観	2
エントランス	2
ロビー・フロント	15
パブリックスペース	13
客室	40
飲食環境	4
駐車場	1
全体特記事項	0

80pt／180pt

東京　大塚　〈エコノミー〉

ホテルサンターガス大塚店

東京都豊島区北大塚2-17-15 ☎03-3940-6700
チェックイン16:00 チェックアウト12:00

本日の部屋 201号室／4500円

東京のホテルを、立地と値段で選ぶなら。

未だ関越道が通行止めらしい。昨日2時間かかったこともあり、日中は国道も大渋滞するだろうと早朝5時に川越のホテルをアウト。

国道254号線にて30分ほどで練馬へ帰還。途中ラジオの交通情報によると、関越道は練馬から東松山までは開通した模様。な～んだ、こんなに早く出てくることはなかったかも、と思いつつ、でも未だ東名、中央、関越はほとんど通行止めの様子。一刻も早い高速道路の開通を祈るばかりだ。

ランチは以前から気になっていた、西武池袋線江古田駅近くの「ふくふく食堂」へ。ステーキから鍋まで肉を中心としたメニュー。カウンターに1人1台のIHクッキングヒーターを設置。各自煮たり焼いたり調理するスタイルはおひとり様飲食店の鑑ですらある。西武池袋線の江古田駅からも至近で使えそうな店だ。

夜は大塚で友人と飲むことになったので、以前からその佇まいが気になっていた『ホテルサンターガス大塚店』へチェックインしてみることに。

ロビースペースには大きなソファやオシャレなテーブルセットなどが置かれており、開放的でゆったりしている。自分のペースで自由に出来そうで良い。8階にはランドリーも設置されている。

一方部屋は細長いL字形で、廊下からして古さは隠せず陰気くさい雰囲気だ。壁にはヨゴレやキズ、凹みなどが目立つ。壁紙を替えるだけでも大幅にイメージは良くなるのではないかと思う。また、ユニットバスのトイレには温水洗浄便座がない。インターネットも利用できない。ただ、全館空調ではなく個別のエアコンなので助かる。

宿泊料金が高騰している東京のホテル、駅から近くて、安い料金で、個室があればいい、というユーザーには利用価値があるだろう。

総合得点
37
コスパpt
3.2

▼採点項目

立地	3
外観	3
エントランス	3
ロビー・フロント	17
パブリックスペース	19
客室	19
飲食環境	3
駐車場	1
全体特記事項	0
68pt／180pt	

2月18日(火) 049／365

東京　渋谷　〈カプセル〉

カプセル&サウナ　センチュリー渋谷

東京都渋谷区道玄坂1-19-14 ☎03-3464-1777
チェックイン12:00 チェックアウト11:00

本日の部屋 上段／926号／3500円

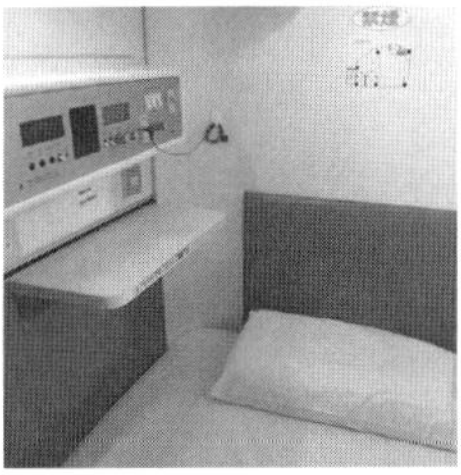

カプセルホテルは、館内着で過ごすのが基本。

千代田区平河町の都道府県会館で、世界的な観光マーケティング会社のプレス向けインバウンド*セミナー&懇親会があり出席。超高級ラグジュアリーホテルチエーンなどの広告代理店でもある会社で、世界各地にある拠点を活かしたインバウンド市場の開拓へ躍進しているそうだ。

セミナーのあとは立食の懇親会。メディア関係者とラウンドテーブルで日本のホテル市場、特にこれから迎える第三次ホテル戦争&2020年東京オリンピック開催における日系ホテルのインバウンド対策等について意見交換。

こんな高級感溢れる仕事もしているホテル評論家、マイスタイルであるスーツに蝶ネクタイ姿から蝶ネクタイだけは外し、今夜は渋谷のカプセルホテルへチェックイン。

ホテル評論家のイメージとしての蝶ネクタイ姿。もちろん高級ホテルへ取材する時のスタイルとしてはアリだが、激安ビジネスホテルや、カプセルホテルを覆面取材する時に、蝶ネクタイスタイルとは違和感満載、目立って仕方ない。そもそも覆面取材なのに目立ってどうする。

渋谷駅から道玄坂方面へ進んでいくと10階建ての『カプセル&サウナ センチュリー渋谷』がドーンと構える。渋谷という場所柄もあるだろうが、明るい雰囲気でなんとなくオシャレだ。

フロントでのチェックインもスムーズに早速ロッカーへ。館内ではロッカーに準備されている館内着での移動が基本だ。私服でうろうろしていると不審者と間違えられる。大浴場は更衣室が広々していて清潔感もある。コインランドリーのスペースや、洗面スペースも白を基調とした明るい雰囲気。高級マッサージチェアが並んだ休憩室も高級感に溢れている。寝床のカプセルは限られたスペースでも、何だか気分が良くなるのだから不思議なものである。

総合得点
75
コスパpt
4

▼採点項目

立地	4
外観	4
エントランス	4
ロビー・フロント	31
パブリックスペース	18
客室	67
飲食環境	4
駐車場	2
全体特記事項	2

136pt／180pt

2月19日(水) 050／365

東京　錦糸町　〈ミドル〉

ロッテシティホテル錦糸町

東京都墨田区錦糸4-6-1 ☎03-5619-1066
チェックイン15:00 チェックアウト11:00

本日の部屋 ダブル／アップグレード／925号室／8000円

20時チェックインプランで、お得に一室ゲット。

早朝オフィスへ戻る。明日からの仙台出張準備など。夕刻虎ノ門のオータパブリケイションズへ。同社は『週刊ホテルレストラン』を発刊している高名な会社。

同誌の元編集長で日本を代表するホテルジャーナリストのミッキーこと村上実先生から、光栄にもお声掛けいただき訪問することになった。ディナーにもお招きいただき「虎ノ門元禄」という蕎麦屋へ。村上先生行きつけの大人空間。年季の厚みを感じる雰囲気と料理。鴨焼きに天ぷら〆のかき鍋も絶品。かといって洗練やスタイリッシュという言葉は似合わない敷居の低い上質もあいまって、ホテル談義から男の嗜み、紳士論からジャーナリズム論まで、まさに目から鱗、自身の仕事へのヒントになることばかり。後日談であるが「ホテル評論という分野に若いジェネレーションから新たな旗手が登場したことはうれしいことです。ホテルを自らの視点で語る…そのことが素晴らしい、視座の違いはあれど同志の感覚です」とコメントをいただき感激。

そんな高揚感のまま『ロッテシティホテル錦糸町』へ移動。こんな日はトコトンついている。20時チェックインプランの残り1室を、なんと8000円という激安レートで偶然発見。さっきまでは2万円近い設定だった。しかも、デラックスワイドダブルにアップグレードしてもらうという展開に。ベッドの上にはパジャマの他にバスローブもセットされている。そりゃ寝心地抜群のベッド。高級感溢れる部屋、窓際のソファには「コアラのマーチ」のクッションが。さすがロッテである。そんな幸せ感を抱きつつ眠る。

こちらのホテル、錦糸町駅に隣接している上、館内にはコンビニから古本屋にレンタルショップと様々なテナントが入居しており、周囲には飲食店も多いので、利便性の高い快適なホテルライフが約束される。

2月20日(木) 051／365

神奈川 横浜 〈エコノミー〉

スターホテル横浜

神奈川県横浜市中区山下町11 ☎045-651-3111
チェックイン14:00 チェックアウト11:00

本日の部屋 ツイン／810号室／6300円

総合得点
60
コスパpt
3.8

▼採点項目

立地	4
外観	2
エントランス	2
ロビー・フロント	23
パブリックスペース	15
客室	58
飲食環境	3
駐車場	2
全体特記事項	0

109pt／180pt

テラスもある客室は、リニューアルの成功例。

錦糸町から始発で帰宅。朝まで飲んで帰る人、これから出勤する人など混在する始発電車はなかなかディープだ。ほぼ満席くらいの乗車率。

当初仙台へ出張予定だったが、執筆中の本で急遽加筆したことなどもあって、急の打ち合わせをオフィスで。本日は仙台にて365ホテル旅ということで少しホッとしていたのに…というのも、都内のホテルが相変わらず、そしてずっとチョー高騰しているのだ。コスパ的には対象となるホテルがほとんどない。今日は横浜のレートが割と低かったので都内を脱出した。

横浜は頻繁に訪れる場所。めぼしいホテルは「とっておきたい」ので、立地は抜群にして、数年前訪れガッカリした『スターホテル横浜』へ久々に。

エントランスやロビーは以前のままだったが、フロントスタッフの笑顔が好印象だ。さらに部屋へ入るとあらビックリ、ばっちりリニューアルしてあるではないか。もちろんデュベスタイル。ロケーションが素晴らしいだけに、テラスも付いた部屋の開放感に資するリニューアルの成功例。こういうケースを見ると嬉しくなってくる。窓側のベッドへ横たわると、視界にはミナト横浜。いいぞいいぞ。

せっかくの横浜ナイトなのだが、取り急ぎ5本のホテル紹介記事を書かなくてはならず、ホテルの客室で没頭。腹減ったなぁと時計を見たらもう21時近く。

いつもならバー、ジャズ、お酒も楽しむ横浜ナイト。今夜は全てを封印して、せめて元町「三郎寿司」のお寿司が食べたいなぁと思って電話したら、出前担当の奥様が留守とのこと。

結局、車を出してお店の前に横付けしピックアップ。

仕事しながらは細巻きがいい(喰いながら仕事するな)。麻雀やる時にも(実はやったことない)細巻きがいいっていうのと似ているか。

総合得点
54

コスパpt
3.4

▼採点項目

立地	3
外観	2
エントランス	2
ロビー・フロント	23
パブリックスペース	14
客室	48
飲食環境	4
駐車場	2
全体特記事項	0

98pt／180pt

2月21日(金) 052／365

長野　上田　〈エコノミー〉

上田第一ホテル

長野県上田市中央2-6-13 ☎0268-23-0011
チェックイン15:00 チェックアウト10:00

本日の部屋 シングル／805号室／5000円

駅ではなく、繁華街に近いホテルを取ろう。

横浜のスターホテルにいることをSNSへ書いたら、フードジャーナリストのはんつ遠藤さんからご連絡をいただく。実はお隣の「ホテルニューグランド」の「ザ・カフェ」で取材とのこと。こりゃ偶然というわけで、関係者でもないのに朝9時にホテルニューグランドへ。はんつさんの取材を取材するみたいな。ナポリタン・プリンアラモード・シーフードドリア、これらはニューグランドが発祥なのだった。それぞれに深い歴史のドラマがある。

朝から3品いただき満腹満腹。ニューグランドを後にして首都高湾岸線を都心方面へ。「ホテルインターコンチネンタル東京ベイ」へ。「眠りのおもてなし」を追求した客室リノベーションのプレス向け内覧発表会へ。コスパ追求して365ホテル旅をしている身には眩しすぎるステキな部屋だぜ。

午後は出身地の長野県上田市へ。なぜなら「急に寿司を食べたくなった」からである。上田市にある「たつみ寿司」というイケてる寿司屋のことが頭をよぎり、本能的にそのまま首都高に入り雪解けの関越&上信越道ノンストップ約200キロで到着。酔狂この上ないが酔狂の極致は何といっても365ホテル旅なのである。

上田市の繁華街は駅から少し離れた袋町という場所になるが、この辺りに出没するには『上田第一ホテル』が絶好のポジションだ。上田第一ホテル、特徴のない一般的ビジネスホテルといえばわかりやすいが、スタッフの親切さはある意味上田でピカイチだ。

寿司屋へ電話すると無事2席確保。大将、奥様に歓待を受け、好きなものを好きなだけ思う存分という大変贅沢な3時間だった。

東京から上田までの交通費とホテル代を足しても、恐らく銀座の鮨屋より安くあがる、いろいろな意味で大人の週末金曜日なのであった。

総合得点
61
コスパpt
3.8

▼採点項目

立地	4
外観	3
エントランス	3
ロビー・フロント	24
パブリックスペース	18
客室	54
飲食環境	2
駐車場	3
全体特記事項	0

111pt／180pt

2月22日(土) 053／365

茨城　つくば　〈エコノミー〉

ホテルマークワンつくば研究学園

茨城県つくば市研究学園D3街区5 ☎029-875-7272
チェックイン15:00 チェックアウト10:00

本日の部屋 シングル／411号室／5500円

小規模チェーンの至れり尽くせりに、大満足。

朝6時半に上田市のホテルをアウトし、高速下りの大渋滞を眺めつつ10時に帰宅。事務仕事を片づけてから一路茨城県つくば市へ。

つくばエクスプレスが開通してから、駅周辺には全国チェーンビジネスホテルの進出がみられるが、そんな全国チェーンに対抗すべく、様々なサービスを採り入れた小規模チェーンのビジネスホテルに注目した。

『ホテルマークワンつくば研究学園』もそうしたホテルのひとつ。到着してビックリ。な、なんとお汁粉サービスをしている。ウェルカムドリンクなんていうのは時々見かけるが「ウェルカムオシルコ」である。ロビースペースは明るく広々としてスペースに余裕があって好感度高し。

部屋も清潔で広い。デスクも奥行きがあって仕事をするにはもってこいだ。デスクチェアは真っ赤な背もたれでスタイリッシュ感も演出。

そして何といっても大浴場完備で癒やされる。自動販売機は緑茶のペットボトル他が130円。最近市価より安い設定の自動販売機をビジネスホテルで見かけるようになったが、コンビニで調達して重たい飲料を運ぶ必要もないので、こんな利用者目線は嬉しい。

実は最安値が「モニタープラン」であった。宿泊した感想アンケートに答えることによって1000円ほど安くなるというもの。

チェックアウトの際にフロントで回収するというので、ボールペンでアンケート書こうとしたが、すっかりキーボードに慣れてペンを持って書くことが苦痛だしそもそも悪筆だし、スペース的にも書ききれないので「実は覆面取材させていただきました。追ってレポート提出いたします」とチェックアウトの際に名刺を出したらフロント氏、目をまん丸くしていた。悪いことしたかなぁ。

総合得点
64

コスパpt
4

▼採点項目

立地	4
外観	3
エントランス	3
ロビー・フロント	22
パブリックスペース	22
客室	58
飲食環境	2
駐車場	2
全体特記事項	0

116pt／180pt

2月23日（日） 054／365

東京　浅草　〈エコノミー〉

アパホテル浅草蔵前

東京都台東区駒形2-4-6 ☎03-5806-2111
チェックイン15:00 チェックアウト11:00

本日の部屋 シングル／816号室（アップグレード）／4800円

部屋は豪華で大浴場付き。アパの面目躍如。

つくばからの帰路、日曜日とあって外環スイスイ、いつも大渋滞の川越街道もガラガラ。スイスイガラガラで昼前に帰宅。午後はギッシリ仕事。夜は『アパホテル浅草蔵前』へ。アパホテルは「頂上戦略」と称して、都心に過激（という表現が合う）出店し軒並み高レートで強気。だって2万円オーバーなんて日がザラなのだ。しかしそれもウィークデイの話で、日曜はガクンと下がり4千円台なんて時もある。今夜は車で移動するので、ホテル至近に夜間均一安料金の駐車場があると助かるのだが、近くに20時から翌8時で500円という駐車場を発見。

それにしても都心のアパ、いずこの店舗もロビーからスタイリッシュで眩しいくらいだ。何といってもベッドが素晴らしい。高級ホテルでお馴染みの「シーリー」と共同開発したという「クラウドフィット」なるマットレス。最近ではメディアから、ビジネスホテルで眠り重視のホテルはどこか？ と聞かれれば、「アパホテルのクラウドフィット」と答えることが多くなった。

部屋の広さは限られているが、L字形デスクの袖側下に冷蔵庫や空気清浄機を納めたり、省スペース化への気配りは相当なものだ。カーペットも単色ではなく、ベージュと黒のグラデーション模様で部屋のインテリアにアクセントを与えている。

とにかく、限られた部屋のスペースを有効活用しようという姿勢。部屋の広さに比べてかなり大きめな大型テレビを置く発想も、実は部屋のインテリアを引き締め、開放感をもたらしているのだ。デュベスタイルもしかり。

ところで、こちらのアパホテル、都心店舗では珍しく大浴場を設けている。そんなこともリザーブした理由のひとつだ。

都心の店舗で大浴場やサウナがないことは、その立地条件を考えれば、当然に許容できるだけに、こうした施設があると大変贅沢な気分になる。

2月24日(月) 055／365

東京　竹芝　〈デラックス〉

ホテルインターコンチネンタル東京ベイ

東京都港区海岸1-16-2 ☎03-5404-2222
チェックイン15:00 チェックアウト12:00

本日の部屋 ラグジュアリー／ツイン／2323号／インビテーション

総合得点
80

コスパpt
-

▼採点項目

立地	3
外観	4
エントランス	4
ロビー・フロント	31
パブリックスペース	26
客室	70
飲食環境	2
駐車場	3
全体特記事項	1

144pt／180pt

客室もラウンジも見事。毎日これなら…。

蔵前の時間貸し駐車場、朝8時まで500円ということで7時58分に出庫。一度帰宅してスーツに着替える。昼からホテルインターコンチネンタル東京ベイを経営・運営するホスピタリティネットワーク塚田正由記社長へのトップインタビューのために恵比寿の本社へ。インタビュー後は池袋で出版社との打ち合わせを済ませ、竹芝の『ホテルインターコンチネンタル東京ベイ』へ。ホテルから試泊のお招きをいただいたのである。もうランチタイムは終わっていたが、「イタリアンダイニング ジリオン」にて特別にランチをご提供いただき堪能。チェックインは20階の「クラブ インターコンチネンタル フロア」のラウンジで。隅田川とスカイツリーを望むスーペリアルームをご用意いただいた。素晴らしい部屋だ。いかにも仕事が捗りそうなデスクに誘われ原稿書き。デスク環境は仕事を進捗させるきっかけになるなぁと改めて思う。前夜のアパもなかなかだったが、こちらのホテル、まさに「眠りのおもてなし」をアピールしている極上のベッドだ。まぁビジネスホテルとデラックスホテルを並列に並べることはできないとはいえ、ベッドに入った瞬間に眠りに誘われること必至なので、端正にメイキングされたベッドを横目でデスクから眺めつつ仕事。これはこれで、かなり幸せな瞬間である。う〜ん、365ホテル旅、こんなのばかりだったら素敵すぎてやめられなくなるだろうな。いや、素敵すぎなくても最早やめられなくなっているのだ。

ディナーはホテルからのご厚意で、過日リニューアルしたホテルご自慢の「クラブ インターコンチネンタル ラウンジ」を利用させていただいた。

ラウンジはクラブ インターコンチネンタル フロア以上の宿泊者が無料利用できる。アルコール、ソフトドリンク各種、ホットミール・オードブル、デザートなどブッフェ形式で夜景を眺めつつ楽しんだ。

総合得点
56
コスパpt
3.3

▼採点項目

立地	3
外観	2
エントランス	2
ロビー・フロント	22
パブリックスペース	15
客室	52
飲食環境	3
駐車場	2
全体特記事項	0

101pt／180pt

神奈川　横浜　〈エコノミー〉

ホテルマイステイズ横浜

神奈川県横浜市中区末吉町4-81 ☎045-252-1311
チェックイン15:00 チェックアウト11:00

本日の部屋 トリプル／911号室／アップグレード／5200円

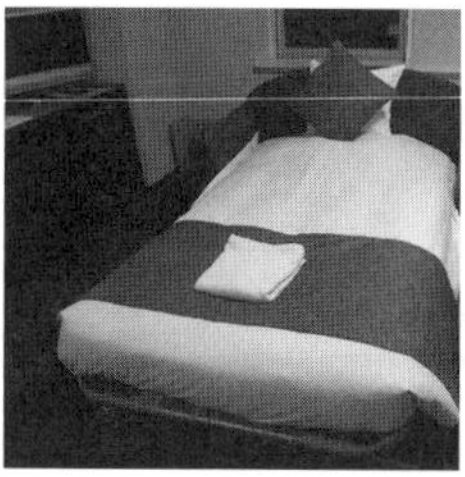

ルームチェンジ希望で、トリプルベッドルームに！

「ホテルインターコンチネンタル東京ベイ」のラウンジで朝食。最後の最後までホテルスタッフのおもてなしに感激だった。365ホテル旅特別編といったところか。

ゆっくりしすぎたので首都高で帰宅。4月にホテル本を出版する予定で、校正締め切りは今日だったが、金曜日に延ばしていただいたので、火曜から金曜まではホテルで執筆に没頭するぞ、とまずは横浜へ。

横浜に行ってもあまり出向くことのない黄金町。京急の駅から近い川沿いに、その昔はニューオータニ系のホテルだった建物が『ホテルマイステイズ横浜』というホテルになっていた。マイステイズチェーンは、デュベスタイルを積極採用し、イイ感じにリニューアルしているホテルが多いので期待大だ。

ホテルを予約する時は、特に閑散期で空室が多いと思われる場合には、事前にあれこれリクエストすることがある。ネット予約であってもリクエスト欄のあるホテルは多いのだ。景色の良い上階をリクエストしておいたが、ランドマークタワーを望む夜景がステキな部屋にしていただいた。ところが、換気扇の騒音が気になる。普通ならそれほど気にならない程度だが、執筆しに来たゆえ騒音がちょっと気になる。ルームチェンジを申し出ると快く応じていただいた。しかもアップグレードまでしていただいたとのこと。客室へ入ってみたら…なんとベッドが3台並んでいる。トリプルルームってやつだ。確かにアップグレードである。

黄金町周辺をブラブラ。昔なら知る人ぞ知る「アレ」な場所だがすっかり静かになっている。先日町田で好印象だったホルモン「いくどん」があって思わずイン。う〜ん、やっぱり安いなぁ。2000円ちょっと。ホテルへ戻る。さて3ベッド、どのベッドで寝ようかと迷ってしまう横浜の夜である。

総合得点
69
コスパpt
3.8

▼採点項目

立地	4
外観	4
エントランス	3
ロビー・フロント	24
パブリックスペース	17
客室	65
飲食環境	4
駐車場	2
全体特記事項	2

125pt／180pt

2月26日(水) 057／365

東京　立川　〈エコノミー〉

立川ワシントンホテル

東京都立川市柴崎町3-7-16 ☎042-548-4111
チェックイン14:00 チェックアウト10:00

本日の部屋 シングル／814号室／8800円

24時間ステイプランで、仕事はかどりまくり。

先週「スターホテル横浜」へ泊まった際の忘れ物をピックアップに。事前に電話しておいたが、とても丁寧にご対応いただきありがたい。部屋も好印象だったが、スタッフの好感度も高くて嬉しくなる。

その後、横浜山下公園を眺めつつ、少し渋滞している国道で川崎まで移動、コンサルタントの仕事を終える。

3ベッドに驚くばかりで原稿どころではなかった前夜、今日こそは没頭するぞと立川へ移動。狙っていたのは『立川ワシントンホテル』。

立川駅南口から至近の繁華街にあるワシントンホテル、13時チェックインの13時チェックアウトという24時間ステイプランがあり、しかもワーキングチェアとデスクライトも充実、と完璧な仕事環境。周囲は飲食店も多く、以前から集中して仕事するならココかもと興味津々のホテルだった。客室も広いしもちろんデュベスタイルを採用。

この素晴らしき執筆環境で6時間近くノンストップにて集中。窓からの景色もなかなかで、途中の気分転換にも助けられ、非常に高いパフォーマンスを発揮できたのである。

ワシントンホテルといえば、いわゆる一般的なビジネスホテルというイメージであり利用率は低かったが、今後利用したいホテルのひとつになった。もちろんワシントンホテルでも、このような新しい店舗もあれば古くからの店舗もある。築年の見極めもホテル選びには大切だ。

夕食はホテルから徒歩1分のお店でチャチャッと済ませ再び執筆。コンビニでいろいろ買ってきたので、数時間後にはお菓子やらペットボトルのお茶やら、いろいろなもので溢れるデスク回り。

気付いたら朝5時過ぎ。う〜ん頑張った。ありがとうワシントンホテル。ちょっと寝よう。だって13時チェックアウトなのだから。

総合得点
33
コスパpt
3

▼採点項目

立地	3
外観	2
エントランス	1
ロビー・フロント	16
パブリックスペース	18
客室	18
飲食環境	2
駐車場	1
全体特記事項	−1

60pt／180pt

2月27日(木) 058／365

東京　錦糸町　〈カプセル〉

カプセルイン錦糸町

東京都墨田区錦糸2-6-3 ☎03-3621-1919
チェックイン15:00 チェックアウト12:00

本日の部屋 下段／325号／3100円

終電を気にせず飲める、365日ホテル旅……。

365ホテル旅をするようになってから、オフィスへ行く頻度がすっかり少なくなった。地方にいることが多いこともあるが、東京にいても自宅で泊まる!? ことがないので、日中は自宅にていろいろ用事を済ましているということもある。

13時に立川のホテルをアウトして、今日は1週間ぶりにオフィスへ。ひとり仕事なのでオフィスといっても誰かいるわけではない。1週間前の空気が沈殿しているだけである。少し寒いが窓を開けて空気を入れ換える。ホテルの領収証やアメニティを整理しつつ、もう2か月終わるのかあと少々感慨深い。

夕刻錦糸町へ。素晴らしいサウナ施設のある東京楽天地というビルがあり、よく利用する馴染みの街。夜はメディア関係者と飲み、結局終電の時間。終電に間に合うように飲みを切り上げるのは一般的であるが、そんなの気にしない365ホテル旅。おっ、ちょうどいいじゃん、ホテルに泊まれるゾ、とワクワクしてくるのだ。

さて、今夜はその名も『カプセルイン錦糸町』。激しい雨の深夜にして、建物外観から古い施設であることはわかった。入口には「サウナきんし町」と大きな看板を構え、巨大な馬の木彫りが鎮座している。ロッカーは323番の隣が416番といまいちルールがわからないキライはあるが、休憩室も盛況でなかなか人気のようだ。進化系の女性利用も前提としたカプセルホテルが目立つようになってきているが、こうした昔からの施設が落ち着くという中高年男性の常連さんも多いのだろう。とはいえサウナへ行くための階段が、雨漏りひどくてケロリン桶が並べられているとか、ロッカースペースが狭くて着替えるのに難儀とか、極めつけは「製氷機の中に物を入れないで下さい」という貼り紙に思わずびっくり。こんなことを注意するのか? という多様な注意書きが見られて楽しい。

総合得点
58
コスパpt
3.5

▼採点項目

立地	3
外観	3
エントランス	2
ロビー・フロント	22
パブリックスペース	16
客室	55
飲食環境	3
駐車場	2
全体特記事項	0

106pt／180pt

2月28日（金） 059／365

東京　八王子　〈エコノミー〉

ザ・ビー八王子

東京都八王子市明神町4-6-12 ☎042-646-0111
チェックイン15:00 チェックアウト11:00

本日の部屋 シングル／431号室／6000円

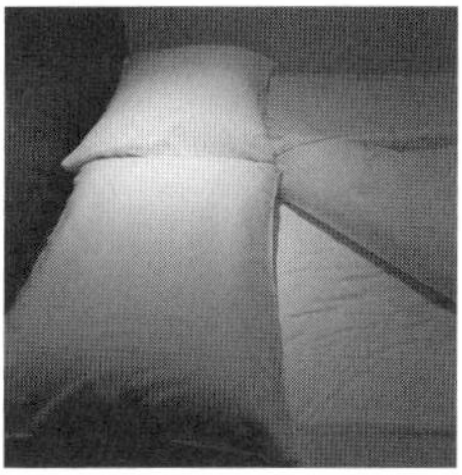

赤い「b」の看板。センスのいいリニューアルで、別格の趣。

錦糸町のカプセルホテルでは熟睡できず、早朝に帰宅。仮眠して午前中は自宅で所用。午後は『週刊ホテルレストラン』を発刊している虎ノ門のオータパブリケイションズへ。同社から発売された『WORLD'S LEADING HOTELS』という写真集を紹介される。ホテルジャーナリストの小原康裕さんが長年にわたり撮影してきた素晴らしい写真集、いや芸術本。世界のリーディングホテルからの厳選した写真を美しいレイアウトで魅せている。昨夜のカプセルホテルなど思い出し、写真集を眺めてため息、改めてホテルもいろいろだと感じ、もっともっとホテルを知りたくなるのであった。

その後八王子へ。親戚の兄さんが営んでいる蕎麦屋を訪問。といっても蕎麦を食べに行ったのではない。365ホテル旅も含め最近ホテル取材がとても増え、写真を撮影する機会も多く、その写真が媒体に掲載されることも増えた。しかし、これまで使っていた普通のデジカメでは画質や仕上がりに限界を感じていたのも事実。とは言え一匹狼の評論家としては専属のカメラマンなど雇えないし（そんなお金はない）、せめてでもキチンとした一眼レフを用意しようと思い立ち、カメラに詳しい兄さんのところへ相談に行ったのだった。そうしたらなんと、ポンとデジタル一眼レフをご提供下さった。いい仕事をして期待に応えなくては！ と強く決意したのだった。

そんな記念すべき初撮影のホテルは、『ザ・ビー八王子』。赤い「b」の看板が印象的な、最近人気を博しているホテルチェーンだ。古い建物ではあるが以前のホテルからキレイにリニューアルしてあって心地よい滞在となった。案内板もスタイリッシュ。こうしたセンスでホテルも生まれ変わるのだなぁとデュベスタイルのベッドでまどろみつつ、ザ・ビー、なかなかやるじゃんと思うのであった。

column1

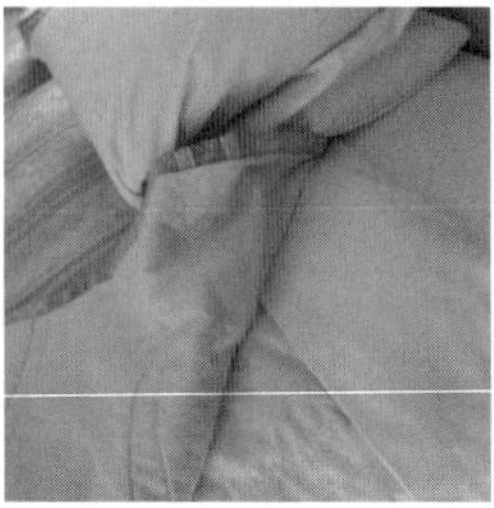

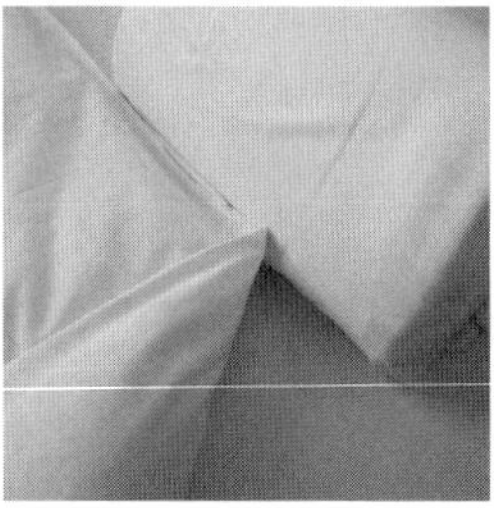

いま話題の「デュベスタイル」とは?

本書でもたびたび登場する「デュベスタイル」。

スプレッドタイプが伝統的なホテルのベッドメイクスタイルでしたが、昨今流行のデュベスタイルは、羽毛掛け布団をカバーリングするベッドメイクスタイルのことで、見た目にも実質的にも清潔感があり、客室を広く見せる効果もあり、日本人が好むカバーリングを採用したスタイルです。

一般的にデュベスタイルは、ランニングコストが高い。しかしラグジュアリーホテルのデュベスタイル率が高いかと言えばそういうことはなく、ビジネスホテルでも導入しているホテルチェーンは多いのです。

例えばビジネスホテルの中でも実勢価格がかなり安価のアパホテルは、ほぼデュベスタイルを採用していますが、ラグジュアリーホテルでもデュベスタイルを採用していないホテルはまだまだあります。

また、デュベスタイルではありませんが、掛け布団自体に摩擦があり挟んだシーツがずれにくいようなスプレッド仕様のホテルもあります。スーパーホテルなどが好例です。

また、公式のホテルウェブサイトに掲載されている写真はデュベスタイルなのに、実際チェックインして客室に入るとスプレッドタイプだったというような、一歩間違えれば詐欺的なケースにも時々出合います。

デュベスタイルに慣れてしまうと、誰が座ったか汚したかわからないベッドカバーで覆われたベッドというスプレッドタイプはやはり避けたくなります。

元々寝相が悪く、寝ている間に上掛け布団とシーツがずれるので、結果誰の生足が触れたかわからない掛け布団に僕の生足も触れてしまうというストレスにさいなまれるのでした。

デュベスタイルorスプレッドタイプ、ホテルを選ぶ際の重要な基準にする人も増えています。

3月 March

3月のトータル宿泊料
¥127,510

累計 ¥453,770

60	1日	東京 浅草	ホテルニュー栃木屋
61	2日	長野 上田	ユーイン上田
62	3日	長野 長野	ホテル国際21
63	4日	東京 池袋	カプセル&サウナ 池袋プラザ
64	5日	東京 成増	ホテルヒルトップ
65	6日	東京 新宿	ホテルフォーション
66	7日	東京 新宿	グランファーレ
67	8日	東京 池袋	ホテルエリアス
68	9日	東京 池袋	ホテル ドマーニ
69	10日	東京 荻窪	クラブイン荻窪
70	11日	東京 池袋	HOTEL X
71	12日	大分 大分	ホテルフォルツァ大分
72	13日	福岡 福岡	HOTEL LA FORESTA BY RIGNA
73	14日	福岡 福岡	ホテルフォルツァ博多
74	15日	千葉 成田	東横イン成田空港
75	16日	神奈川 横浜	ホテルニューグランド
76	17日	東京 浅草	ホテルカワセ
77	18日	東京 湯島	ホテルリンデン
78	19日	東京 池袋	ホテル昌庭
79	20日	埼玉 川口	川口ステーションホテル
80	21日	埼玉 川越	カプセルイン川越
81	22日	栃木 小山	イーホテル小山
82	23日	東京 多摩	京王プラザホテル多摩
83	24日	東京 飯田橋	東京セントラルユースホステル
84	25日	東京 新宿	カプセルホテル新宿510
85	26日	東京 池袋	池袋ホテル&カプセル オアシス
86	27日	東京 赤坂	かぷせるイン赤坂
87	28日	東京 上野	カプセルきぬやホテル上野店
88	29日	千葉 千葉	東横イン千葉みなと駅前
89	30日	北海道 札幌	JRイン札幌
90	31日	北海道 札幌	スーパーホテル札幌すすきの

総合得点
31
コスパpt
3.1

▼採点項目

立地	4
外観	1
エントランス	1
ロビー・フロント	16
パブリックスペース	13
客室	19
飲食環境	2
駐車場	1
全体特記事項	0

57pt／180pt

3月1日(土) 060／365

東京　浅草　〈カプセル〉

ホテルニュー栃木屋

東京都台東区浅草2-22-2 ☎03-3841-2267
チェックイン16:00 チェックアウト10:00

本日の部屋 上段／318号／2000円

柄物の掛け布団にちょっとひく、浅草カプセル。

国内公式ホテルガイドを務める、オールアバウトの「Red Ball Japan」というイベントがTKPガーデンシティ品川で開催されるので八王子から都心へ移動。総勢約300名、各分野の日本を代表するオーソリティの集い。とにかくどんな分野でも第一線でご活躍されている方との交流は楽しい！　持っていった大量の名刺が全てなくなった。こうしたご縁ができるのもまた、オールアバウトガイドの魅力だなぁと実感した。

夕刻品川から浅草へ移動。医師の友人らと恒例のグルメ会は浅草の「龍圓」へ。メディアなどでもご活躍、栖原シェフの素晴らしい料理の数々に終始唸る。そんなちょっとアッパー系のステキ時間の後は、だいたいこういう展開になるとは予測してはいたが、ギャップが体に染み入るなかなかのカプセルホテルへイン。

浅草の路地裏にある経年感ある建物が、目的の『ホテルニュー栃木屋』だ。雨が降っていることもあってかなり暗い印象だったが、館内へ入ると、古さは隠せないまでも意外に明るい雰囲気。ただし分煙は徹底されてはいないようで、敏感な禁煙者にはツライかもしれない環境だ。

カプセル内部に潜り込むと、柄物カバーの掛け布団が目立つが、やはりリネン類はホワイトが清潔感の演出には資すると思う。操作パネルには小さな台があって、小物などを置ける。カプセル内に入ってしまえば、狭いながらも楽しい寝床じゃないか。

また、テレビ用のイヤホンが用意されている。カプセルホテルによってはビニール袋に入れられ使い切りの所も多いが、こちらは使い回しのようだ。ここが浅草なのか池袋なのか、はたまた新宿なのか。そこにあるのはカプセルホテルという共通点だけである。

3月2日(日) 061／365

総合得点
53
コスパpt
3.4

▼採点項目

立地	2
外観	3
エントランス	3
ロビー・フロント	20
パブリックスペース	16
客室	47
飲食環境	2
駐車場	3
全体特記事項	0

96pt／180pt

長野　上田　〈エコノミー〉

ユーイン上田

長野県上田市中央3-7-33 ☎0268-22-4531
チェックイン15:00 チェックアウト10:00

本日の部屋 シングル／404号室／4800円

スタッフの対応ひとつで、ホテルは大幅イメージアップ。

地方へのホテル旅はどうしても東京から車でのアクセスが多くなる。北海道や九州は無理だとしても、大阪辺りまでだったら車で行くことも多い。

ホテル取材、意外に荷物が多くなる。覆面取材だけならまだしも、支配人などへの正式取材の場合はスーツも必要だし、それに合わせた靴も必要になる。現地でいくつかホテルを巡る場合、特に地方では車が便利だ。

今日は長野へ。まだ雪の心配はあったがチェーンを積んでイザ関越道へ。夕刻信州上田に到着。上田市に泊まる機会は多く、365ホテル旅的には既に「上田第一ホテル」を利用。これまで利用率の高い、駅近くの「東急イン」「サンルート」「東横イン」など全国区のチェーンはとっておきたいホテル。

夜は上田の友人らが一席設けてくれているとのことで、『ユーイン上田』を予約。原町という地区にある「池波正太郎真田太平記館」にも隣接する立地。繁華街である袋町にも近い。シンプルなビジネスホテルといったイメージだろうか。デュベスタイルでもないし、スリッパはビニールスリッパなのだけど、部屋もロビーも明るく清潔感もあって泊まるだけだったら充分だ。何といってもフロントの男性が親切。スタッフの対応ひとつでホテルって違って見えてくるから、やっぱり接客は大事だと思う。

夜は「たつみ寿司」再訪。過日たつみ寿司で感動の時間を過ごしたことを投稿したSNSがきっかけで、上田の幼なじみとトントン拍子に話が進み、地元のたつみ寿司ファンの方々とじっくり腰を据えての宴となった。

鮨屋なのになぜか餃子が登場。これがまた素晴らしい一品。その後も美酒佳肴の連続。すっかりご馳走になってしまい、嬉しくて嬉しくて涙が溢れてきそうだった。

総合得点
65
コスパpt
3.8

▼採点項目

立地	2
外観	4
エントランス	3
ロビー・フロント	25
パブリックスペース	19
客室	60
飲食環境	1
駐車場	3
全体特記事項	0

117pt／180pt

3月3日(月) 062／365

長野　長野　〈デラックス〉

ホテル国際21

長野県長野市県《あがた》町576 ☎026-234-1111
チェックイン14:00 チェックアウト12:00

本日の部屋 シングル／612号室／6600円

ここは長野の迎賓館？ かなりいいセンいってる。

上田市から国道18号線を北上し長野市へ移動。長野市はさすが県庁所在地で、シティホテルもいくつかあるが、今日は長野県最高峰と評判の『ホテル国際21』へ行ってみようと思う。

長野の迎賓館、といえば言い過ぎか。いや、1本道路を隔てると長野県庁という好立地は、そんな雰囲気すら醸し出している。ロビーは広々としていてスタッフのレベルも高い。東京のシティホテル基準でみてもいいセンいっていると思う。

案内された部屋は、シングルルームとはいえ部屋の家具も質の高さを感じるし、広いベッドにデュベスタイルのホワイトが眩しいくらいだ。ひとことで言うと「端正な部屋」とでも言おうか。長野市にこのようなレベルのホテルがあるとは驚きだ。

コメントカードに感想を書いてフロントへ出すと粗品がもらえるというので、デスクの引き出しから取り出すと、シワシワな用紙が。「ゲストコメントカードがシワシワである」という感想をゲストコメントカードに書いた。

夜は1人で楽しめる居酒屋を探すべくホテル近くをブラブラと。ふと入った雑居ビルの2階。「里」という居酒屋へ。ご夫婦でやっているらしい。

店の入口には「おひとり様酒2杯につまみ3品で１５００円」と書いてある。これ如何に？ と眉唾で突撃。どうせ枝豆とかそんなところでしょ～という予測はことごとく裏切られた。1品目モツ煮。2品目刺身。3品目焼き魚。こともあろうに「サービスです」とご主人、4品目豚の角煮まで。酒2杯じゃ足りないツマミ量である。凄すぎる。

深夜チェックアウト。ゲストコメントカードの粗品は…新しいピッカピカのゲストコメントカード、ではなくて入浴剤だった。そうだと知っていれば早めにいただき、部屋の風呂で入浴剤を楽しめばよかった。さぁ東京へ帰ろう。

総合得点
38

コスパpt
3.3

▼採点項目

立地	2
外観	3
エントランス	3
ロビー・フロント	18
パブリックスペース	19
客室	21
飲食環境	2
駐車場	1
全体特記事項	0

69pt／180pt

3月4日（火）063／365

東京　池袋　〈カプセル〉

カプセル&サウナ　池袋プラザ

東京都豊島区池袋2-12-3 ☎03-3590-7770
チェックイン15:00 チェックアウト 男性10:00 女性11:00

本日の部屋 上段／345号／2800円

カプセルなのに、デスクスペースまである！

　長野市から上信越道を東京方面へ向かっていると通行止めの掲示。午前4時前に長野インターチェンジから高速道路へ入ったのは「深夜割引」で料金が半額になるからで、通行止め区間を回避しようと一度高速道路を降りてしまえばその恩恵も受けられず終い。結局SAに待避し仮眠することに。6時前に目覚めると東京方面の上り線だけ開通していたので出発。もっと早朝に通過するはずだった関越自動車道の練馬出口から目白通りに入ると渋滞。朝8時とあっては朝の通勤ラッシュに巻き込まれるのも仕方のないこと。

　昼過ぎに早稲田の「リーガロイヤルホテル東京」へ。同ホテルの20周年記念プレスパーティーへ。記念メニュー&プランのプレス向け発表会。オリジナルカクテルの試飲に始まり、中華「皇家龍鳳」、和食「なにわ」をはじめ各店の料理長が一堂に会し腕を振るう。ブッフェ形式とはこれまた贅沢であった。

　一度帰宅して池袋へ。友人と飲み。だいたい飲みの席では365ホテル旅の話題になる。「家いらないじゃん」という声多数。確かにそういう声もわかるが、郵便が来るし洗濯物もある。

　どうせ泊まるんだからと遅くまで飲んでしまうのも365ホテル旅ならでは。池袋北口から少し歩き、カプセルホテル『カプセル&サウナ　池袋プラザ』へ。東京のカプセルホテルを何度も利用しているが、やはり都内全店制覇にチャレンジしたくなってきた。実はカプセルホテル評論家はおらず、メディアからの取材依頼も多い。

　池袋プラザ、充実した設備に感動すら覚える。パブリックスペースには、仕切りの付いたワーキングデスクまである。仕事したくなってくる空間だ。パソコンを携行していたので、ついつい執筆作業に突入してしまった。

総合得点
31
コスパpt
3

▼採点項目

立地	3
外観	1
エントランス	1
ロビー・フロント	15
パブリックスペース	14
客室	18
飲食環境	3
駐車場	1
全体特記事項	0

56pt／180pt

3月5日（水） 064／365

東京　成増　〈カプセル〉

ホテルヒルトップ

東京都板橋区成増2-12-13 ☎03-3977-2511
チェックイン14:00 チェックアウト10:00（土日11:00）

本日の部屋 上段／323号／3150円

受付は4階、寝るのは1階、の謎のカプセル。

冷たい雨の東京。調子に乗ってサウナ上がりに深夜まで仕事をしていたからだろうか、嫌な寒気がする。都内で予定ギッシリの一日。雨は相変わらず降り続いている。本当はヌクヌクと車で行きたいところだったが、時間が読めない&駐車場も大変。オフィスから地下鉄を利用する。夕刻オフィスへ戻るとやはり悪寒。おかん、否、妻に車で送ってもらい、マスクをしてあまり無理をしないで家からも近い成増のホテルへ行くことに。365ホテル旅、こんなにツライと思った夜はなかったのだった。

東武東上線成増にホテルがあるなんて意外だが、駅の近くに『ホテルヒルトップ』という、カプセルと個室を併設したホテルがある。建物は新しいとはいえないし、中も狭く古い感じだが、固定したファンに支えられている様子。ガヤガヤした池袋よりも落ち着くというのもわかる気がする。

こちらのホテル、受付がビルの4階にある。そこまでは普通であるが、カプセル就寝スペースは1階にあるのだ。受付が4階にあれば、就寝スペースは5階より上にあるのが一般的だが、こちらでは、一度4階まで上がってから1階へ降りることになる。1階にも直接建物へ入る入口はあるがもちろん閉鎖されている。外出する際は一度4階に上がってから外部へ通じるエレベーターで1階へ降りることになる。

パブリックスペースにはロッカーが設置されているが、なんと「月極レンタルロッカー／1ヶ月5000円」とある。こちらに長期住まわれている方もおられる模様。365ホテル旅で毎日ホテルを替えていると、ホテルに住むという感覚は全くないが、お風呂はあるし、いつも新しいシーツだし、その他必要なものは揃っているし、駅の近くだし、これはこれで意外に便利なのかもしれない。体調は良くなってきた。

総合得点
66
コスパpt
3.5

▼採点項目

立地	3
外観	4
エントランス	4
ロビー・フロント	28
パブリックスペース	13
客室	62
飲食環境	3
駐車場	2
全体特記事項	0

119pt／180pt

東京　新宿　〈レジャー〉

ホテルフォーション

東京都新宿区歌舞伎町2-9-7 ☎03-3202-2591
休憩3時間 宿泊11時間〜16時間

本日の部屋 503号室／8500円

レジャーホテルとは、いわゆるラブホテルのこと。

レジャーホテルとは業界では一般的な呼称だが、「ラブホテル」といえばわかりやすいか。宿泊を伴う施設であれば旅館業法という法律の適用を受けるが、更に風俗営業法の規制にもかかってくるのがこの業態である。ちょっと硬くなってしまった。文章が、である。

なぜレジャーホテルの覆面取材をすることになったのかについては後で書くことにして、まずは記念すべき第1弾、レジャーホテルが林立する新宿歌舞伎町へゴーだ。

新宿歌舞伎町とはいってもかなり広い地域だ。レジャーホテルが立ち並ぶのは明治通りに近い側で、明治通りから歌舞伎町側へ1本裏通りを入ればそこはもうレジャーホテルタウンである。

事前リサーチもアリだったが、外観が特徴的なのもまたこの業態だ。外観のイメージで突撃してみたい。歌舞伎町を東西に横断する通りから、少し広めのレジャーホテル街へ続く通りを入ると、豪華でオシャレなホテルが向かい合っている。そのひとつである『ホテルフォーション』へイン。夜遅くなっても休憩料金で利用可能であり、365ホテル旅には優しい業態である。

建物内部へ入ると部屋を選べるパネルがあるが、それを見て驚く。なんと全室にサウナが設置されているとのこと。そんなの一般ホテルじゃありえない。レジャーホテルを利用する客層はサウナが大好きなのだろうか。

部屋へ入って更に驚く。これでもか、というアメニティの数々。女性用のクレンジングや化粧水などはもちろんのこと、男性用の薬用フェースクリームなんてものまで置いてある。また、ドライヤーの他に、女性には便利であろういわゆるクルクルドライヤーからコテまで設置されている。驚きの連続、こりゃすごいと別の意味？で興奮である。

総合得点
56

コスパpt
3.7

▼採点項目

立地	3
外観	3
エントランス	3
ロビー・フロント	22
パブリックスペース	13
客室	53
飲食環境	3
駐車場	2
全体特記事項	0

102pt／180pt

東京　新宿　〈レジャー〉

グランファーレ

東京都新宿区歌舞伎町2-32-13 ☎03-3202-1031
休憩3時間 宿泊10時間〜19時間

本日の部屋 203号室／3990円

ジェットバス、サウナは、レジャーホテルの標準？

歌舞伎町のレジャーホテルに初めて潜入してそのアメニティの凄さに驚いたが、浴室の豪華さにも度肝を抜かれた。広くて明るい浴室には、ジェットバスから浴室専用のテレビまで設置されている。そして、何と全室にサウナが設置されているホテルであった。

サウナには目がない。もちろん使用してみた。ガラス張りのスチームサウナであるが、かなり威力がある。あっという間に汗だくだ。大きなジェットバスに冷水をはれば立派な水風呂である。

う〜ん、これは極楽だ。というわけで、ネットで他のサウナ付きレジャーホテルを探してみた。同じく歌舞伎町の『グランファーレ』。こちらもなんと全室にサウナがあるとのこと。

夜になると歌舞伎町に現れるホテル評論家である。目的のホテルは歌舞伎町でも北側であるが看板ですぐにわかった。

部屋へ入ると赤い革張りソファがアクセントになったインテリア。前回もそうだったが、レジャーホテルはデュベスタイルの採用が基本のようだ。確かにベッドの快適性は、レジャーホテルという業態においてはキモのような気がする。

こちらのホテルも負けじとアメニティの充実が素晴らしい。サイドボードの上に、更に専用のテレビ台に取り付けられた大型テレビ。設置場所が高いので、非常に見やすいテレビポジションだ。

大理石バリの浴室にはもちろんジェットバスとテレビ。この2大アイテムというのも、レジャーホテルでは標準装備なのだろうか。こちらも前夜に続きスチームサウナ。サウナ、水風呂と何度も繰り返すとスッキリして元気になる。

レジャーホテルでのおひとり様利用の定番となりつつある、サウナ水風呂スッキリタイム。スッキリの種類は違えど、これまたレジャーホテルの新たな⁉ 利用法である。

総合得点
58

コスパpt
3.5

▼採点項目

立地	3
外観	3
エントランス	3
ロビー・フロント	25
パブリックスペース	12
客室	54
飲食環境	3
駐車場	2
全体特記事項	0

105pt／180pt

3月8日（土）067／365

東京　池袋　〈レジャー〉

ホテルエリアス

東京都豊島区池袋1-4-4 ☎03-3980-2230
休憩2時間～3時間 宿泊12時間～15時間

本日の部屋 305号室／5500円

若者向けか、スタイリッシュで開放感あり。

ホテル評論家としての評論対象は、デラックスからビジネス、カプセル、時々旅館と多岐にわたるが、いよいよ「レジャーホテル」もその対象となった。

365ホテル旅をスタートさせて、様々なホテル業態に注目してきたが、ちょうどそんな時に、レジャーホテルの業界専門誌から連載のオファーをいただいた。最近一般のホテルでもカップルプランやデイユースなど、元々レジャーホテルの専売特許だったスタイルを導入する施設が増えており、本家本元のレジャーホテル業界としては危機感があるようで、それらの分析などをしてほしいという内容。

いつものホテル覆面取材同様、リサーチをするためにはまずは「自腹で突撃してみる」が信条、2軒のレジャーホテルを利用してきた。ホテル評論家、日々が勉強だ。

アメニティの充実に驚かされたが、2軒とも全室にサウナが設置されていることには度肝を抜かれた。しかし、サウナがあるレジャーホテルばかりではないはずだ。今夜は自宅からも近い池袋へ出向いてみた。池袋のレジャーホテルは北口に密集している。池袋駅北口から池袋大橋方面へ少し歩くと、陸橋の下に広がるレジャーホテル群。風俗店も散在している。土曜日とあって竹下通りバリに、いやあそこまで凄くはないが、カップルがホテル街を右往左往している。こりゃどこも満室か？　と心配になるが、スタイリッシュなリゾート感ある外観が気になって『ホテルエリアス』へ入ってみた。

こちらにはサウナが設置された部屋はないようである。これまでの2軒が豪華な施設だったのだろうか。部屋も外観同様スタイリッシュで開放感があり、何より清潔だ。若いカップルが利用する想定で作られたのだろうか。土曜ナイトの池袋北口ホテル街、何よりも若者カップルの多さに驚いた夜だった。

総合得点
63
コスパpt
3.5

▼採点項目

項目	点
立地	4
外観	4
エントランス	4
ロビー・フロント	27
パブリックスペース	12
客室	58
飲食環境	3
駐車場	2
全体特記事項	0

114pt／180pt

3月9日（日）068／365

東京　池袋　〈レジャー〉

ホテルドマーニ

東京都豊島区西池袋1-10-4 ☎03-5960-0081
休憩3時間 宿泊13時間〜15時間

本日の部屋 401号室／8000円

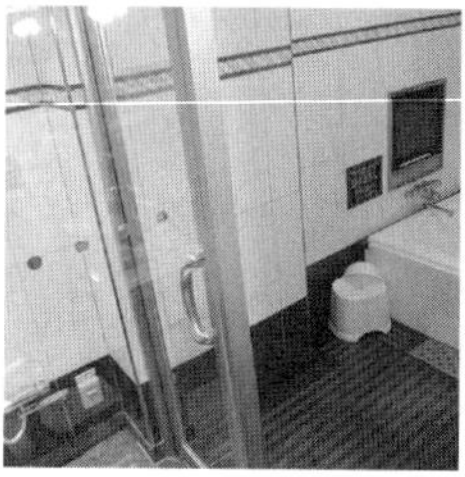

レジャーホテルも、ロビーは大理石で高級感たっぷり。

毎日様々なホテルを調べていると、これってレジャーホテルじゃないのか？ というホテルが一般ホテルの予約サイトに掲載されているのを時々みかけるようになり気になっていた。

実際、レジャーホテルの専門サイトにも掲載されているホテルが、一般のホテル予約サイトにも掲載されている「越境型」ともいえる施設が増えてきた気がする。そう思うのは、ラブホテル街にあるのはレジャーホテルという判断からだが、一方エリア外にあるレジャーホテルにも興味が出てきた。

池袋は「西武百貨店」や「サンシャインシティ」がある東口と、「東武百貨店」や「東京芸術劇場」、「ホテルメトロポリタン」などがある西口に分かれるが、レジャーホテル街は北口に密集している。

ところが、いろいろ調べていると、池袋で人気という『ホテルドマーニ』が、西口の、それも東京芸術劇場やホテルメトロポリタンなどがある「ハイソ」な地区にあることを知り、出向いてみた。料金も高めの設定。現地へ到着してみると、本当だ、東京芸術劇場とホテルメトロポリタンに挟まれるように、洋風の豪華なホテルがある。存在感も抜群。

レジャーホテル、いやあえてラブホテルという表現を用いるが、そうした後ろめたさや猥雑な雰囲気は皆無だ。立地する場所はイメージを左右するものだと改めて思う。

足を踏み入れると大理石を多用したロビーに驚かされる。デラックスホテルやラグジュアリーホテルはロビーに大理石を用いているのをよく見かけるが、大理石ならレジャーホテルも負けていない。

広々した部屋も申し分ない。白を基調にしたインテリアを黒いソファが引き締めている。池袋駅西口の「ハイソ」地域において、ある意味で「ふさわしい」レジャーホテルなのだろうか。

総合得点
56

コスパpt
3.5

▼採点項目

立地	3
外観	2
エントランス	2
ロビー・フロント	23
パブリックスペース	15
客室	52
飲食環境	3
駐車場	2
全体特記事項	0

102pt／180pt

東京　荻窪　〈エコノミー〉

クラブイン荻窪

東京都杉並区天沼3-9-3 ☎03-3393-9191
チェックイン16:00 チェックアウト11:00

本日の部屋 シングル／403号室(アップグレード)／4980円

会議室も完備の充実ビジネスホテルが、荻窪に。

　ここのところ、レジャーホテルの利用が続いている。全く未知の異空間、感動や驚きの連続であったが、やはりビジネスホテルも恋しくなってきた。かなりリサーチも進み、あと数軒レジャーホテルも利用したいところだが小休止。

　ターミナル駅である新宿や池袋にホテルが多いことは当然であるし、山手線駅周辺もホテルの立地としては理解できるが、ちょっとした住宅街、郊外にあるホテルはこれまた興味深い。自宅からも近い荻窪の駅から近く、青梅街道沿いにビジネスホテルがあり気になっていた。早速出向いてみた。

『クラブイン荻窪』がそのホテル。両隣ビルに挟まれたホテルだが、純白の大きなソファセットが迎えてくれるロビースペースは明るく、外観から比べると広々している。エントランスから地下へ続く階段があり、宴会場、会議室という案内板。ビジネスホテルは寝るだけの施設といった定義もあるが、宴会場などの施設を見るに、荻窪に拠点を構える会社や、何らかの集まりなどには便利だろうなと思う。

　こうした大都会東京でも、少し郊外、いやまだ都会の荻窪にこのような施設の需要があることはわかる気がする。

　さて肝心の客室へ。奥行きがあり広々とした印象。床がフローリングとは珍しいが、ウッディな家具との調和もなかなか。デュベスタイルではないし、スリッパもビニールスリッパであるが、小綺麗にまとまっている。ビジネスホテルはドアマンもベルボーイもいない「リミテッドサービス」のホテルといわれるが、部屋だって必要なものがあればリミテッドで結構。ただしこの日はインターネットがシステム不具合で利用できないとのお詫びが書かれた紙がデスクに置いてあった。インターネットは必須のサービス。これは「リミテッド」では困る。

総合得点
55
コスパpt
3.4

▼採点項目

立地	3
外観	2
エントランス	2
ロビー・フロント	22
パブリックスペース	12
客室	52
飲食環境	3
駐車場	2
全体特記事項	1

99pt／180pt

3月11日(火) 070／365

東京　池袋　〈レジャー〉

HOTEL X

東京都豊島区池袋1-3-16 ☎03-5953-5155

本日の部屋 305号室／6300円

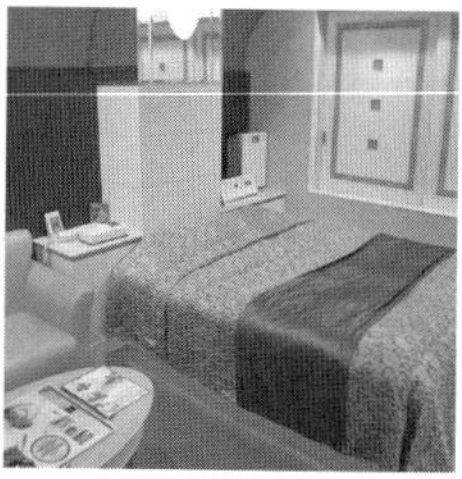

男1人でも、レジャーホテルが使える時代に。

シティホテルや旅館のカップル需要などをテーマとしてレジャーホテルの業界誌からのオファーを受け連載を開始したこともあり、2014年の365ホテル旅においてはレジャーホテル利用という得難い!? 体験をしているが、更に調べてみると、男女が本来の目的で利用するのは当然として「男性の1人利用」や「女子会」などの複数利用でも使われていることがわかってきた。

男性の1人利用については微妙な問題を含んでいる。当局からの規制もあり、近年店舗型の風俗店が減り、無店舗型といわれる形態が増加してきた。

店舗がないので営業のためにレジャーホテルを利用する業者が増え、男性1人でホテルへ入室し、派遣されてきた女性がその部屋を訪問するというスタイルのようだ。合法であれば問題ないのであるが、中には売春目的で利用されるケースもあるとのことで、レジャーホテルの中には、男性の1人利用を禁止しているホテルもある。

そうしたネガティブな話題ではなく、こんなホテル評論家のようなリサーチ目的の男性1人利用は珍しいだろうが、楽器の練習や執筆をしたり、ビデオオンデマンド*で映画を楽しむというケースもあるとのこと。確かに防音には優れているだろうから理解はできる。ビデオオンデマンドでいえば、一般のホテルは有料であるが、レジャーホテルでは無料の施設が多い。カップルで気兼ねなく大画面、大きな音で映画を楽しむというシーンは想像できる。

そんなことを考えつつ、池袋の『HOTEL X』へ。こちらも人気ホテルのようで、前々回の「ホテルドマーニ」に続き、明るさ、清潔感、トータルの雰囲気も含めて申し分ないホテルであった。ただし、ドマーニの立地が異色なのだろう、こちらはまさに池袋北口レジャーホテル街の中心に位置する。

総合得点
68
コスパpt
-

▼採点項目

立地	3
外観	4
エントランス	4
ロビー・フロント	28
パブリックスペース	16
客室	63
飲食環境	3
駐車場	2
全体特記事項	0

123pt／180pt

3月12日(水) 071／365

大分　大分　〈ミドル〉

ホテルフォルツァ大分

大分県大分市 中央町1-5-18 ☎097-513-0018
チェックイン14:00 チェックアウト11:00

本日の部屋 ダブル／812号室／インビテーション

5000円のLCCジェットで、大分へ飛ぶ。

全国ホテルランキング企画のオファーをいただいた。東京大阪をはじめ、札幌や福岡など大都市を対象にしたホテルランキング企画はよくみる。それ以外の、例えば北海道であれば札幌と札幌以外の道内、九州であれば、福岡と福岡以外の九州内、というランキングをしていくつもりだ。

ランキングは公平であるべきだ、という意見もあるが、ランキングなんて大なり小なり主観的な行為だと思う。人それぞれ、重要視するポイントは違う。どういったコンセプトや思想、というと大げさだが、考えでやっているのかを表明することが大切だと思う。365ホテル旅にとって、全国各地のホテルを確認できるこのような仕事はもってこいの企画だ。

めぼしいホテルは既に覆面取材を終えているが、執筆中のホテル本にも掲載したいこともあり、最終チェックと支配人への取材も兼ねていざ九州へ。

このようなケースではホテルから泊まる部屋を提供してもらう。これを「試泊」というが、どういったメディアでとりあげるのかもホテルにとっては大切なので、事前のアポイントは重要。

久々のLCCジェットスターで大分へ直行することに。

池袋から成田エクスプレスとは贅沢であるが、飛行機は5000円程度なので合計しても9000円ほど。飛行機5000円に対して電車で成田まで3000円くらい、というバランスは違和感もあるが「飛行機があまりに安い」のである。19時過ぎに大分着。

大分空港でレンタカーを借りて市内に着くと21時過ぎ。『ホテルフォルツァ大分』へ。もう時間は遅いのに、フロントスタッフの厚遇を受ける。明後日は系列の「ホテルフォルツァ博多」へ試泊の予定なので、ホテルフォルツァについてもそこで詳しく触れることにしたい。

総合得点
60

コスパpt
-

▼採点項目

立地	3
外観	4
エントランス	3
ロビー・フロント	20
パブリックスペース	14
客室	58
飲食環境	3
駐車場	2
全体特記事項	1

108pt／180pt

3月13日(木) 072／365

福岡　福岡　〈エコノミー〉

HOTEL LA FORESTA BY RIGNA

福岡県福岡市博多区博多駅東1-1-29 ☎092-483-7711
チェックイン14:00 チェックアウト11:00

本日の部屋 ツイン／509号室(リグナルーム)／インビテーション

ホテルらしからぬ、インテリアセンスに脱帽。

今回は大分1ホテル・博多2ホテルと、いずれもホテルからお招きいただいた試泊取材である。前夜は21時過ぎの到着にもかかわらず、ずっと待っていて下さった「ホテルフォルツァ大分」の支配人をはじめスタッフからの歓待。優しきホテルマンに疲れが吹き飛ぶ嬉しさ。流浪の旅人!? へ素敵な笑顔と優しい一言。置かれている状況がツラければツラいほど心の奥深くに刻まれる。ホテルって本当に素敵だ…。

大分から博多まで国道でチンタラ移動。夕刻雨の博多着。博多駅筑紫口から徒歩2分の好立地『HOTEL LA FORESTA BY RIGNA』へ。このホテルはその名のとおり、世界のデザイナーズ家具の販売や、インテリアコーディネートなどを手がける高名なインテリアショップ「リグナ」の手により、旧来の施設が見事に再生されたホテルだ。

リグナの小澤良介社長を介して、ホテル内に1室の「リグナルーム」をアサインいただいた。リグナが手がけたゲストルームということだけあり、実際使ってわかる調度品のクオリティは折り紙付きだ。リグナの特徴であるアンティークテイストや無垢材、モダンの融合、様々な顔を持つゲストルームが誕生、まさにホテルスタイルの多様化を具現している新しいホテルに感心した。

昨今、特にスモールホテルでは、ホテル専業デザイナーにとどまらない多様なアプローチでの打出しを得意とするプロ集団が手がける例が増えつつあり注目している。

コンビニで適当に買って夕食を済ませようと外出すると、ホテルに隣接するビルにモツ鍋屋があったので思わずイン。店内は1人だけで、ゆったりとおひとり様モツ鍋を堪能。美味しかった。でもやっぱりこうした料理はみんなでワイワイが楽しいと思う。

3月14日(金) 073／365

総合得点
71
コスパpt
-

福岡　福岡　〈ミドル〉

ホテルフォルツァ博多

福岡県福岡市博多区博多駅中央街4-16 ☎092-473-7111
チェックイン14:00 チェックアウト11:00

本日の部屋 ダブル／817号室／インビテーション

▼採点項目

採点項目	
立地	4
外観	4
エントランス	4
ロビー・フロント	29
パブリックスペース	18
客室	65
飲食環境	3
駐車場	2
全体特記事項	0

129pt／180pt

地方の小規模チェーンは、大いに進化中。

雨でなんとなくモヤモヤした福岡の街。なんとなくシャキッとしたくてホテルをアウトしスーパー銭湯へ。施設内になんとカキ小屋があった。焼きガキ大好きなので気になってしまう。福岡はカキ小屋が多い。

一昨日の「ホテルフォルツァ大分」に続く『ホテルフォルツァ博多』の試泊取材。大分の時から注目していたホテルチェーンがいよいよ博多へ進出。脅威の稼働率を誇る「地方の小規模チェーンにキラリと光るホテルあり」という持論にまさに当てはまるホテルチェーンだ。

プレミアム感を打ち出したビジネスホテルは、その感動的なインテリアから、家具のクオリティに至るまで、利用者目線の気遣いが感じられるのは大分も同様。女性にも人気であるというのがよくわかる。大浴場は併設されていないが、浴室のバスタブやアメニティの充実度でカバーしている印象。

同ホテルの経営会社である、エフ・ジェイホテルズのみなさまにご多忙の中大変丁寧な取材対応をいただいたが、365ホテル旅の話題になると、驚愕されつつ温かいお声掛けもいただく。こんな瞬間、よしっ頑張ろう！ と力がみなぎってくるのだ。ホテルマンの温かい言葉、ほんとうに嬉しい。

取材を終えてもまだ冷たい雨の博多。中洲までは出かける気にもなれず、そうだと思い出し、久々の「寿久」へ行ってみることに。

博多駅の裏通りにあるおひとり様居酒屋の鑑みたいなお店。店内へ入り冷蔵ケースで刺身なぞ物色するのも楽しい。レジのおじちゃんも元気だ。仕事帰りのサラリーマンに混じりカウンターで楽しくゆっくりしていると、博多にいるんだなあと実感できる。

博多駅至近の立地といい、気軽さといい、素晴らしいおひとり様居酒屋である。

総合得点
58
コスパpt
3.2

▼採点項目

立地	4
外観	2
エントランス	2
ロビー・フロント	23
パブリックスペース	17
客室	53
飲食環境	1
駐車場	3
全体特記事項	0

105pt／180pt

千葉　成田　〈エコノミー〉

東横イン成田空港

千葉県成田市取香560 ☎0476-33-0451
チェックイン16:00 チェックアウト10:00

本日の部屋 ツイン／224号室／7980円

陸の孤島で、結局自販機のカップラーメン。

九州ホテル取材も無事終えて帰京。帰りも大分空港からLCCにした。大分で借りたレンタカー返却もあり、戻ることに。高速道路は使わなかったので、途中道の駅で休憩。ご当地B級グルメだというモツ丼なるものを食す。うまい。

4日間の九州ホテル旅でお世話になったレンタカーを時間ギリギリで返却。大分空港からジェットスターで成田へ到着すると21時近く。

今夜は365ホテル旅的には「まだ使いたくない」けど仕方なく成田空港近くのホテルへ。空港から最も至近である印象の『東横イン成田空港』へ。広々としたツインルームだが、機能的なデスクまわりは東横インの特徴。

そんなに小さなホテルじゃないんだが、売店もコンビニもない陸の孤島。少し歩けばコンビニはあるが、夜も遅いし旅の帰り、そんな元気もない。

22時半を回っているが、ロビーにはチェックイン待ちの長蛇の列。空港へ到着した方々だと思われるが夕食はどうするんだろう。というかオノレの夕食を心配しなくては。食堂スペースでは、カレーライスやパスタなどのワンコイン(500円)メニューの提供があるようだが…残念ながら21時半ラストオーダーであった。

ハードな出張道中はせめて食事だけはキチンとしようと心がけてはいるが…カップヌードルが200円の自販機が唯一の命綱。200円とは…そんな命綱カップラーメン自販機で儲けようとするなよなぁ。

まぁ仕方ないのでその自動販売機で買うことに。やたら広々としたツインルームのテーブル&チェアセットですするカップラーメンに、更なる孤独感が増すホテルライフ。決してホテルの高級レストランで食べることが大切なのではない。でも、ホテルライフと食は密接な関係にあるのだと改めて思う。

総合得点
78

コスパpt
-

▼採点項目

立地	4
外観	5
エントランス	4
ロビー・フロント	31
パブリックスペース	20
客室	70
飲食環境	3
駐車場	3
全体特記事項	1

141pt／180pt

3月16日(日) 075／365

神奈川　横浜　〈デラックス〉

ホテルニューグランド

神奈川県横浜市中区山下町10 ☎045-681-1841
チェックイン14:00 チェックアウト11:00

本日の部屋 ツイン・スイート／339号室／インビテーション

時の歩みがつくった、クラシックホテルの空気感。

「東横イン成田空港」の無料送迎バスで一度成田空港へ戻る。このまま再び地方ホテル旅へ出発したいところでもあるが、都内での用事がパンパンに詰まっている。ちょうど池袋直行の成田エクスプレスに間に合う。

スカイライナーだと日暮里まで40分弱と速達性には優れるが、やはり大きなスーツケースを転がして山手線に乗り換えるのは面倒だ。成田エクスプレスの池袋直行は嬉しい、というか誘惑に負けたと言った方が正しいか。

1週間分の郵便物や洗濯やら書類整理など速攻で終わらせ、洗車しガソリン入れて横浜へ。ホテル本に掲載する関係で取材も兼ねて、あの伝統のクラシックホテルである『ホテルニューグランド』から光栄にも試泊のお招きをいただいた。

由緒ある本館のグランドスイートツインルームへ。ホテルのパブリックスペースはよく知った空間だが、客室へ一歩足を踏み入れるとその空気感に圧倒される。時の歩みがつくった空間である。いくら高級な材料を使おうが、最新の設備を導入しようが、この包み込むような空間の厚みはつくれるものではない。

窓の外は山下公園。天気も良く暖かな日曜日。観光客で賑やかだ。観光地のホテルはそこにいるだけでワクワクしてくるという効用がある。

夜は元町の「三郎寿司」へ。その昔横浜の山下町に住んでいた頃からなのでもう15年近いお付き合いだが、カウンター中心のお店、大将も奥様も話し好きなので、初めてのおひとり様でも間を持て余すことなく美味しい寿司が楽しめる。大将さぶちゃんは寿司職人歴なんと50年。しかも３６５日年中無休。

三郎寿司の後は山下町にある「４９１ＨＯＵＳＥ」へ。毎日ノーチャージでジャズライブが楽しめる。フードもお酒も接客も抜群、ビバ！ おひとり様ジャズタイム。

総合得点
31
コスパpt
3

▼採点項目

立地	3
外観	1
エントランス	1
ロビー・フロント	16
パブリックスペース	14
客室	18
飲食環境	2
駐車場	1
全体特記事項	0

56pt／180pt

東京　浅草　〈カプセル〉

ホテルカワセ

東京都台東区雷門2-19-14 ☎03-3843-4910
チェックイン15:30 チェックアウト10:00

本日の部屋 下段／319号／2200円

昭和な雰囲気のカプセルは、逆にマニア向け？

「ホテルニューグランド」の「ル・ノルマンディ」で供されるモーニングは抜群だ。こちらのスープは美味すぎて朝から唸る伝統の一品。

さて予定ピッチリの1日。首都高山下町から湾岸線で途中渋滞にヤキモキしながら新宿へ移動。10時半から日系ホテルのインバウンド対策についての取材。12時半に竹芝の「ホテルインターコンチネンタル東京ベイ」を経由して幕張へ移動。14時に「ホテル・ザ・マンハッタン」へ。出版するホテル本掲載のため、近年業績回復している秘密について取材。話が盛り上がり予定時間をすっかりオーバーしてのホテル談義。その後浅草へ移動。15時半に「浅草ビューホテル」へ。16時半には、365ホテル旅で新年早々に宿泊した「アゴーラ・プレイス浅草」で取材。支配人と広報と秘書の方に丁寧な出迎えを受ける。「この度はありがとうございました」と。「本日発売の『東洋経済』ホテル特集で当ホテルをご推薦下さったことを拝見しました！」とのこと。「あっ、そうなんですよね～（まだ雑誌も見ていないし内容も把握していないが）」と。

そんな都内グルグルの一日を終えると疲労感。浅草で夕食を済ますと夜。そのまま浅草のカプセルホテルへチェックイン。滞在時間は短いだろうからと激安2200円の『ホテルカワセ』へ。エントランスにはじまり、館内の掲示板やプレートに至るまで、昭和を感じる。その手が「好きな人」にはたまらないクオリティである。小学校時代の記憶に残るようなトイレも懐かしささえ感じる。そんな雰囲気なので、宿泊者が利用できるパブリックスペースに置かれたパソコンが、超近代的に見えるのであった。

肝心のカプセルは、一般的な入口から奥へ向かって細長いタイプではなく、そのままゴロンと横になれるような横長タイプ。こちらの方が便利だが独立感は少ない。

総合得点
53

コスパpt
3.3

▼採点項目

立地	3
外観	2
エントランス	2
ロビー・フロント	22
パブリックスペース	15
客室	50
飲食環境	1
駐車場	2
全体特記事項	0

97pt／180pt

東京　湯島　〈エコノミー〉

ホテルリンデン

東京都文京区湯島3-5-10 ☎03-3834-5566
チェックイン13:00 チェックアウト11:00

本日の部屋 ダブル／407号室／5000円

湯島にあっても、レジャーホテルではない！

365ホテル旅、レジャーホテルの利用にも慣れてきた。事前にそうとわかっていれば問題はないが、一般の宿泊予約サイトでビジネスホテルと思って予約したのに、行ってみたら何だか雰囲気が違うぞ？ というケースもある。そんな「越境型」ともいえるホテルにも、365ホテル旅では注目してみたい。

『ホテルリンデン』は、湯島のラブホテル街にあるということからも、越境型を覚悟して向かった。もちろん予約は有名な宿泊予約サイトからである。客室の窓が大きくとられている一般的なホテルとは異なり、外観はまさにレジャーホテルの雰囲気だ。

しかし一歩ホテル内へ入ると、開放的な広いロビーには白いソファが配されておりオシャレ。打ち合わせもできそうな雰囲気。ロビーで打ち合わせ…レジャーホテルの雰囲気ではないことは確かだ。チェックインしようとすると、綺麗でオープンなフロントには笑顔のスタッフが立っている。もちろん宿泊カードへ住所、氏名の記入をする。う〜ん、先入観を持っていただけに、何となく違和感であるが、どんな部屋なのかますます気になってしまう。早速エレベーターへ乗り込む。廊下も大理石の床で豪華。このあたりはレジャーホテルのクオリティだ。

部屋へ入ると…おっ、これはやっぱりレジャーホテルの雰囲気そのままである。大きく取られたバスルームスペース、中はテレビ付きのジェットバス。ベッドサイドには様々なシーンを演出する照明スイッチパネル、そして2つ並べられた枕。

宿泊予約サイトの口コミを確認すると概ね評判が良く、誰からもレジャーホテルだというクレームはない。確かにレジャーホテルの特徴であるアメニティのハンパない豊富さは嬉しい。ハテここがどっちかといえば、ホテル評論家、毎日が勉強、否修行である。

3月19日(水) 078／365

総合得点
46
コスパpt
3

東京　池袋　〈エコノミー〉

ホテル昌庭《しょうてい》

東京都豊島区池袋2-32-4 ☎03-3989-8868
チェックイン15:00 チェックアウト11:00

本日の部屋 シングル／106号／6500円

▼採点項目

採点項目	
立地	2
外観	2
エントランス	2
ロビー・フロント	18
パブリックスペース	15
客室	42
飲食環境	2
駐車場	1
全体特記事項	0

84pt／180pt

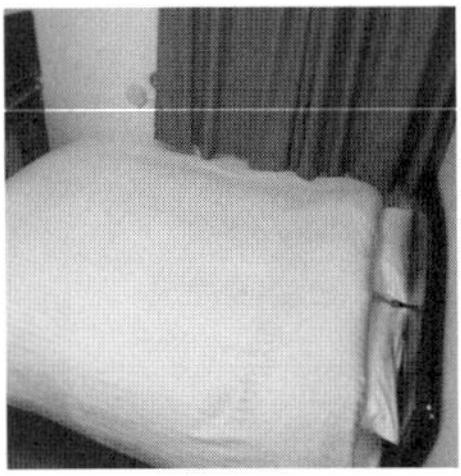

池袋北口、外国人に愛されるホテルが結集。

レジャーホテルのような、そうでもないような湯島のホテルをアウトして、神妙な気分で帰宅する。ホテルは進化し続けている。追いつくのが大変だ。

ところで、東京でレジャーホテルの本場といえば、新宿歌舞伎町や、鶯谷、渋谷円山町などが有名であるが、池袋北口も相当に密集していることは既に見てきた。そんな北口も「ロサ会館」を挟んで道路向こうになるとレジャーホテルはまばらになるが、安価な外国人向けのホテルやカプセルホテルもあってなかなか興味深い。

今夜は池袋西口で用事があったので、そんなホテルを利用してみることにした。池袋郵便局前の交差点から更に西側へ歩き、道路が狭くなったところに位置する『ホテル昌庭』である。

建物外観はガラスが大きく切られ明るい雰囲気だ。ガーデンチェアも置かれ、オープンテラスの雰囲気すら醸し出している。

ロビーには壁伝いに白いソファが長く連なり、オシャレなイスも置かれている。外国語の掲示が多いことや低廉な料金体系などからも、外国人のバックパッカーにも利用されているような雰囲気である。実際外国人を多く見かけた。

スタッフの女性は親切で優しい。一方部屋は狭い。ベッドで一杯のスペースとシャワー&トイレのユニット。トイレに座ってシャワーを浴びるようなスペースなので、トイレの便座にはシャワー水がモロ直撃する環境ゆえ温水洗浄便座は望むべくもない。

低廉な料金並みの部屋といったところであるが、これで6500円とは昨今続いている東京ホテル料金高騰の余波を感じる。

館内で会う外国人はみな陽気だ。池袋北口の低廉なホテルが外国人客に好まれているというが、異国を感じずにはいられないホテルライフであった。

総合得点
48
コスパpt
3.2

▼採点項目

立地	3
外観	2
エントランス	2
ロビー・フロント	18
パブリックスペース	14
客室	45
飲食環境	2
駐車場	2
全体特記事項	0

88pt／180pt

3月20日(木) 079／365

埼玉　川口　〈エコノミー〉

川口ステーションホテル

埼玉県川口市栄町3-2-8 ☎048-252-0482
チェックイン15:00 チェックアウト10:00

本日の部屋 シングル／306号室／5000円

車で移動なら意外に近い、郊外ホテルに注目。

東京都内、特に23区内は公共交通機関が便利と思いきや、都心と郊外の行き来には利便性高き手段が多い反面、郊外を放射状にグルっと行き来するには不便この上ない。

例えば自宅のある練馬から北区の赤羽なんて、車なら環状8号線1本だが、鉄道であれば一度池袋まで出てから埼京線に乗り換えなくてはならない。

特に都心のホテルが高騰しているこの時期、ちょっと郊外のホテルが現実的であり、積極的に利用したいと思うところ、やはり車での移動が便利だ。板橋区や北区辺りまでなら地図が頭に入っているので距離感もつかめているつもりだが、川を渡り埼玉県に入ると未知であり、車でも遠いのではないかという先入観がある。

今日は川口駅近くのホテルにしてみたが、これが意外に近い。赤羽からも至近だ。特に夜遅い時間であれば道路も空いており、30分もかからず到着できた。

少し古い印象の外観である『川口ステーションホテル』へ。ロビーも昭和的ゴージャスさが残る。

廊下にも重厚な額の絵画が飾られており、ビジネスホテルの利便性、機能性といったイメージはない。

最近はシングルルームでもセミダブルベッド、あるいはダブルベッドが置かれているケースを多く見かけるようになったが、リアルなシングルベッドが置かれているのを見ると妙に細長く感じるのは、そんな弊害か。

壁紙はキレイに張り替えられているが、温水洗浄便座が設置されていないことなどからも、少し古いイメージのビジネスホテル部屋といった印象が残る。

とにかく、川口駅から近い立地は便利である。ホテルはそれなりの古さだが、スタッフの丁寧な対応にとても救われた思いがした。

総合得点
39
コスパpt
3.7

3月21日（金・祝）080／365

埼玉　川越　〈カプセル〉

カプセルイン川越

埼玉県川越市脇田町18-3 ☎049-223-3211
チェックイン17:00 チェックアウト10:00

本日の部屋 下段／083号／3100円

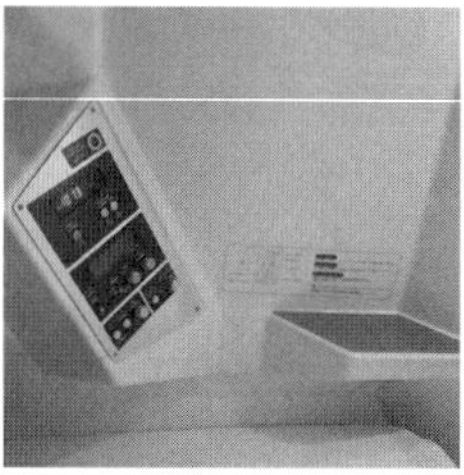

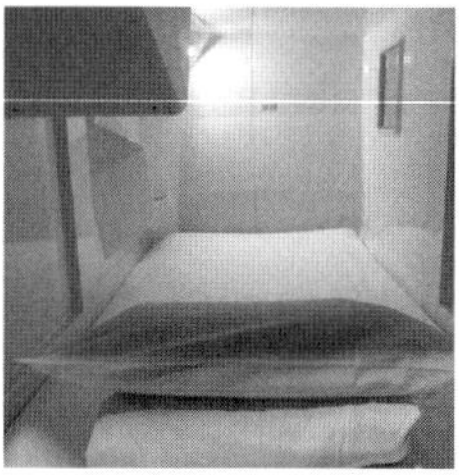

▼採点項目

立地	3
外観	2
エントランス	2
ロビー・フロント	20
パブリックスペース	20
客室	19
飲食環境	4
駐車場	1
全体特記事項	0

71pt／180pt

カプセルホテルでも、十分なワーキングタイム。

祝日の金曜日、恵比寿の「ウェスティンホテル東京」へ。365ホテル旅なら嬉しいところであるが取材である。担当者と同ホテルの人気の「龍天門」で美食を堪能、ホテル談義に花が咲いた。

そのまま宿泊していきたいところであるが、3月末の金曜祝日、とんでもない料金に高騰している。365ホテル旅、月の予算は概ね15万円としており、もちろん自腹であるゆえにコスト意識は高い。どうしてもこの日に泊まるという理由はない。同じホテルに泊まるなら、一番安い日に泊まりたい。

365ホテル旅では、高級ホテルの、それもスイートルームなんて日もあるが、それはホテルからお招きいただいたインビテーションがほとんど。インビテーションではあるが、365ホテルとしてそんな部屋が利用できるのは比較対象という意味でもありがたい。

しかし、そのような高級ホテルばかり自腹利用していたら15万円なんて数日で浪費してしまうであろうし、有名な高級ホテルは世に情報が溢れている。我一隅を照らすホテル旅だ。なんていろいろ能書き書いたが、そりゃ良いホテルばかりに泊まりたい。悔しいだけなのである。

夜は川越で用事があったので、川越最安値の『カプセルイン川越』へ。昼間はウェスティンホテルのラグジュアリー感にヤラレ、夜は川越の最安値カプセルホテルのサウナで別の意味でヤラれる至福。この落差に更に別の意味で（体力的に）ヤラれるのである。

こちら、人気のあるカプセルホテルのようで、お客であふれている。館内は至って清潔感がありキレイ。サウナも熱々でたまらん。仕切りのあるワーキングデスクも設置されており、仕事もはかどる。周囲の飲食店もバラエティ豊かで、充実のカプセルホテル時間を過ごすことができた。

総合得点
66
コスパpt
3.5

▼採点項目

立地	4
外観	4
エントランス	3
ロビー・フロント	27
パブリックスペース	18
客室	58
飲食環境	3
駐車場	2
全体特記事項	0

119pt／180pt

栃木　小山　〈エコノミー〉

イーホテル小山

栃木県小山市中央町3-5-11 ☎0285-24-5833
チェックイン15:00 チェックアウト11:00

本日の部屋 シングル／607号室／6800円

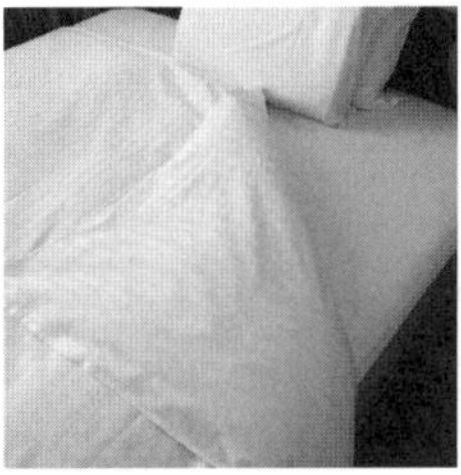

都内のホテルが高すぎて、栃木県に脱出。

３６５ホテル旅も80ホテルを超えた。２０１４年早くも80の施設を利用していることになる。まだまだ先は長い。長距離ランナーの気分である。

今日は3月の終わりで土曜日、都内のホテルレートがバカ高く、車で栃木県小山市へ逃げてきた。土日で高速も安い。市街地へ到着するも何だか寂しい。市街地の空洞化である。風俗店などの看板が多く、ソッチの活気はあるようだ。

週明けが締め切りの、集中してやらなくてはいけない原稿があったので、仕事のしやすそうな『イーホテル小山』へチェックイン。

ダブルサイズでデュベスタイルのベッドと、仕事のしやすそうなワーキングチェアが機能的に配されている。ベッドに横になってみるとなかなかの寝心地。イーホテルはビジネスホテルチェーンだが、これまで利用経験はなかった。イーホテル、好印象でその名の通りである。そんな、ベッドに誘われるが、仕事はたんまり残っている。

さて、仕事をしようと部屋へ入りバッグを開けると…やってしまった、ノートパソコンの電源アダプターを忘れてきた！　こうなるとパソコンはただの重たい箱である。過去にもこのようなことはあったが、この場合にはチェックアウトして帰宅するパターンとなる。

ところが、なんのなんの心配ご無用。以前の教訓から、予備のアダプターを1つ車に積んでおいたのである。駐車場はホテル提携の大型駐車場でホテルからは少し歩くが、アダプターが手に入るのであれば近い近い。

快適なワーキングチェアに助けられ、部屋でずっとデスクワーク。せっかく駅から近いホテルなのに、小山グルメ訪問とはならず部屋でコンビニ夕食となった。せっかく小山まで来たのに。いや、３６５ホテル旅、ホテルにいることもまた目的である。本望なのである。

総合得点
62
コスパpt
3.6

▼採点項目

立地	4
外観	4
エントランス	3
ロビー・フロント	25
パブリックスペース	18
客室	52
飲食環境	3
駐車場	3
全体特記事項	0

112pt／180pt

3月23日(日) 082／365

東京　多摩　〈デラックス〉

京王プラザホテル多摩

東京都多摩市落合1-43 ☎042-374-0111
チェックイン14:00 チェックアウト11:00

本日の部屋 シングル／603号室／5980円

デラックス枠ではあるが、いろいろ微妙…。

ホテルに泊まるだけだったら何処でもいいじゃん的に向かった小山から朝帰宅。昼過ぎまで自宅書斎で出版するホテル本のゲラと格闘。

午後は多摩センター駅からペデストリアンデッキで結ばれている『京王プラザホテル多摩』へ。宿泊予約サイトではデラックス区分のホテルである。

デラックス区分とはいえ、以前からスタンダードシングルについては惨憺たるものであった。でも長年にわたりこのホテルの同客室を利用しているのは、この地域に「他にホテルがないから」である。競争は大切だ。

ところが昨夏リニューアルしたらしく「改装済客室プラン」と大きく書かれていたので来てみることに。あまりヤル気が感じられないレセプション女性スタッフに「いつ改装したのですか?」と問うと「数年前ですかね〜」と。

客室に入ると確かにカーペットや壁紙はリニューアルされているが、こちらにも既にヨゴレやシミがあるし、以前のままのベッドカバーはほつれ、調度品はそのまま。1人掛けソファなどは生地がすり切れている。

これを改装済プラン！ と大きく打ち出していることには宿泊者として憤るが、何よりインターネット利用の際、ジャックがなぜかベッドサイドにあり、デスクまで長いＬＡＮケーブルを横断させるところ、客室に備えられているＬＡＮケーブルの長さがあと少しデスクまで届かないという、こちらは全く改善されていないホテルの姿勢が如実に現れている妙。無線ＬＡＮは導入されていた。

少なくとも、こちらのスタンダードシングルルームに関しては、デラックス区分から外してほしいと思った。

夕食は向かいの「イトーヨーカドー」で割引きされたお惣菜を買い込み、缶ビールで乾杯。

総合得点
40
コスパpt
3.8

▼採点項目

立地	5
外観	3
エントランス	3
ロビー・フロント	21
パブリックスペース	18
客室	20
飲食環境	2
駐車場	1
全体特記事項	0
73pt／180pt	

3月24日(月) 083／365

東京　飯田橋　〈ホステル〉

東京セントラルユースホステル

東京都新宿区神楽河岸1-1セントラルプラザ18F ☎03-3235-1107
チェックイン15:00 チェックアウト10:00

本日の部屋 4ベッド／1816D／3360円

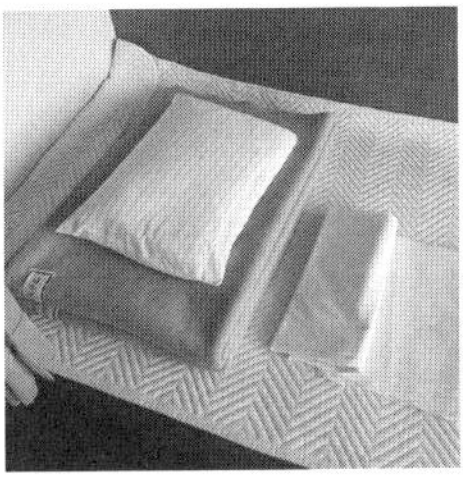

清潔、便利、日本のユースホステルは優秀。

カプセルホテルは法律上「簡易宿所」といわれる。大きな部屋にカプセルタイプのベッドが並べられているという考えだ。ゆえにカプセルは部屋ではなく鍵はかけられない。ところで、簡易宿所はカプセルホテルだけではない。「ホステル」「ゲストハウス」といわれる形態も人気だ。日本におけるゲストハウス等のオーソリティでもある友人の向井通浩さんと話をすると、「同じ部屋に二段ベッドなどが並び数人で一室をシェアするのだが、もちろん料金は格安で、バックパッカーといわれる旅行者にも人気である」という。「個」を重視するゲストには難しいだろうが、同じ空間で寝るということは、連帯感も生まれ、旅の情報交換や思いがけない出会いが生まれるのもまた魅力だという。特に日本のホステル、ゲストハウスといわれる施設は清潔感や利便性でも優れているところが多いともいう。

今日はそんな向井さんの言葉を思い出し、天気が良くて暖かいので（なんだその基準は）東京都心にある『東京セントラルユースホステル』へ出向いてみた。

駅と直結した立派なビルの18階にあり、ユースホステルというイメージとは違い少々戸惑う。そんなビルにあるので眺望も抜群、開放的なロビーにはソファやオシャレなテーブル&チェアが並ぶ。「旅館業法第6条に基づく」（と印刷された）ゲストカードに住所・氏名・電話番号を記入。指定された部屋の指定されたベッドへ向かう。二段ベッドが2台とソファ、ローテーブルが置かれた部屋の大きな窓からは都心の眺望。いいじゃんいいじゃん！これはかなり好感度高い。

外国人客が多いのだろうかという予測は見事外れ、日本人客が多い。同室の男性も日本人であった。最初に話しかけるまでがちょっと気をつかうが話しかけてしまえばお互い旅人（こちらはちょっと特殊であるが）話は弾む。

総合得点
38
コスパpt
3.5

▼採点項目

立地	3
外観	2
エントランス	2
ロビー・フロント	19
パブリックスペース	19
客室	20
飲食環境	3
駐車場	1
全体特記事項	0

69pt／180pt

3月25日（火）084／365

東京　新宿　〈カプセル〉

カプセルホテル新宿510

東京都新宿区歌舞伎町2-40-1 ☎03-3200-6151
チェックイン15:00 チェックアウト12:00

本日の部屋 下段／520号／2600円

都会のカプセルは、客のモラルも高いぞ。

　案の定というかなんというか、カプセルホテルについての取材オファーが。３６５ホテル旅でカプセルホテルを多く利用しているからなのだとか。まだまだ甘いぜ、２０１４年東京都内のカプセルホテル全店舗制覇を目論んですらいる。まっ、そんなわけで次の地方遠征までの間にカプセルホテルを集中的に利用しておこうと思う。

　デラックスホテル↓デラックスホテル↓カプセルホテルという落差にヤラれるが、カプセルホテル↓カプセルホテル↓カプセルホテルは意外に楽だ。日中は自宅へ戻ったりオフィスで仕事したりということもあり、カプセルホテルへ泊まりに行くという意識よりも、１日の仕事を終えて、カプセルホテルのサウナで汗を流し、繁華街でちょっと飲んで、カプセルホテルでそのまま寝る、っていう感じだ。飲んで満員電車に揺られて帰宅することを考えると精神的にも良い。

　新宿歌舞伎町は場所柄カプセルホテルは多いが、その中でも低廉な料金で人気の『カプセルホテル新宿５１０』へ。「ラーメン二郎」の歌舞伎町店でニンニク抜いたというのも、カプセルホテルで他人様に迷惑をかけることのないようにであるが、かようにカプセルホテルでは公共性が問われる。既に様々な地区のカプセルホテルを利用してきて言えることは、繁華街にあるカプセルホテルのレベルは高いということに加え、繁華街ではない独立系のカプセルホテルに行くとやたら注意書きが張り出されているのを見かけるということ。利用者のモラルは繁華街のカプセルホテルほど意外にも高いということも感じつつある。多くの人が利用するから、システマティックになっているのだと思うが、こちらも２６００円とは思えないレベルの高さ。更衣ロッカーのスペースも広いし、窓のとられたカプセルルームは明るい雰囲気。カプセルホテル旅は続く。

総合得点
38
コスパpt
3.5

▼採点項目

立地	3
外観	2
エントランス	2
ロビー・フロント	20
パブリックスペース	20
客室	19
飲食環境	3
駐車場	1
全体特記事項	0

70pt／180pt

東京　池袋　〈カプセル〉

池袋ホテル&カプセル　オアシス

東京都豊島区池袋2-7-3 ☎03-5953-1637
チェックイン15:00 チェックアウト12:00

本日の部屋 下段／666号／2790円

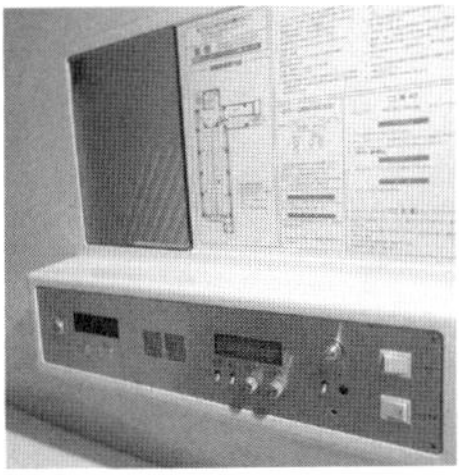

ホテルとサウナとカプセルが、同じビルに。

新宿歌舞伎町は一定地区にカプセルホテルが多いところ。立地はバラけてはいるものの池袋も全体としてはカプセルホテルが多い。

東京都内には50軒ほどのカプセルホテルがあるといわれているが、既に16軒のカプセルホテルを利用してきた。カプセルホテルのオーソリティになる日も近いか。

池袋北口の大きな通りに目立つ「蒙古火鍋」の看板、こちらのお店は何度か出向いているが、同じビルにある『池袋ホテル&カプセル　オアシス』が以前から気になっていた。

一般のホテルとカプセルホテル、サウナがビル内の別のフロアに入居するスタイル。もちろんエレベーターで行き来できる。サウナだけだったら90分990円と、この地区にしてはかなり安い。ホテルの受付は8階。到着すると既にかなり酩酊状態のおじさんがチェックインしようとしてお断りをくっている。

遅くまで飲んで酔っぱらったからこそのカプセルホテル利用というイメージもあるが、あまりに酔っていてのサウナは危険であるし、カプセル内を汚されたりする心配もあるのだろうか。アルコール自販機も使用中止になっていたのは偶然か。まっ、普通のホテルもカプセルホテルもスマートに利用したいものだ。

と、正論カマしたところで、今日のオノレは酔ってもいないし、利用目的も違うが、もし酔って終電逃してチェックインしようとお断りくったら、ムカっとするかもしれないな。

それはそうと、肝心のカプセルホテルであるが、全体的に古い印象。カプセルスペースや洗面スペースは明るく清潔感はある。場所もいいしリニューアルしたらいいのになぁと思うも、古いコインゲーム機やスロットマシーンが置いてあったり、ちょっと昭和の雰囲気を残しているのもこのホテルの味なのかもしれない。

総合得点
35

コスパpt
3.3

▼採点項目

立地	3
外観	2
エントランス	2
ロビー・フロント	19
パブリックスペース	16
客室	18
飲食環境	3
駐車場	1
全体特記事項	0

64pt／180pt

3月27日（木） 086／365

東京　赤坂　〈カプセル〉

かぷせるイン赤坂

東京都港区赤坂6-14-1 ☎03-3588-1811
チェックイン17:00 チェックアウト10:00

本日の部屋 下段／225号／3000円

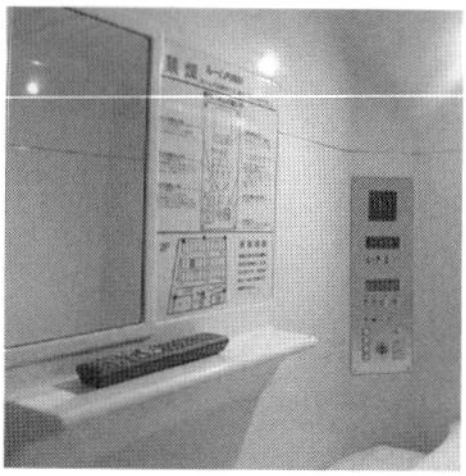

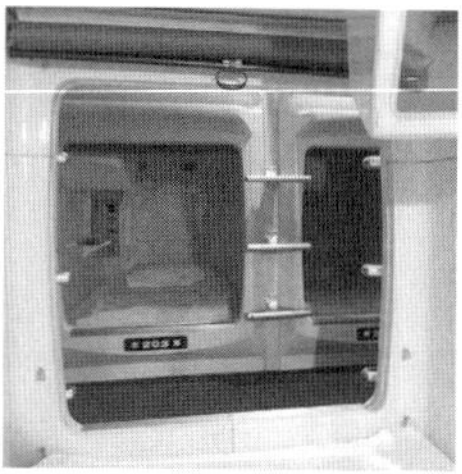

赤坂でこの料金は、カプセルの面目躍如。

カプセルホテル旅は続くよ。都内をグルグルしているこれを旅と呼べるかといえば疑問だが、意外な発見や様々な得難い体験という意味では、かなりレベルの高い「旅」である。「旅は発見」、どこかで聞いたフレーズであるが、発見なら東京のカプセルホテルも負けてはいない。

ところで、カプセルホテルは簡易宿泊営業の区分で、法令上大浴場の要請がありサウナも併設されているケースが多く、サウナへ行ったりカプセルゾーンへ行ったり、館内をうろつくためには一種の目印として館内着に着替えなくてはならない。

この館内着が安っぽいのなんの、ファッション性など全くなく、自身体格が良いのでパツパツ。他のオッサンらも着ているからいいようなものの、恥ずかしくてSNSで写真など公開できない（公開するという前提がおかしい）。

カプセルホテルの更衣室でパツパツの館内着に着替える瞬間、仕事とはいえ日々とても貴重な経験をさせていただいてるなぁと感慨深くすらなる。ありがたいことだ。

今日は都心港区赤坂の『かぷせるイン赤坂』。オシャレなイメージの東京都港区、そのイメージはカプセルホテルに敷衍されているわけではない。全体的には少し古いイメージの館内だ。

トイレも温水洗浄便座ではなかった。しかし、水回りなどがキチンと掃除されておりメンテナンスは行き届いているようだ。

カプセルスペースは何となく暗い印象だが、反面カプセル内は清潔で明るい。喫煙スペースがキチンと分離されているのも好印象だった。いずれにせよ都心港区赤坂、この料金で利用できるのは嬉しい。とはいえ、赤坂の繁華街からは少し離れた立地。外出はせず、そのまま寝ることに。

総合得点
35
コスパpt
3.3

▼採点項目

立地	3
外観	2
エントランス	2
ロビー・フロント	19
パブリックスペース	15
客室	18
飲食環境	3
駐車場	1
全体特記事項	0

63pt／180pt

3月28日(金) 087／365

東京　上野　〈カプセル〉

カプセルきぬやホテル上野店

東京都台東区東上野2-15-9 ☎03-3833-1924
チェックイン14:00 チェックアウト10:00

本日の部屋 上段／666号／2900円

新宿、池袋に次ぐカプセルの宝庫、上野。

新宿や池袋と並んで上野もカプセルホテルが多い地区。カプセルホテルだけに限らず、上野から浅草方面も含めると、いわゆる「安宿」が密集する地域でもある。浅草は外国人観光客に人気の観光地なので、安宿を求める外国人旅行者にはマッチしているともいえる。今となっては新幹線が通過駅となった上野駅は、元々東北や上信越方面からの長距離列車が発着した駅。今では駅ビルも整備され、すっかり明るい雰囲気になってはいるが、一昔前はどことなく混沌とした空気がある駅であり街だった。

そんな上野駅からガード下を御徒町方面に貫く「アメ横」は商店街として名高いが、ビジネス旅館という表現がマッチするホテルも散在する。街歩き的に上野は面白い街で時々散策するが、この通りにある「きぬや本館」は以前から気になっていた旅館。アメ横ではないが、不忍池のほとりに「きぬやホテル」があり、あの昭和然とした雰囲気は一定以上の世代には懐かしいという方も多いのではないだろうか。そのきぬやでカプセルホテルもやっていることを知り出向いてみた。最初勘違いしてきぬや本館のフロントへ。忙しそうにしているフロント氏へ「カプセルに泊まりたいのですが」と言うも客の顔を見ず「名前は?」というので名乗ると「そんな予約はない」の一点張り。再度「カプセルを利用したいのですが」と言うと、「ここじゃないよ」と地図の印刷された紙を1枚渡される。この間、客の顔をみることは一度もなかったフロント氏。客の話すら聞けない一方通行マニュアルで押し通すフロント氏だ。

肝心の『カプセルきぬやホテル上野店』はアメ横から外れ、中央通りを渡り東上野地区にあった。こちらのフロント氏は普通だった。ホテルも普通。可もなく不可もなく。すまん、カプセル同様にこのスペースも限られている。

総合得点
61

コスパpt
3.9

▼採点項目

立地	5
外観	3
エントランス	4
ロビー・フロント	22
パブリックスペース	17
客室	56
飲食環境	2
駐車場	2
全体特記事項	0

111pt／180pt

千葉　千葉　〈エコノミー〉

東横イン千葉みなと駅前

千葉県千葉市中央区中央港1-23-1 ☎043-301-1045
チェックイン16:00 チェックアウト10:00

本日の部屋 シングル／319号室／5980円

「駅前」と、名前にあるホテルは要チェック。

早朝上野のカプセルホテルから帰宅。すっかり春の陽気。午前中は自宅で掃除洗濯など。午後は週刊誌などからの取材依頼の調整など。そして明日から北海道ということでパッキング。この時期の北海道行きは洋服に悩む。今年最後のコーデュロイパンツ？ いや、もう綿パンでしょ～とか、コートはさすがに薄物、夜はやっぱりマフラーくらいは持っていくか？ とか、手袋はさすがにいらないでしょう、などなど既に半袖の人がいる東京では、その準備に混乱する。

夜は根津で会議。そのまま千葉へ。明日昼前の飛行機で成田から札幌へ向かうので前泊、いや明朝自宅から向かっても間に合うのだが、365ホテル旅、春休みの最後の土曜日ということで都内ホテルは軒並み満室で泊まるところがない。成田空港周辺も満室。こういう日は京成線沿線も外して千葉市が穴場である。成田までもJRで割と近い印象。とはいえ朝の段階では千葉市内も満室だった。しかし、こういう日でも日中の12時から14時の間に空室が出ることが多いので再度チェックすると、京葉線駅前の『東横イン千葉みなと駅前』に2室空きが出ていた。1室押さえ滑り込みセーフ。

それにしても京葉線の東京駅は本家東京駅から遠い。重たいスーツケースを転がして歩いたものだから余計遠かったのだが1㎞くらいは歩いただろうか。「有楽東京町駅」という名前にしたらどうか。京葉線に揺られて到着。千葉みなと駅前という名のとおり、駅ロータリー前に立地。駅には遅くまでやっているスーパーもあり最高に便利だ。ビジネスホテルの近くにコンビニや夜遅くまでやっているスーパーがあるとホテルの利用価値も大幅にアップする。ホテルのロビーには、他の東横イン店舗と同様にパソコンにプリンター、電子レンジ、部屋にはズボンプレッサー。揃っているホテルだ。

総合得点
67
コスパpt
4.1

▼採点項目

立地	3
外観	4
エントランス	4
ロビー・フロント	25
パブリックスペース	18
客室	63
飲食環境	3
駐車場	2
全体特記事項	0

122pt／180pt

3月30日(日) 089／365

北海道　札幌　〈エコノミー〉

JRイン札幌

北海道札幌市中央区北5条西6-1 ☎011-233-3008
チェックイン15:00 チェックアウト10:00

本日の部屋 シングル／309号室／4400円

千葉駅で、全治1か月の流血の惨事！

　千葉のホテルで目覚めた雨の朝。成田空港発11時45分のバニラエア札幌行き。急な仕事に時間がとられチェックアウトが遅れ千葉駅で走る走る。しかし改札から一番遠い9番線だ。発車のベルが聞こえる。これを逃すと次の成田空港行きは30分以上後。飛行機に間に合わない！20kgのスーツケースを持ち上げ階段を駆け上がる。ドアが閉まる直前駆け込みセーフのタイミングだったが、ホームに立った瞬間、脚の力が抜け顔面から地面に俯せに倒れてしまった。再び立ち上がろうとするも脚の力が入らずまた倒れる。子鹿は生まれ落ちた瞬間に脚をプルプルさせて立ち上がろうとするが、まさにアレである。無情にもドアが閉まり発車する成田空港行き快速。体全体の力が入らずホームに俯せ状態。否、向かいホームの電車の乗客やホームにいる人々の視線を完全に一身に集めているので、向かいの電車が発車するまで臥せていようという計算。起き上がらない大男に、駅員が駆け寄る。「大丈夫ですか？ 顔から血が出てますよ！」。千葉駅のホームで大男2度倒れる！ 流血事件発生!! である。

　かろうじて夕方の便を差額2000円で変更完了。改めて事態を確認。倒れた瞬間体を支えた手のひらを負傷。筋を違えたのか右腕が上がらない。普通にしている分には痛みはないが、右腕を伸ばしたり上げたりできない。

　20時過ぎに札幌着。とにかくいろいろあった一日。憔悴しきっていたので駅至近の『ＪＲイン札幌』へ。以前から気になっていた人気のホテル。とにかく寝ることに。深夜、痛みで目覚めるもデスクへ。月曜締め切りの原稿を終わらせなければならなかったので無理をしてキーボードを打つ。ＪＲイン札幌の機能的なワーキングデスクとデスクスタンドに助けられる。それにしても痛ててて。スーツケースも引っ張れない右腕。

総合得点
61
コスパpt
4

北海道　札幌　〈エコノミー〉

スーパーホテル札幌すすきの

北海道札幌市中央区南6条西2-8-1 ☎011-521-9000
チェックイン15:00 チェックアウト10:00

本日の部屋 シングル／612号室／3300円

▼採点項目

立地	4
外観	3
エントランス	3
ロビー・フロント	24
パブリックスペース	16
客室	54
飲食環境	4
駐車場	2
全体特記事項	0

110pt／180pt

負傷後の右腕に優しい、暗証番号式キー。

右腕の肘が腫れてきた。病院へ行った方がいいかと考えるが、湿布を貼ったら楽になってきたので、朝からホテルで打ち合わせなどこなす。とりあえず札幌の予定は終了。時間もなかったので10時開店の札幌駅の北大口にあるラーメン店「味の時計台」でランチ。魅力的すぎな糖質制限的にはありえないバターライス付きを選んでしまう。

特急で昼前に深川着。経営コンサルタントとしてこちらでは最後の仕事。昨年秋にホテル評論家として専業になったので、これまで続けてきたコンサルタントの仕事は新たな仕事は受けなくなった。

深川の仕事を終えて札幌へ戻ろうと深川駅へ戻ると、札幌と旭川間を結ぶ特急スーパーカムイの20分後に、網走から来る特急オホーツクが到着するとのこと。スーパーカムイに比べて自由席が少なかろうが、ついオホーツクを選んでしまう(鉄ネタ)。

天然温泉大浴場のある『スーパーホテル札幌すすきの』へチェックイン。天然温泉で右腕を労ることに。打ち身捻挫にも効果があると書いてあり、気分的にも何となく楽になったような気もする。それよりも何よりも、スーパーホテルは鍵がない。プッシュボタンの暗証番号式キーだ。腕を負傷した人間にとってこれは重要なポイントだ。右手で鍵を回すのも難儀なホテル旅男に優しいプッシュボタン式キーである。

スーパーホテル札幌すすきのは、その名の通りススキノの中心部に位置する、ススキノでの夜遊びには格好の立地。2軒ハシゴするがやはり右腕の痛みが気になってしまう。

病院へ行ったらきっとアルコールは禁止と言われるのだろうなぁと、悪いことをしてしまうのも人の性である、なんてブツブツ言いながら馴染みのバーで、ロックグラスを傾ける。

4月 April

4月のトータル宿泊料
¥171,330
累計 ¥625,100

91	1日	東京 京橋	ファーストイン京橋
92	2日	埼玉 大宮	パークプラザ大宮
93	3日	東京 赤羽	サンライズ･イン赤羽
94	4日	青森 弘前	津軽の宿弘前屋
95	5日	青森 青森	リッチモンドホテル青森
96	6日	秋田 横手	ホテルプラザアネックス横手
97	7日	福島 郡山	ホテルプリシード郡山
98	8日	埼玉 所沢	ホテルモンフレール
99	9日	東京 大森	シーサイドイン大森
100	10日	愛知 名古屋	ホテルミラージュ
101	11日	東京 浅草	スマイルホテル浅草
102	12日	東京 池袋	ビジネスホテル三番館
103	13日	神奈川 箱根	仙石原品の木一の湯
104	14日	東京 上野	カプセル&サウナ センチュリー
105	15日	長野 長野	ホテルメトロポリタン長野
106	16日	群馬 高崎	アパホテル高崎駅前
107	17日	東京 巣鴨	サウナ&カプセル サンフラワー
108	18日	東京 大塚	ホテル ビアンカ ドゥエ
109	19日	東京 新宿	ホテルセリオ
110	20日	京都 京都	糸屋ホテル
111	21日	滋賀 大津	ロイヤルオークホテル スパ&ガーデンズ
112	22日	京都 京都	アルモントホテル京都
113	23日	東京 新宿	新宿ビジネスホテル
114	24日	東京 上野	カプセル&サウナ オリエンタル
115	25日	東京 新宿	サウナ&カプセル ビッグレモン
116	26日	群馬 高崎	榛名の湯ドーミーイン高崎
117	27日	東京 池袋	ホテルウィングインターナショナル池袋
118	28日	東京 日本橋	ロイヤルパークホテル
119	29日	神奈川 横浜	メルパルク横浜
120	30日	東京 新橋	ホテルリブマックス新橋

総合得点
31
コスパpt
3.1

▼採点項目

立地	3
外観	1
エントランス	2
ロビー・フロント	17
パブリックスペース	13
客室	17
飲食環境	2
駐車場	1
全体特記事項	0

56pt／180pt

4月1日(火) 091／365

東京　京橋　〈カプセル〉

ファーストイン京橋

東京都中央区京橋2-6-16 ☎03-3564-0141
チェックイン18:00 チェックアウト10:00

本日の部屋 下段／453号／3600円

カラフルな万国旗が目立つ、親切なカプセル。

右腕の腫れというとんだお土産を抱えて東京へ戻る。帰路はLCCヘヴィユーザーとしてはまことに不本意ではあるが羽田へ。朝から都内で打ち合わせがあり、LCC成田経由ではどうしても間に合わないのである。

羽田からそのまま出版社で打ち合わせ後、一度帰宅し夕刻外出。4月2日オープンの「コートヤード・バイ・マリオット東京ステーション」のホテルオープニングパーティーへ。「ダイニング&バー ラヴァロック」でグリル料理を中心としたブッフェとワインなどを楽しんだ。DJブースも設置されホテルのスタイルを体現するかのような遊び心あふれるフランクなパーティー。

そんなオシャレでラグジュアリーな時間を過ごした後は、なんだか定番になりつつあるラグジュアリー→カプセルホテルという展開に。パーティー会場から近い『ファーストイン京橋』へ。

外観もロビーも暗い印象だが、余計にカラフルな万国旗が目立つ。外国人の客が多いようで、入口には「Capsule Hotel FIRST INN KYOBASHI」と印刷された紙が貼ってある。

フロントで缶ビールや缶チューハイ、カップ麺などの販売もしており、電子レンジも備えられている。スマートフォンの充電器やアイロン、延長コード、ラジオまで貸出しを行っていると掲示してある。「耳栓を差し上げます」なんていうのは、まさしくカプセルホテルである。

全体的に古い雰囲気のカプセルホテルだけに、利用者のためにというサービスを充実させようとしている姿勢には好感がもてるし、何より東京駅から近い立地ゆえ、その利用価値を見いだしているゲストも多いのだろう。

そのような情報が海外メディアを通じて発信されていたり、外国人向けの宿泊予約サイトに積極的に掲載されているケースがあるという。

総合得点
39

コスパpt
3.7

▼採点項目

立地	3
外観	2
エントランス	2
ロビー・フロント	19
パブリックスペース	20
客室	20
飲食環境	4
駐車場	1
全体特記事項	0

71pt／180pt

埼玉　大宮　〈カプセル〉

パークプラザ大宮

埼玉県さいたま市大宮区仲町1-119-1 ☎048-643-5811
チェックイン15:00 チェックアウト10:00

本日の部屋 上段／165号／3300円

AV鑑賞無料のサービス！ 繁華街も堪能。

365ホテル旅では、東京23区内のカプセルホテルを中心に利用してきたが、ちょっと郊外の大きな街にあるカプセルホテルも料金安めで魅力的な施設が多い。

今日は大宮で用事があり、そのまま飲食店などがひしめく大宮の繁華街「南銀座」で飲みとなったので繁華街の外れにある『パークプラザ大宮』へチェックインすることにした。

それにしても南銀座、通称「南銀（なんぎん）」というらしいが、大宮、いや、埼玉を代表する繁華街というだけにとても賑やかだ。メイン通りを往復するだけで、何人の客引きから声を掛けられたことだろう。一定のエリアに様々な業態のお店が密集しているだけに歩いているだけで楽しい。

パークプラザ大宮は、カプセルホテルもあるが、個室も備えている。カプセルホテルはAV鑑賞が無料と大きく書かれており、そんな（どんな？）男性諸氏には喜ばれることだろう。

受付はビルの4階。同じく4階に大浴場やサウナがあり、5階にはカプセルホテルとコインランドリー、6階はビジネスホテルフロアになっている。

館内は明るく広々としていて、スタッフもテキパキしていて気持ちよい。休憩室にはスロットマシンが設置されている。このカプセルホテルにスロットマシンというのを何度か見かけたが、カプセルホテルの客層とスロットマシンのファン層が被るのだろうか。

大浴場は広々、サウナも広くそして熱い。カプセルホテルにおいては、古い施設ほどサウナの温度が熱く、水風呂の温度が冷たいケースが多いと、365ホテル旅で利用してきて感じている。長く営業してきたということは、客の要望を取り入れる機会も多かったともいえる。すっかりリフレッシュさせていただいた。

総合得点
33

コスパpt
3.3

▼採点項目

立地	3
外観	2
エントランス	2
ロビー・フロント	17
パブリックスペース	14
客室	17
飲食環境	4
駐車場	1
全体特記事項	0

60pt／180pt

東京　赤羽　〈カプセル〉

サンライズ・イン赤羽

東京都北区赤羽1-67-56 ☎03-3902-5511
チェックイン15:00 チェックアウト10:00

本日の部屋 下段／243号／2300円

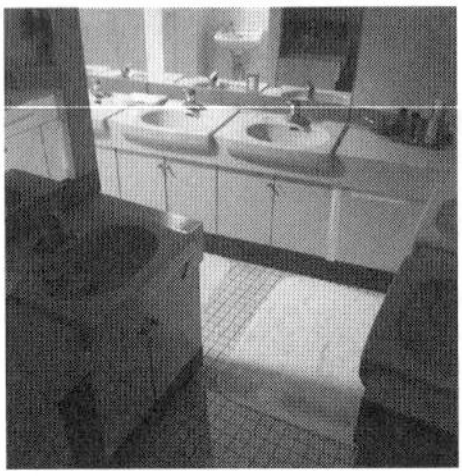

赤羽ならではの、一昔前の雰囲気を楽しむ。

東京23区北部を代表する繁華街赤羽は、一昔前の雰囲気を残した路地もある飲兵衛にはたまらない魅力的なお店が多い場所。

実は練馬の自宅からバス1本でアクセスできる街でもあるのが赤羽。

今夜もしこたま飲んでやろうと意気込んではいたのだが、明日は早朝東北へ、しかも車で旅立つということで飲みはやめて、遅い時間に荷物を積んで自宅を出発。赤羽へ立ち寄っての仮眠タイムとなり、0時過ぎにカプセルホテルへ潜り込んだ。1月に赤羽のカプセルホテルを利用したが、とても印象が良かった記憶があった。

飲み屋通りから近い場所にある『サンライズ・イン赤羽』は、大浴場やサウナはないが低廉な料金が魅力。施設は新しくはないが、赤羽で飲んだおじさまたちには逆に落ち着くといった声もありそうだ。

赤羽には、JR駅に直結した「ホテルメッツ」は例外として、昔ながらといったホテルが多い。近代的な利便性を追求してはいけない。ここは赤羽である。このユルユルした一昔前の雰囲気は貴重だしこのまま残ってほしいとも思う。

さて東北へ出発。赤羽まで来ているので東北道浦和料金所までも深夜なら一般道でスイスイ近い。高速料金といえば、3月までは深夜0時から朝4時までに料金所を通過すれば、深夜割引で半額となったが、4月からは3割引きにしかならず深夜出発の魅力は半減、いや正確には2割減したが、そうはいっても青森まで行くので3割引きは大きい。

それにしても強い雨が降っている。ガソリン満タンで無事浦和料金所を4時前に通過。サンライズまではまだ時間はあるものの、サンライズ・イン赤羽で熟睡したので快調快調。一路青森へ向かうのであった。

総合得点
67

コスパpt
4

▼採点項目

立地	3
外観	4
エントランス	4
ロビー・フロント	27
パブリックスペース	20
客室	60
飲食環境	2
駐車場	2
全体特記事項	0

122pt／180pt

4月4日(金) 094／365

青森　弘前　〈エコノミー〉

津軽の宿弘前屋

青森県弘前市駅前2-7-4　☎0172-36-4141
チェックイン15:00　チェックアウト10:00

本日の部屋 和室／203号室／5400円

センスのいい琉球畳の和室に、大浴場まで！

本日の目的地は弘前。深夜東京出発で14時半に到着。少し時間があったので、弘南鉄道の中央弘前駅へ見学に。ちょうどベルが鳴り発車風景が撮影できて満足。

弘前の繁華街は中央弘前駅近くでJR弘前駅からは離れているが、今日のホテル、というか宿は弘前駅から至近の『津軽の宿弘前屋』という新コンセプトの、やっぱりホテル。

事前リサーチで、東北地方ホテルランキング入り候補となるホテルという予想は見事的中。まずロビーに設置された暖炉に癒やされる。

琉球畳を用いた和室の部屋は、センスが溢れていてとても落ち着く。アメニティは充実しているし、大浴場を備えているのも嬉しい。2階建てという低層であることもヒトに優しいというような気分になるのは気のせいか。建築条件が厳しい都会ではありえない、ゆったりとした癒やしの宿に感激した。

古い施設の一部リニューアルなどを施すホテルや旅館も多く、それはそれで好印象であるが、やはり一定のコンセプトを基にして最初から作り上げた施設には全体に気の流れを感じるのである。

せっかくの弘前ナイト、本当は駅から離れている繁華街まで足を延ばしたかったのだが、JR駅近くの宿だったので駅から近い居酒屋へ。365ホテル旅、おひとり様の居酒屋情報は「1人でもまったりできる地元密着系の安くてイケてる居酒屋」と定義付けている。今夜のブラリ居酒屋は、駅徒歩3分ほどにある「津軽衆」というお店。

こちらなんと、1人1回だが「ホタテ貝焼」が100円でオーダーできるのだ。その他にも地元B級グルメや刺盛りが500円〜などお得感も高い居酒屋。基本的に炉端焼きのお店なので1人カウンターでも充分楽しめる。

総合得点
70

コスパpt
4.1

▼採点項目

立地	3
外観	4
エントランス	4
ロビー・フロント	28
パブリックスペース	18
客室	64
飲食環境	3
駐車場	3
全体特記事項	0

127pt／180pt

青森　青森　〈ミドル〉

リッチモンドホテル青森

青森県青森市長島1-6-6 ☎017-732-7655
チェックイン14:00 チェックアウト11:00

本日の部屋 シングル／1220号室／5500円

親切な接客にも、居酒屋にも、癒やされる青森。

「ノーマルだ チェーンもないけど 吹雪いてる これみよがしな 地元はスタッド」（瀧澤的奥の細道）といった具合に、4月だというのに強く吹雪いてる弘前の朝。ノーマルタイヤで心配になるが、少しするとやんできた。「すぐそこは 津軽半島なのですが 太宰もいいけど ホテルへゴー」と青森市街へ直行。青森市内は独立系のめぼしいホテルがないので、チェーン系ではかなりイケてる『リッチモンドホテル青森』へ。それにしても5500円は安い。仕事するゾ的気分にさせられる窓際の大きなデスクとワーキングチェア、フカフカのデュベスタイルが眩しいベッドなどなど満足度は相当高い。シューシャイン（靴磨き）、紙製の使えないヤツも多いが布製が置いてあった。何よりスタッフがデキている。懇切丁寧な接客に頭が下がる思いになる。

　さて、青森ナイト。来る機会の少ない街だがグルメ達人な友人らからの情報が嬉しい。まずは青森駅から近い「鳥清」へ。素晴らしい～の一言。近年稀に味わう素晴らしい鶏料理。明るく朗らかな大将が焼く鶏はハンパなくジューシー柔らかでうまい！ 気の利く優しい女将さんといいお店の雰囲気といい全て素晴らしい。野菜サラダがシャキシャキ新鮮、コッテリ（とはいってもサッパリ）焼鳥にも合うので思わずお代わりしてしまった。圧巻の手羽焼き、800円はありえん。

　お次も全国津々浦々の居酒屋に精通した知人から紹介された、駅から少し離れた繁華街方面にある「きたさん」という居酒屋へ。飲んだ〆はラーメンなんていうのは定番ではあるが、きたさんのメニューのほっかほか鍋が安くて美味しそうで思わずオーダー。雪の中で育った人参の天ぷらも感動的！ キャサリンこと女将さんが豪快で楽しく、大将は大将だけに対照的に穏やかな方。また来たい青森の夜になった。

総合得点
69
コスパpt
3.9

▼採点項目

立地	4
外観	4
エントランス	4
ロビー・フロント	26
パブリックスペース	22
客室	60
飲食環境	3
駐車場	1
全体特記事項	1

125pt／180pt

4月6日(日) 096／365

秋田　横手　〈ミドル〉

ホテルプラザアネックス横手

秋田県横手市駅前町7-7 ☎0182-32-7777
チェックイン16:00 チェックアウト11:00

本日の部屋 シングル／6018号室／6700円

思いがけず横手のホテル内で極上牛タン焼き。

青森の「リッチモンドホテル」、快適すぎて昼までウダウダ。会員になるとチェックアウトが12時まで延長される。こういったサービスをしているホテルは多いので会員にはなっておくべきだ。カードケースに溢れる様々なホテルの会員カード、時々間違えて出してしまうという弊害はある。

さて、青森から一路東北道を南下し岩手県花巻まで。東北ホテル取材旅も中盤戦で少々運転疲れ。今宵は仕事モードを中止して花巻温泉のイケてる旅館へ。チェックインしてさぁ温泉へというタイミングで、どうしても明日の朝までにという依頼が携帯へ。旅館でやりゃいいのだが何せ山奥なのでネットが全く繋がらない。仕事を断れるような身分ではないので30分でチェックアウト。そんなワガママなホテル評論家を優しい応対と笑顔で見送ってくれた花巻温泉「結びの宿　愛隣館」のみなさまに感謝。

当初、翌日昼前からの取材申し込みをしていた秋田県横手市のホテルへ前泊することにして急遽予約。横手市に日暮れ寸前滑り込みセーフ。「いつ来るの？　今でしょ」的評論家の不意打ち！　にとても親切丁寧笑顔のご対応。スタッフも素晴らしいが、部屋も予想以上。デュベスタイル、ウォッシャブルスリッパと要所を押さえている。こんなに充実した大浴場の施設を持つホテルが横手市にあったとは驚き。

雪が舞って寒い横手の夜。実はこちらのホテルには地元の方に利用されている飲食店も多数充実。お風呂上がりにカウンターの居酒屋「湯あがり海鮮ＢＡＲ」にてあったかディナー。帆立磯焼きにカレーもつ鍋、こちらのお店ではなんといっても外せない、本場仙台からもファンが訪れるという横手牛タン。柔らかジューシーで牛タンは赤ワインと楽しみ、東北ホテル取材後半戦へ向けて英気を養った。

総合得点
58

コスパpt
3.2

▼採点項目

立地	3
外観	3
エントランス	3
ロビー・フロント	21
パブリックスペース	17
客室	54
飲食環境	3
駐車場	2
全体特記事項	0

106pt／180pt

福島　郡山　〈ミドル〉

ホテルプリシード郡山

福島県郡山市中町12-2 ☎024-925-3411
チェックイン13:00 チェックアウト11:00

本日の部屋 シングル／1012号室／7000円

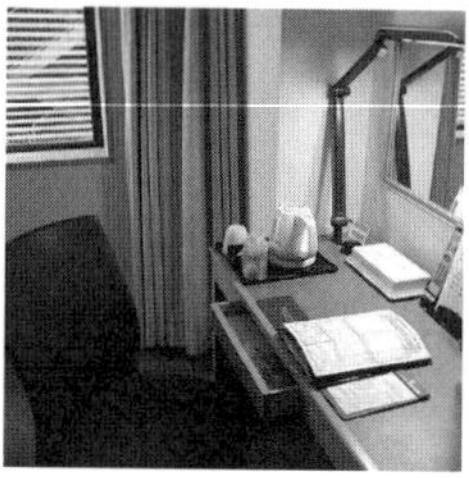

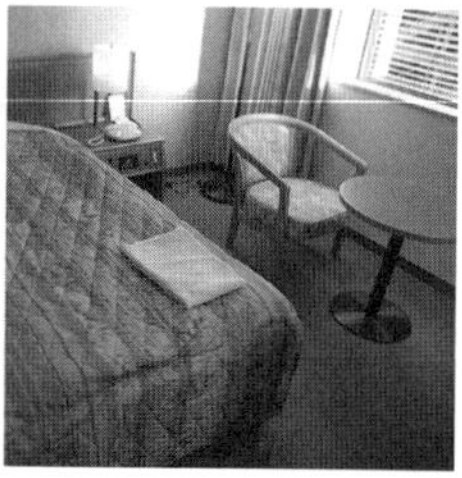

立地もサービスもいいのに、あともう一歩。

前夜不意打ち覆面宿泊!? した秋田県横手駅前の「ホテルプラザアネックス横手」にて約束していた正式取材。

地方都市の駅近ビジネスホテル事情としては、全国チェーンホテルの進出により地元の旧態型ビジネスホテルが淘汰されるか、全国チェーンより後発にして独自のコンセプトを打ち出した新たな独立系ビジネスホテルが人気を博すか、といったケースが見られる。

ところが横手駅付近に全国チェーンはほとんどない。競合がないとサービスは低下するのが常だが、こちらのホテル、スタッフも含め総体的に相当のレベル。どうしてここまで徹底した宿泊者目線の素晴らしいホテルができたのかをじっくり取材。

東北ホテル取材も終盤戦。岩手県南部で3軒のホテルをチェックし約250㎞南下。途中インターチェンジから近い中尊寺へも立ち寄り、ワンコそばランチを楽しむ。夕刻福島県郡山に到着。事前情報を基に、東北地方ビジネスホテルランキングに推挙できそうなホテル探しのため、覆面取材にチェックインしたのは『ホテルプリシード郡山』。

広々とした開放的なロビー。繁華街の便利な立地にあり宿泊以外の利用も多いと思われるホテル。部屋は広めで、テーブル&チェアも置かれているが、残念ながらデュベスタイルの採用はなし。スリッパも中敷きの紙は置かれているもののビニールスリッパで、何より全館空調にして窓の開閉ができない。日当たりがいい部屋だったので、かなり蒸し暑く辛い思いをした。

客室にはズボンプレッサーが常設されていたり、アメニティもそれなり、何より好意的なスタッフばかりの印象だけに、ミドルクラスの全国区ビジネスホテルと比較しても中途半端な印象が残ってしまうのは残念だ。

総合得点
55
コスパpt
3.3

▼採点項目

立地	2
外観	3
エントランス	3
ロビー・フロント	24
パブリックスペース	12
客室	52
飲食環境	1
駐車場	2
全体特記事項	0

99pt／180pt

4月8日(火) 098／365

埼玉　所沢　〈レジャー〉

ホテルモンフレール

埼玉県所沢市上山口1556-1 ☎04-2923-9085
休憩3時間 宿泊12時間～16時間

本日の部屋 211号室／6000円

郊外で見る、レジャーホテルはやっぱり派手だ。

東北ホテル取材最終日は朝から福島県相馬市へ。震災復興ホテルといえば鉄骨低層が主だが、外観・構造・客室・備品等々、ビジネスホテルとしてのレベルが相当高いホテルがある。

ロビーと無料朝食の風景を見ると、やはり震災復興関係の宿泊者がほとんどの様子。一日の仕事の疲れを癒やすのにも嬉しい客室のバス、トイレはセパレートタイプ。東北ビジネスホテルランキングとしても充分候補になるホテルだ。深呼吸したくなるような清々しい相馬の朝だった。東北道を南下し5日間の東北ホテル取材から帰還。

365ホテル旅では、新宿歌舞伎町や池袋北口のレジャーホテルを利用してきたが、郊外のレジャーホテルも進化している施設が多いという。

何より駐車場無料なので車でアクセスできるのが嬉しい。都心部の新宿や池袋では、レジャーホテル街は駅から割と近い場所にあるが、郊外では駅から離れた地域に密集しているケースが多い。都心部では、駅から近い場所は商業地域、郊外では駅から近い場所は、通勤の利便性などからも住宅街であることが多く、レジャーホテルとは相容れない。

埼玉県所沢市と東京都東村山市の境辺り、西武園・狭山湖周辺にもレジャーホテルが点在する。郊外型のレジャーホテル取材も兼ねて、その中でも人気という『ホテルモンフレール』へ出向いた。

都心部で密集していると気にならないが、改めて独立したその建物を見るに、派手で豪華だなぁと思い知らされる。目立つことが大切な業態なのだろう。何度かレジャーホテルを利用してきて、ホテル間における部屋の差違、特徴を見いだすことは難しいと思うようになった。いずこも白を基調として明るく清潔感もある。突然この部屋に入ったとしたら、一体ここはどこなのか、きっとわからないだろうな。

総合得点
38

コスパpt
3.7

▼採点項目

立地	3
外観	3
エントランス	3
ロビー・フロント	20
パブリックスペース	19
客室	19
飲食環境	2
駐車場	1
全体特記事項	0

70pt／180pt

4月9日（水）099／365

東京　大森　〈カプセル〉

シーサイドイン大森

東京都品川区南大井3-31-17 ☎03-3762-5255
チェックイン17:00 チェックアウト10:00

本日の部屋 下段／333号／2830円

進化型サウナ&カプセルに、違和感なく、熟睡。

1週間ぶりのオフィスで朝からバリバリ執筆。17日にいよいよホテル本が刊行されるということでプロモーションの準備や、4月発売の雑誌媒体の監修やネットメディアの記事執筆など、ホテル本準備で遅れていた仕事をこなす。

365ホテル旅は今宵で99ホテル目。東京23区南部にある以前から気になっていたキャビンタイプも併設する進化系サウナ&カプセルホテルへ。

もちろん初めて行くところだが、カーナビで設定した住所地に到着すると、やけに派手な電飾で淫靡（ワープロでないと書けない漢字）な看板。ここなのか？と、正面入口まで行き確認するとそこはなんと「ソープランド」だった。

風呂に入ることは似ているとはいえ（なんてこと書いてるんだ）危うく足を踏み入れるところだったが、そんな雰囲気のカプセルホテル、あってもおかしくないのが大都会東京である。

目的の建物は隣のビルで外壁工事中につき看板が見えにくくなっていたのだ。何より両店名が似ている。カプセルホテルの店名は『シーサイドイン大森』、もう一方の店名はそれを日本語に直訳した店名。

365ホテル旅、まだまだ続くよあんなホテルこんなホテル。

ところでシーサイドイン大森、素晴らしい施設である。大きく窓がとられた明るく開放的なロビー。「鷺の湯」という暖簾のかかった大浴場。更にキャビンタイプも備える施設でもあり、進化系カプセルホテルの好感度を感じるのである。

館内至る所で感じたのは、利用者のマナーも良いということ。施設は利用者を選ぶというが、そして利用者が施設を選ぶという好循環である。

すっかり大浴場、サウナで癒やされ、清潔感のあるカプセルに潜り込み、熟睡した大森の夜であった。

総合得点
57

コスパpt
3.6

▼採点項目

立地	3
外観	3
エントランス	3
ロビー・フロント	23
パブリックスペース	12
客室	55
飲食環境	3
駐車場	2
全体特記事項	0

104pt／180pt

4月10日(木) 100／365

愛知　名古屋　〈レジャー〉

ホテルミラージュ

愛知県名古屋市中区新栄2-45-12 ☎052-264-1414
休憩3時間 宿泊6時間〜16時間

本日の部屋 305号室／6500円

名古屋クオリティの、レジャーホテルに感動。

午前中に高田馬場で打ち合わせ。ランチは駅前の「ゴーゴーカレー」へゴーゴー。メジャーカレーをエコノミークラスで。キャベツのお代わり、それって本当はカレールーを入れる容器じゃないの？ 的に大量提供される。

午後は神宮前交差点近く、明治通り沿いのダイヤモンド社へ。『週刊ダイヤモンド』のホテル広告企画でインタビュー取材を受け、インタビュー風景の撮影など。2時間近くホテル講義。

最近のキメゼリフは「今日話したことは17日発売の拙著に書いてあります！」である。本の宣伝してくれるそうでラッキー。

夕刻、名古屋のクライアントから電話がありコンサルの緊急依頼。今日明日が勝負の模様。急遽「のぞみ」で名古屋へ。

昨秋ホテル評論家専業にシフトしてからは15年来本業としてやってきたコンサルの新規依頼は受けていなかったが、昔お世話になったクライアントからの紹介とあれば断れないのも人情。とりあえず面談。これから深夜までかかりそう。それにしても、「本当にすぐ飛んできてくれるんですね！」って、まったくどういう紹介しとんじゃ。

ところで今夜は365ホテル旅、記念すべき100ホテル目、景気良くデラックスホテルといきたいところであるが、深夜も打ち合わせが続きそう。とりあえず眠いので早めに短時間仮眠できればいいやと近くのレジャーホテルへインすることに。ホテルは使いようである。

利用した『ホテルミラージュ』、これまで利用してきたレジャーホテルの中でもピカイチである。調べてみたら、なんとプールを備える部屋まであるらしい。高級感も抜群だし、これも名古屋クオリティなのだろうか。

とはいえ、深夜からまたクライアントと一緒に仕事である。

総合得点
57
コスパpt
3.2

▼採点項目

立地	3
外観	3
エントランス	2
ロビー・フロント	23
パブリックスペース	14
客室	54
飲食環境	2
駐車場	2
全体特記事項	0

103pt／180pt

東京　浅草　〈エコノミー〉

スマイルホテル浅草

東京都台東区浅草6-35-8 ☎03-5824-5533
チェックイン15:00 チェックアウト10:00

本日の部屋 シングル／911号室／7100円

国際都市浅草を感じる、使いやすいホテル。

不意の名古屋出張を終え、朝一の新幹線で東京へ戻ると4月17日に発売されるホテル本が自宅に届いていた。やはり苦労したことの結果は嬉しい。ということは、365ホテル旅も達成すればかなり嬉しいのか。

いや、365ホテル旅が苦労かといえばちょっと違う。確かに毎日異なるホテルへチェックインするのは苦労も多いが、様々なホテルを知ることができるのはかなり楽しい。

特にこれまで気になっていたが利用する機会がなかったホテルなども積極的に利用できるようになったことは大きい。

今夜も東京浅草にあって、低廉な価格帯で以前から気になっていた『スマイルホテル浅草』を利用してみることにした。スマイルホテルといえば、365ホテル旅がスタートした直後、1月2日に巣鴨のスマイルホテルを利用しているので、チェーンとしては2ホテル目となる。経年感のあるホテルをリブランドして、あのイエロースマイルマークの看板に掛け替えるわけだが、それだけでホテルが新しく見えるのだから大したものである。そして客室も、デュベスタイル、お持ち帰りスリッパの採用、と低廉な価格帯のホテルにしては要所を押さえてあり、好印象のホテルチエーンだ。

スマイルホテル浅草は、雷門など浅草中心部からは少し歩くが、浅草観光には支障はない範囲であろう。エントランスは明るくオシャレになっている。部屋へ入ると清潔感あるデュベスタイルが目を引き、もちろんお持ち帰りスリッパ、とスマイルホテルクオリティだ。電磁調理器も設置されており、滞在型ホテルとしても利用価値がありそう。

夜遅いチェックインとなったが、外国人客が目立っていたのも、低廉な料金の魅力からだろうか。国際観光都市浅草をこんなところでも感じる。

総合得点
35
コスパpt
2.9

▼採点項目

立地	2
外観	1
エントランス	1
ロビー・フロント	10
パブリックスペース	10
客室	39
飲食環境	2
駐車場	1
全体特記事項	−2

64pt／180pt

4月12日(土) 102／365

東京　池袋　〈エコノミー〉

ビジネスホテル三番館

東京都豊島区池袋1-4-5 ☎03-3983-0003
チェックイン17:00 チェックアウト10:00

本日の部屋 シングル／211号室／4200円

もはや修行かも？　昭和なホテルに泣く。

場末感という言葉を思い浮かべるホテルステイとなった。

池袋駅北口から繁華街を進むとその向こうはレジャーホテルの密集地帯となる。レジャーホテルについては既に何軒か利用しているが、そんなホテルが密集している中に風俗店が散在しているのもこの辺りの特徴である。今宵は土曜の夜。カップルで大渋滞しているラブホテル街の小径。風俗店も多いし男性1人で闊歩するというのは決して誉められた光景ではない。最近はレジャーホテルを男性1人で利用するケースも多いと聞く。風俗利用の場所として女性を呼び利用するのだという。ゆえに男性1人で歩くことでソッチ目的と見られるのも本望ではない。やはりここはデジタル一眼レフを下げ「報道」「取材」の腕章が必要だ。ところで、どうしてこの男女がここにいるのだ？という風貌というか雰囲気の二人も散見される。腕章があれば「Youは何しに？」ってどっかのテレビ番組みたいにできるのに（いや、できない）。

話を戻して肝心のホテルは、風俗店の入口がある行き止まりの路地を入った奥にひっそりとあった。以前から予約サイトのオンラインレビュー上での賛否ある評価が気になっていて、いつか行かねばと思っていた。外観をはじめとし、ロビー、階段、廊下、客室もトータルでインパクトが高かった。古さというより「昔こんなホテルってあったよな」的ノスタルジーを感じる。利便性が追求されたチェーン系のビジネスホテルを、日常的に利用することが多いと、提供される多彩なサービスが当たり前、と慣れしまっている自分に気付く。多少の古さや汚れ、不便さ……こうしたホテルも減っていくだろうと思っていたところ、後日予約を受け付けなくなったことを知り、365ホテル旅としては改めて印象的なホテルステイとなった。

総合得点
66
コスパpt
4

▼採点項目

立地	3
外観	4
エントランス	3
ロビー・フロント	25
パブリックスペース	20
客室	60
飲食環境	2
駐車場	3
全体特記事項	0

120pt／180pt

神奈川　箱根　〈旅館〉

仙石原品の木一の湯

神奈川県足柄下郡箱根町仙石原940-2 ☎0460-85-2244
チェックイン15:00 チェックアウト10:00

本日の部屋 和室／203号室／12000円

人気温泉一の湯、実は意外とリーズナブル。

珍しく温泉旅館へ。向かうは箱根の人気温泉旅館「一の湯」。と、その前に小田原へ寄る。行くといつも唸りっぱなしの素晴らしい鮨屋が小田原にある。「奴寿司」というお店。ここへ来るためにロマンスカーに乗ったこと何度も。「うちでは是非握りを食べてって！」という大将。会話を楽しむ間もなく、ポンポンポンと握りが出され、魚ってこんなにウマイのかぁ〜といつも感動なのである。今回は、箱根旅ということで長野県上田市の友人ら一行での訪問とあいなった。

小田原で寿司を満喫した後は箱根へ移動。塔ノ沢の「一の湯本館」へ。寛永7年（1630年）創業にして有形文化財にも登録された歴史ある建物。一の湯グループの最高経営責任者である小川晴也社長にご丁寧にもお出迎えいただき懇談タイム。その後館内をご案内いただき、その歴史ある建物を見学。

泊まる旅館は同じ一の湯でも新しい施設である『仙石原品の木一の湯』。一の湯グループは、箱根温泉旅館の価格破壊先駆け的存在で、今では箱根に複数の温泉旅館を展開、温泉旅館にしては驚異的な稼働率を叩き出し、軒並み予約困難な人気を博している。

だって1泊2食6000円台から予約できるのだ。あと、露天風呂が付いた部屋を多く設けているのも一の湯チェーンの特徴。露天風呂が付いた部屋なんて高いじゃんと思ってしまうのだが、どっこい1万2000円くらいから予約できてしまうのである。客が望むことを察知して実行する、これまた利用者目線に立たなきゃできないことだ。

品の木一の湯は、「別邸」という一の湯デラックス版の離れも併設された施設。友人らも一緒ということで、別邸から1室、その他2室を利用した。落ち着いた佇まい。これまた格安チェーンとは思えない雰囲気を醸し出している。

総合得点
38
コスパpt
3.8

▼採点項目

立地	3
外観	3
エントランス	2
ロビー・フロント	20
パブリックスペース	19
客室	18
飲食環境	3
駐車場	1
全体特記事項	0

69pt／180pt

東京　上野　〈カプセル〉

カプセル&サウナ　センチュリー

東京都台東区上野6-8-1 ☎03-3836-3435
チェックイン12:00 チェックアウト11:00

本日の部屋 上段／5025号／2600円

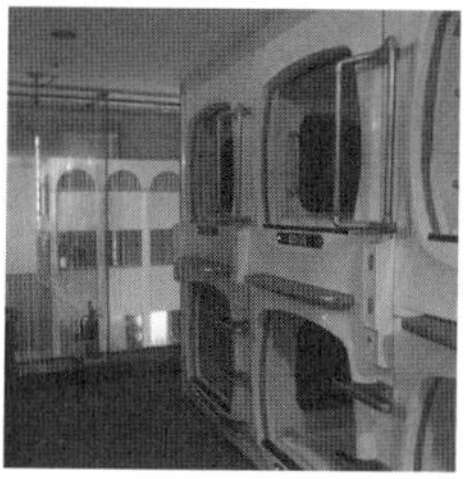

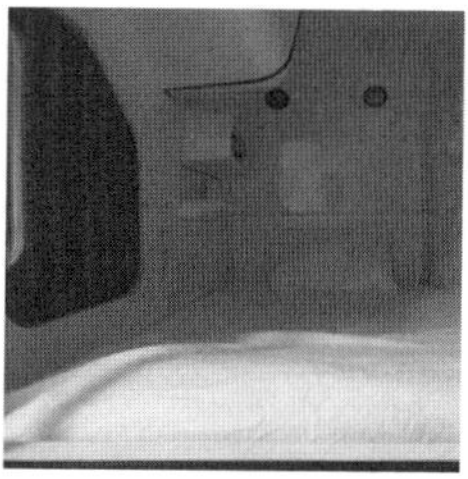

「せっかくの上野」だから、今夜はカプセル。

「仙石原品の木一の湯」で朝食。一の湯グループの朝食でいつも感心するのは海苔。格安温泉旅館チェーンなので、もちろん絢爛豪華な朝食とは言えないが、海苔のクオリティひとつで朝食が違って感じられるのであるから大したものだ。

箱根の旅、楽しかった時間もここまで。365ホテル旅は孤独な旅であるが、温泉旅館で気のおけない仲間との楽しい時間は格別だった。

これも365分の1、1人孤独に都会の悲しいホテルに佇むのも365分の1である。みんなと別れて1人箱根を下る。なんか寂寥感…そう、箱根の山道を1人で運転することなんてまずないのだった。

夜は上野で飲み会という名の情報交換会。トラベル関係各分野の若手ジャーナリスト・メディアの面々。日本を代表するトラベルメディア「Traicy」の後藤卓也さんと高柳拓也さん、旅行・航空アナリスト鳥海高太朗さん、ホステル・ゲストハウスなどの情報発信で高名な向井通浩さんというそうそうたる方々。

情報交換会という名の飲み会はよくあるが、飲み会という名のストイックなリアル情報交換会になってしまうあたりが素晴らしく本気度高し。飲み放題だったが、話に夢中で絶対モト取ってないなぁと思った。

「せっかく」上野にいるのだからとカプセルホテルへ投宿。アメ横エリアにある『カプセル&サウナ センチュリー』へ。ホントこのエリアのカプセルホテルはレベルが高い。近代的な建物で館内も明るくきれい。

「当店は大きな荷物はお預かりできなくなりました」という注意書き。何かトラブルでもあったのだろうか。コインロッカーにも入らないような大荷物の旅行者は困ってしまうだろうなぁ。

それにしても場所も考えたら2600円は安いぞ。

4月15日（火）105／365

長野　長野　〈デラックス〉

ホテルメトロポリタン長野

長野県長野市南石堂町1346　☎026-291-7000
チェックイン14:00 チェックアウト11:00

本日の部屋 ツイン／542号室／8000円

総合得点
63

コスパpt
3.4

▼採点項目

立地	4
外観	4
エントランス	3
ロビー・フロント	25
パブリックスペース	17
客室	56
飲食環境	3
駐車場	3
全体特記事項	0

115pt／180pt

昔ながらのシティホテル、便利さはどうだ？

　上野から早朝帰宅。朝から事務仕事に追われ予定より出発が2時間ほど遅れてしまったが、今日はこれから連載のホテル覆面取材と、手みやげ携えて新刊プロモーションに信州へ。本当は招待されていた「プリンセスクルーズ」の就航記念レセプションと2泊3日の体験クルーズへ出発する日だった。365ホテル旅では、有料のベッドがある宿泊できる施設と定義付けているので、クルーズ船はOK、寝台列車もOK、夜行高速バス×といったルールだ。それはいいのだが、2泊3日ということは毎日異なる宿泊施設という365ホテル旅にならないことに気付き泣く泣くキャンセル。

　夕刻長野市に到着。今宵は、雑誌の辛口ホテルレポート連載の覆面調査で『ホテルメトロポリタン長野』へ。JR東日本が経営母体のシティホテルだ。シティホテルとは、レストランや宴会場などコミュニティ機能を有するホテルという定義がされているが、それだけであれば確かにシティホテル。でも、同時に高級感というイメージも必要なのであれば、スタッフサービスの割り切りや、進化が止まった部屋をみるに、進化しているビジネスホテルよりもレベルが低い、と思ってしまう昔ながらのシティホテルって多い。

　覆面取材ホテルの調査を終えるともう21時近くだったがホテル周辺をリサーチ。チェーン間でしのぎを削る全国規模のビジネスホテルでは、建物内のコンビニテナント入店が定番になりつつある。1人狭い個室でテレビを見ながら1階のコンビニで買ってきた缶ビール、お弁当やおつまみをデスクに並べると、狭くても楽しい我が家、ならぬホテルの部屋である。お弁当が冷めても大丈夫。共用の電子レンジも設置してある。ホテルメトロポリタン近くに新しくオープンした有名チェーンビジネスホテルへ出入りするビジネス客を見てそんなことを考えた。

総合得点
58
コスパpt
3.3

▼採点項目

立地	4
外観	3
エントランス	3
ロビー・フロント	18
パブリックスペース	20
客室	53
飲食環境	3
駐車場	2
全体特記事項	0

106pt／180pt

群馬　高崎　〈エコノミー〉

アパホテル高崎駅前

群馬県高崎市八島町232-8 ☎027-326-3111
チェックイン15:00 チェックアウト11:00

本日の部屋 シングル／1115号室／6500円

部屋が広く見える、デュベスタイルのベッド。

長野市から18号線を高崎方面へ。明日発売される新刊の信州ルートプロモーション。まずは長野駅前にある長野県でも最大規模の書店へ。

「新進気鋭の若手ホテル評論家によるいま話題の一冊！ 宣伝に惑わされないホテル選びを伝授!!」とキャプション付きで信州の作家コーナーにも置いてもらうことに。

その後上田市の書店巡り。地方都市の書店は大体各店1冊しか配本されないのだが、上田市出身と伝えると5冊10冊と注文していただける。現代版「故郷はありがたきかな」である。

ランチは上田のグルメな方々絶賛の中華料理「つばめの巣」をリサーチ。肉の下処理や素材のカットセンスなど秀逸。技術もかなりだと思う。

味も確かだ。ホテル高級中華を隙がない味わい、カチッとまとまった伝統や格式、だとすれば、味覚に訴えてくる進取性が発揮された充足感、チャレンジという表現が似合う。何より安い。店内もアジアンテイストが居心地よくラクチンだ。

夕刻高崎着。大浴場があって駅から近い『アパホテル高崎駅前』へ。アパホテルも都心の新しい店舗は素晴らしい進化を見せているが、少し古い施設になると経年感と共に、その限られた部屋の広さゆえ圧迫感がある。とはいえ、デュベスタイルの開放感で救われた気分になる。

夜は高崎のホテル関係者から招待を受け焼肉の隠れ家的名店「ホドリ」へ。ケジャンがあるなんていうのも嬉しかったのだが、「フェ」は普通イカフェあたりが定番のところ、なんと「かつおフェ」なんてものまであり、旨味たっぷりの肉厚かつおに舌鼓。

もうこの時点ですっかりヤラれているので、焼肉へ行き着くころには悶絶しまくり。ホテルレストランの料理長に焼いていただくというなんとも贅沢時間。

総合得点
39
コスパpt
3.5

▼採点項目

立地	3
外観	2
エントランス	3
ロビー・フロント	19
パブリックスペース	20
客室	20
飲食環境	3
駐車場	1
全体特記事項	0

71pt／180pt

4月17日(木) 107／365

東京　巣鴨　〈カプセル〉

サウナ&カプセル　サンフラワー

東京都豊島区巣鴨2-5-4 ☎03-3917-3113
チェックイン11:30 チェックアウト10:00

本日の部屋 下段／651号／3300円

水回りの清潔さが、カプセルの格を表す。

高崎から午前中に帰宅して午後は原稿書き。夜は銀座へ。光栄にも旅行・航空ジャーナリスト界の重鎮で編集者でもある緒方信一郎さんにお誘いいただいた。緒方さんは、ホテル評論家としてプロデビューする前からホテルレポートを評価下さっていた、ジャーナリストとしての先生でもある。

緒方さん行きつけの銀座のお店、店名は書けないが、銀座の喧騒とは無縁のしっとりと落ち着いたまさに隠れ家。和食を中心とした秀逸な小料理の数々を供するお店。ネットにもほぼ情報はなく、マスコミ関係者のお客様が多い様子。〆にカレー小鉢なんてのもおちゃめでいい。

そんなお店の帰り、いい気分で山手線に揺られつつ、巣鴨駅前のカプセルホテルのことを思い出す。ちょっくらサウナって休んでいくか、と下車。駅前にある大きな看板の白いきれいな建物『サウナ&カプセル　サンフラワー』へ。

フロントはエレベーターで5階へ。1階はパチンコ店のようだ。カプセルホテルが入居する建物の1階にゲームセンターやパチンコ店が入居しているケースってよく見かける。レジャー産業という共通点がある。

ロビースペースは機能的で明るく、利用者の動線をよく考えている。

サウナ&カプセル　サンフラワー、そのネーミングや建物のイメージを裏切らない清潔感のある明るい館内である。浴場も洗面スペースなどもキレイ。メンテナンス、清掃、特に水回りの清潔感はそのカプセルホテルの「格」を表す。カプセルスペースも同様に快適性は高かった。

建物自体の新旧はあろうが、清潔感を保とうとするカプセルホテルはそれだけで利用者目線に立っていると感じる。それはカプセルホテルばかりでなく、ホテルという業態全体にもいえることだと思う。

4月18日（金） 108／365

総合得点
52
コスパpt
3.5

▼採点項目

立地	2
外観	3
エントランス	3
ロビー・フロント	20
パブリックスペース	12
客室	49
飲食環境	3
駐車場	2
全体特記事項	0

94pt／180pt

東京　大塚　〈レジャー〉

ホテル ビアンカ ドゥエ

東京都豊島区北大塚3-22-1 ☎03-3940-2841
休憩3時間 宿泊12時間〜15時間

本日の部屋 301号室／3800円

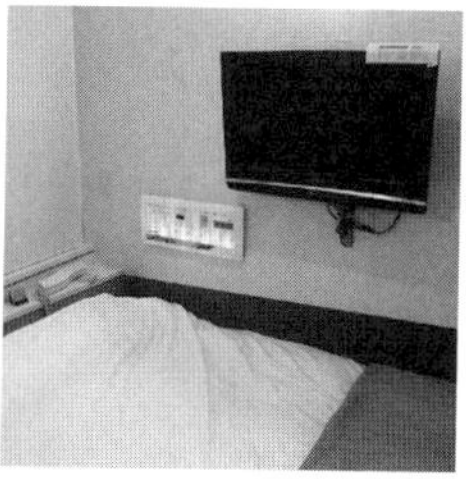

レジャーホテルの質の高さに、改めて脱帽。

ゴールデンウィークや夏休みのレジャーシーズンへ向けたメディアからの取材依頼が重なる。ネットメディアなどからは、翌日配信なんて仕事が電話で舞い込んでくるのでオチオチしてられない。「GWまだ間に合うホテル予約術指南」→間に合うかよ！「夏休みにお得にホテルを利用する裏技」→依頼にもこういう余裕が欲しい。「ホテル広告タイアップ企画依頼」→何だかカッコイイゾ！「宿泊予約サイト完全攻略法」→先月受けてあった依頼を忘れてた、明日締め切りだ！とバタバタしつつ、最後に書いた仕事だけは終わらせる。あちらはレジャーシーズンであるが、こちらはレジャーの久しぶりとなるレジャーホテル取材である。

今夜は、小径も頭に入りつつある池袋北口レジャーホテル街ではなく、隠れた密集地区である大塚へ。密集とはいっても池袋のように固まって密集しているのではなく、あちらにもこちらにもと全般的に多い地区というのが特徴。

大塚駅北口から北大塚方面へ歩を進めると、そこは繁華街であると共に風俗店街でもあり、そしてレジャーホテル街でもある。風俗店街とレジャーホテル街が同居している場所は多いが、どちらも風俗営業法で規制される業態で出店できる区域は細かく決められている。正確にいうと新規の出店は著しく困難らしく、「偽装ラブホテル問題」なんていうのも新聞で読んだことがある。

話は逸れたが、一般のホテル取材では、イケてるホテルから残念なホテルまで取材範囲は広いが、レジャーホテルの場合、事前のリサーチで好印象のホテルを選ぶ上、業態的にも進化している施設は多く、残念な思いになったことはこれまで一度もない。

今回の『ホテル ビアンカ ドゥエ』も大正解だった。明るく、清潔で、何より設備やアメニティが揃っている。

4月19日(土) 109／365

東京　新宿　〈レジャー〉

ホテルセリオ

東京都新宿区歌舞伎町2-15-13 ☎03-5285-3460
休憩3時間 宿泊14時間～17時間

本日の部屋 401号室／5900円

総合得点
53

コスパpt
3.3

▼採点項目

立地	2
外観	3
エントランス	3
ロビー・フロント	20
パブリックスペース	12
客室	52
飲食環境	3
駐車場	2
全体特記事項	0

97pt／180pt

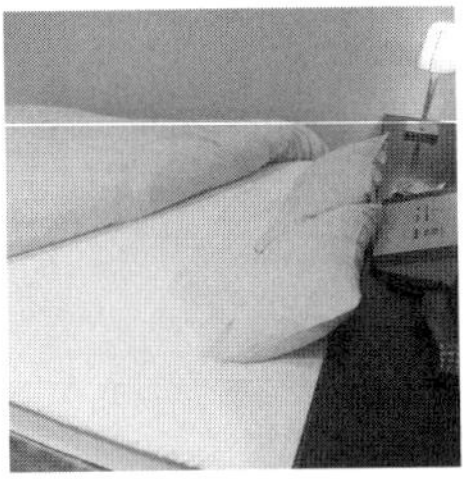

高めの値段でも、レジャーホテルは大人気。

新宿歌舞伎町へ来るのは久々。365ホテル旅ではレジャーホテルの利用も何度か経験しているが、その進化した姿に驚いている。主に池袋や新宿歌舞伎町の施設が多いが、時間のある時に、渋谷の「円山町」や「鶯谷」などもリサーチしたいと思っている。

今夜は時間もなかったので歌舞伎町へ。いつもは事前にホテルを調べてから来るが、土曜の夜とあって、調べてきたところで満室なんてことも予想できたので、なんとなくブラブラしてみることに。

気付いたことは、高級そうなホテルから埋まっていくという現象。高級とは言っても、一般のビジネスホテルとラグジュアリーホテルのようにその差10倍なんてことはまずない。せいぜい3～5倍くらいか。その割には施設間の差は歴然としているから、ちょっとお金を足してもいいホテルへ、という傾向は一般のホテルよりもレジャーホテルの方が強いのだろうか。

さて、あまりこの辺りを男1人でブラブラするのも誉められたことではないので、通りの角に構えている『ホテルセリオ』へ入ってみることに。

全客室にサウナがあるホテルもあって驚いたものだったが、こちらは一部の部屋に設置されている模様。土曜日とあってか、そのような部屋は埋まっている。

ところでレジャーホテルの精算方式にもいくつかあって興味深い。入室前に上部が目隠しされた窓口で支払うケースや部屋の自動精算機で支払うケースもある。こちらは自動精算機システム。部屋の自動精算機で支払う場合は、入室時に支払う場合と退出時に支払う場合があって、いずれも支払いを済ませないと部屋のドアは開かない仕組みだ。

なんとなく監禁されているような気分にもなるが、非常時は一斉にロックが解除される仕組みとのことである。

総合得点
67
コスパpt
3.8

▼採点項目

立地	3
外観	3
エントランス	4
ロビー・フロント	28
パブリックスペース	18
客室	62
飲食環境	2
駐車場	2
全体特記事項	0

122pt／180pt

4月20日(日) 110／365

京都　京都　〈ミドル〉

糸屋ホテル

京都府京都市下京区烏丸通松原上る薬師前町712 ☎075-365-1221
チェックイン15:00 チェックアウト11:00

本日の部屋 シングル／709号室／7500円

ウッディな客室が落ち着く、京都の新ホテル。

少し肌寒い日曜日。まだ眠らない夜を引きずっている混沌とした早朝ラブホテル街から一路東名高速へ。この別世界へ飛び出すような開放感がたまらない。

琵琶湖畔に佇む英国「ロイヤルオークホテル　スパ&ガーデンズ」へ。何度か覆面宿泊させていただいた上で、新刊で紹介させていただいた素晴らしいホテルである。ホテルは「ハード・ソフト・ヒューマン」といわれるが、それらが土地の風土や文化と融合することで、ホテルのコンセプトが生まれる、という好例だ。コンセプトは作るものでも打ち出すものでもない、生まれるものだと改めて思う。いつも取材や執筆でお忙しいそうだからゆっくりなさってくださいと、懇意にさせていただいている総支配人の岡川正典さんから3泊のお招きをいただいた。より濃厚なロイヤルオークホテルのホスピタリティへの期待の中、なんとビックリ仰天、スイートルーム5室の鍵を渡され「3泊それぞれにお好きな客室をお使いください」と贅沢ここに極まれりな滞在。1日目のディナーは、琵琶湖を眼前に望む鉄板焼きの「ISHIYAMA」へお招きいただく。鉄板で焼かれた近江牛を仕上げに、最後に七輪の炭火で焼き、肉の旨味を引き出す。最後にはなんとお好み焼きまで。エンターテインメント性もあるオーセンティックリゾートホテルの進化系鉄板焼き。

さて3泊のお招きをいただいたものの、目下365ホテル旅ガラスという身。京都ビジネスホテルランキング覆面宿泊も兼ねてディナーを終えるとひとり京都へ向かう。四条と五条の間あたりの、まだ新しく、気になっていた『糸屋ホテル』へチェックイン。隅々までよく考えられたホテルである。素晴らしい。明るくウッディで落ち着く部屋には、これまたウッディなオープンラックに備品がスタイリッシュに並べられていて一目瞭然。こうした利用者目線は感動的ですらある。

総合得点
81

コスパpt
-

▼採点項目

立地	4
外観	4
エントランス	5
ロビー・フロント	33
パブリックスペース	22
客室	71
飲食環境	4
駐車場	3
全体特記事項	0

146pt／180pt

4月21日(月) 111／365

滋賀　大津　〈デラックス〉

ロイヤルオークホテル スパ&ガーデンズ

滋賀県大津市萱野浦23-1 ☎077-543-0111
チェックイン14:00 チェックアウト12:00

本日の部屋 ツイン／228号室／インビテーション

大浴場にスパ、サウナ。噂通りのクオリティ。

10時過ぎに「宿泊先」の京都から「滞在先」の『ロイヤルオークホテル スパ&ガーデンズ』へ帰還。京都駅からホテル最寄り駅の石山駅まではJRで15分もかからない。石山駅からはホテルの無料送迎バス。京都市街って南北に長く移動に30分なんてザラだけど、東西の移動って意外に見落とされがちだ。しかも京都のホテルは料金が高め。京都観光に琵琶湖畔のリゾートホテルという選択はアリだ。

今回はロイヤルオークホテルに滞在しながら、宿泊は京都というトンデモなことを実行しているわけだが、「宿泊」と「滞在」が異なるなんていうのも、365ホテル旅ならではの経験だ。

ランチはロイヤルオークホテルから近い地元で大人気という鰻の「ちか定」へ。噂に違わぬクオリティに感激。

ロイヤルオークホテル、今日選んだ部屋、ラグジュアリープレミアムルームはなんと露天ジェットバス付き。部屋に露天ジェットバス付きとは素晴らしいのだが、こちらのホテルはスパも充実。大浴場にサウナ、そしてプールと滞在を飽きさせない。肝心の部屋は、ベッドがハリウッドタイプのツイン。これが1人利用となれば、大キングサイズベッドに早変わりである。シングルユースでは少々掟破りではあるが、ゴロゴロ～っと寝返りを打ってみる。何たる贅沢。

午後は仕事の捗るデスクで集中して執筆。あまりに心地よいので今日はホテルを移動せず、ここに「泊まる」ことにしよう。ロイヤルオークホテル滞在2日目の素晴らしい部屋が365分の1となった。

ディナーは岡川総支配人より和食「吉野」へお招きいただいた。個室で近江牛のすき焼きを満喫。総支配人自ら関西風を振る舞って下さった。おすすめはすき焼きとシャンパン。確かにすき焼きのコッテリさにはシャンパンがよくあう。新しい発見だ。最後にはおすすめというミニ牛丼に大満足。

総合得点
68
コスパpt
3.6

4月22日(火) 112／365

京都　京都　〈ミドル〉

アルモントホテル京都

京都府京都市南区東九条西岩本町26-1　☎075-681-2301
チェックイン14:00　チェックアウト11:00

本日の部屋 ツイン／321号室／8500円

▼採点項目

採点項目	
立地	3
外観	4
エントランス	4
ロビー・フロント	29
パブリックスペース	20
客室	60
飲食環境	2
駐車場	2
全体特記事項	0

124pt／180pt

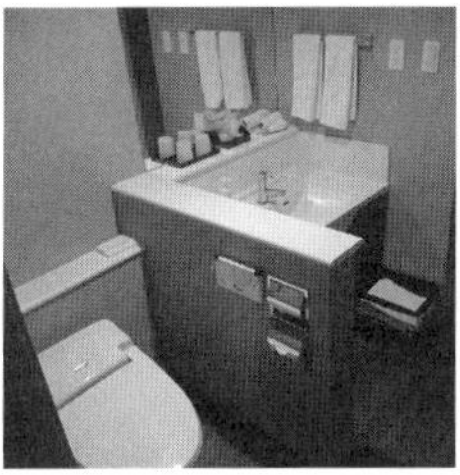

広々としたロビーに、ラウンジスペースが好印象。

「ロイヤルオークホテル」で朝早くのルームチェンジ。ラグジュアリープレミアムから琵琶湖を望む最上級のスイートへ。ロイヤルオークホテルのご自慢はこの眺望と英国式庭園。朝の庭園散歩も気持ちいい。贅沢ここに極まれりな滞在となっているが、そこは是々非々の辛口評論家根性というか、ついカメラとメジャーを持って全客室を取材してしまった。京都のホテルが満室激高でも、約20分の移動で琵琶湖畔の贅沢なリゾートホテルを格安利用できるという利用価値を再度確認したかった。今回も、ホテルの無料シャトルバスなどを利用して実証実験もした。今日は日中再び京都へ。ビジネスホテルの取材もという、結局こちらも仕事な元来の貧乏性である。まずは京都駅近くの「新福菜館」へ。チャーシューそばオーダーして麺を先に食べてしまうと、残りは肉汁的に楽しめて美味しい。

今日のホテルは『アルモントホテル京都』。広々したロビーにライブラリーコーナーもあるラウンジスペース。チェックインを待っていると「ラウンジでお待ち下さい」と案内される。親切なスタッフに感激だ。部屋はツインルームのシングル利用だったが、デュベスタイルは当然のように採用、お持ち帰りスリッパに空気清浄機と、瀧澤的良いホテル条件をバッチリ満たしている。こちらのホテル、部屋のバスルームは、トイレと洗面台も分かれたセパレートタイプなのに、更に館内に大浴場も併設されている。利用価値が高い。

夕刻一度ロイヤルオークホテルへ戻る。最終日の夜は中華の「湖園」へお招きいただいた。中華は大好きで東京でも様々なお店を利用しているが、繁閑あるはずの滋賀県琵琶湖畔のリゾートホテルで、ここまでのクオリティを維持しているのは驚きだった。フルコースですっかりノックアウトされた最後の〆がフカヒレチャーハン。悶絶である。

総合得点
42
コスパpt
3

▼採点項目

立地	3
外観	2
エントランス	2
ロビー・フロント	15
パブリックスペース	13
客室	38
飲食環境	2
駐車場	1
全体特記事項	0

76pt／180pt

4月23日（水） 113／365

東京　新宿　〈エコノミー〉

新宿ビジネスホテル

東京都新宿区新宿4-4-21 ☎03-3341-1822
チェックイン17:00 チェックアウト10:00

本日の部屋 シングル／310号室／4800円

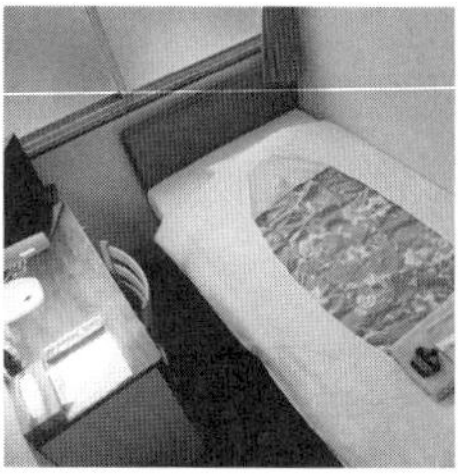

本日は「チャレンジシリーズ」で、ビジネスへ投宿。

朝早く京都から戻る。「ロイヤルオークホテル」の3日間、もう～飲みなはれ！ 食べなはれ！ の幸せ、贅沢な時間だった。他のホテル同様、最初は自分から選んで泊まったホテルであったが、ファーストインプレッションで得た感動は間違いない。その後、正式取材などを通してお付き合いを深めていくと、ますます直感の大切さを感じる。ホテルって生きている。本当に面白い。

早めに大津を出発して午後帰京。もっとゆっくりしていたかったが、夜は番組の生出演が待っている。夕刻六本木へ。19時半から21時まで「WOWOWぷらすと」にスタジオ生出演し映画とホテルについて話してきた。最初90分ノンストップ（CM等一切なし）はどうかなぁと少々心配だったが、MCの大谷ノブ彦さんも盛り上げてくれるのでトークに熱が入り、アッという間。喋りたいことの半分も話せなかった。やはりここでも365ホテル旅の話で盛り上がる。「家に帰ってないんですか!?」と2014年何度聞かれたことだろう。ニコニコ生放送で視聴者からの声もリアルタイムで届いて楽しい番組だった。

新宿へ移動。生放送後の高揚感をうち消すように、今日も365ホテル旅、チャレンジシリーズ（「そんなシリーズいつから始まったの?」シリーズ）のビジネスホテルへ戻る。夕刻チェックインしていたホテルは、新宿の甲州街道と明治通りの交差点辺りにある『新宿ビジネスホテル』。そのままズバリなネーミングである。

こちらのホテル、チェックインは17時から。バストイレ共同。部屋に入って掛け布団が柄物だったのにはちょっと「ひいた」が、清潔に保とうとメンテナンスの努力は感じられる。しかし部屋のサッシ隙間から外気が進入するというのは、真冬には厳しいのではないかと心配になった。4月で良かった。

総合得点
39
コスパpt
3.7

▼採点項目

立地	3
外観	2
エントランス	2
ロビー・フロント	20
パブリックスペース	19
客室	20
飲食環境	4
駐車場	1
全体特記事項	0

71pt／180pt

4月24日(木) 114／365

東京　上野　〈カプセル〉

カプセル&サウナ　オリエンタル

東京都台東区上野6-9-9 ☎03-3833-1501
チェックイン12:00 チェックアウト11:00

本日の部屋 上段／7F107号／2700円

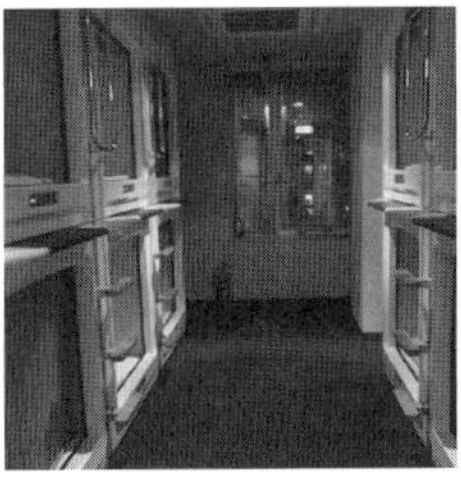

旧式ビジネスより、進化型カプセルが快感。

ほとんど眠れず深夜もホテルで仕事。早朝新宿から帰宅して仮眠。やはりバストイレ共同の古いホテルよりも、仕事はできずともカプセルホテルがラクチンだなぁと思う。ビジネスホテルは確かに個室ではあるが、機能性や清潔感、サウナや大浴場の充実度を考えると、旧式のビジネスホテルよりも進化系カプセルホテルに軍配だというのが最近の感想。今夜はカプセルホテルへ無性に行きたくなってきた。365ホテル旅は人を変える。

夕刻、「ホテルインターコンチネンタル東京ベイ」へ。4月30日にオープンする「レインボーブリッジビューダイニング&シャンパンバー マンハッタン」のプレス発表会へお招きいただいた。エスコフィエ・フランス国際料理コンクールで国内最年少優勝を果たした若き料理長吉本さんの手による、カラフルアートテリーヌからメインの日本短角牛の備長炭炭火焼きを、シャンパン・ワインをお供にブリッジビュー正面の特等席から満喫。カラフルにその表情を変えるシャンパンバーテラスからは、正面にレインボーブリッジ、左手にはリトルマンハッタン、非日常が同居するオトナの隠れ家だ。365ホテル旅、泊まったホテルだけじゃなくて、高級ホテルの最新情報からお得なホテル利用術まで、ホテルにまつわる様々な情報をも盛り込んでいきたい。そんな欲張りな旅でもある。

さて前夜のバストイレ共同の古いビジネスホテルを利用して、個室ではないけどやっぱりカプセルホテルかも、ということでカプセルホテルのレベルが高い上野にある『カプセル&サウナ　オリエンタル』へチェックインしてみた。

やっぱり上野地区のカプセルホテル、レベル高いぞ。館内は広々しており雰囲気は明るい。とにかく設備の充実した大浴場を使えるのは助かる。たくさんの人が利用するということは、それだけ清掃にも気を使うのだと改めて感じた。

総合得点
37
コスパpt
3.2

▼採点項目

立地	3
外観	2
エントランス	2
ロビー・フロント	18
パブリックスペース	18
客室	19
飲食環境	4
駐車場	1
全体特記事項	0

67pt／180pt

4月25日(金) 115／365

東京　新宿　〈カプセル〉

サウナ&カプセル　ビッグレモン

東京都新宿区歌舞伎町1-15-5 ☎03-3200-4908
チェックイン11:00 チェックアウト9:30

本日の部屋 下段／678号／3800円

4月末で、既に東京のカプセルの半分を制覇！

かなりいい気分で上野のカプセルホテルを利用して帰宅。こうなると、やっぱり本場ともいえる新宿歌舞伎町のカプセルホテルも気になる。

晴れて初夏の陽気でもある東京。午前中は大田区大森の建築設計事務所で新たなホテルのコンセプトなどについて打ち合わせ。建築家の先生に、絶品ハヤシライスをご馳走になる幸せ時間だった。

夜は新宿で会食の予定があるので、昼過ぎにオフィスへ戻り1本原稿書いて少し仮眠。電話で起こされる。某テレビ局から。週末米国大統領の来日の特集らしく某ホテルについて調べているとのこと。「1フロア貸し切ったらいくらすんですかね?」。ズッコケて一気に目が覚めた。丁寧に取材対応。これから用事があるのでと言ったら「また23時過ぎに電話していいっすかね?」と、まっ、テレビ局いつものパターンである。

過日、ホテルのパーティーでお会いして、すっかり意気投合したホテル関係者の方と今宵は新宿の思い出横町へ。スタートダッシュのまま気付けばラストスパートという3時間半、熱き男らのホテル談義。立場は違えどホテルを愛する気持ちは同じだ。

そして当初の目論見どおり、新宿歌舞伎町のカプセルホテルへ潜り込む。結果としてカプセルホテルとしては365ホテル旅で24施設目となる『サウナ&カプセル　ビッグレモン』へ。東京のカプセルホテルは約50といわれているが、4月終わりの段階で約半数とはかなりいいペースである。365ホテル旅で都内全施設利用できそうな勢いだ。

ビッグレモン、少し古い印象だが、充実したサウナに大浴場、食事処にレストルーム、と設備は揃っている。ただし上野地区と比べて料金は少し高めだ。これも日本一の繁華街、夜の街、新宿歌舞伎町ならではといったところか。

総合得点
65
コスパpt
3.5

▼採点項目

立地	3
外観	4
エントランス	3
ロビー・フロント	22
パブリックスペース	20
客室	60
飲食環境	3
駐車場	3
全体特記事項	0

118pt／180pt

4月26日(土) 116／365

群馬　高崎　〈ミドル〉

榛名の湯ドーミーイン高崎

群馬県高崎市あら町55-1 ☎027-330-5489
チェックイン15:00 チェックアウト11:00

本日の部屋 シングル／509号室／6600円

スパ施設が充実の、ドーミーインで和む。

初夏のような快晴土曜日は先週に引き続き高崎へ。地元メディアからの取材依頼。日帰りも出来るのだが、どうせ高崎に行くのならと、先週地元のホテル関係者から招待を受け訪問し、その素晴らしさに卒倒した焼肉の隠れ家的名店「ホドリ」へ行きたくて宿泊することに。焼肉食べるためにホテルへ泊まるか⁉ という根本的な問いはあるが、何せ365ホテル旅、どうせどこかへ泊まるわけで、しかも土曜日で都内のホテルは高レート。

高崎に到着すると更に暑い。半袖短パンでもいい陽気だ。でも仕事ではそうはいかず汗をフキフキ、そしてホテルへチェックイン。

こんな日は大浴場にサウナの充実したホテルがいい。そんな時のドーミーインである。全国チェーンのビジネスホテルで大浴場を設けているところは多いが、ドーミーイン、特に新しく建てられた施設の大浴場やサウナは群を抜いている。

ドーミーインを運営するのは共立メンテナンスという会社であるが、ホテル事業紹介サイトのタイトルが「ホテスパ」。ホテルとスパを合わせた造語だろうが、同社がスパに力を入れていることがうかがえるネーミングだ。

というわけで、『榛名の湯ドーミーイン高崎』へチェックインした。大浴場、サウナも素晴らしいが、部屋のリラックス度も満点。ただし、デスクに置かれる肘掛け付きのチェアがどうしても作業しにくく、いつもベッドサイドに置かれたスツールと取り替えてしまう。スツールの上であぐらかいてキーボード叩くのが一番ラクチンなのである。とにかく大きなベッドにデュベスタイル、くつろぎ度も高いドーミーインチェーンのホテルだ。

夜の目的、焼肉「ホドリ」。梅肉を和えたミノが安くて美味くて、ホテルもコスパ高いとたまらんが、美味しい食事もコスパ高い時の悦楽度はたまらないものがある。

総合得点
55
コスパpt
3.3

▼採点項目

立地	3
外観	2
エントランス	2
ロビー・フロント	22
パブリックスペース	15
客室	52
飲食環境	2
駐車場	1
全体特記事項	0

99pt／180pt

4月27日(日) 117／365

東京　池袋　〈エコノミー〉

ホテルウィングインターナショナル池袋

東京都豊島区東池袋3-10-7 ☎03-5396-5555
チェックイン16:00 チェックアウト10:00

本日の部屋 シングル／705号室／5000円

コーヒーサービスと電子レンジが、最近の標準装備。

ドーミーインで朝サウナをやっていると、すっかり気持ちよくなってしまい朝寝。10時にチェックアウト。日曜日ということもあって電話やメールもほとんどなく、まぁゆっくり帰りましょうということでチンタラ関越道を東京方面へ。

途中まで来てハッとした。TBSテレビの「アッコにおまかせ!」で、写真とコメントが紹介されるんだった。一転急いで帰宅。ギリギリセーフで見ることができた。予想以上に大きな顔写真付きで取り上げていただき、また、「日本を代表するホテル評論家」と紹介されていて甚だ恐縮の至りである。365ホテル旅に関しては、日本を代表することは間違いないが(他に誰がやってんじゃ)。番組内では新刊の宣伝まではしてもらえなかったが、ネット書店のランキングがアップしたのだから、東京キー局地上波の影響はすごいなぁと思う。

1月の終わりに後楽園の「ホテルウィングインターナショナル」を利用した折、同チェーンの利用者目線に結構感動したことを思い出し『ホテルウィングインターナショナル池袋』を予約してみた。

入口から階段を下りたところにあるロビースペース。夜遅かったが笑顔のフロントスタッフに迎えられた。ロビースペースにはコーヒーサービスがあってまずは好印象。自動販売機は4か所にある。電子レンジも設置されている。最近のビジネスホテルのトレンドをよく取り入れている。

一方、モノトーンを基調とした部屋はちょっと雑な印象。せっかくデュベスタイルを採用したベッドメイキングなのに、上掛け布団の裾がシワシワでマットレスに押し込められていて、見た目にもよくない。ベースとマットレスのサイズが合っていないような気もする。外部委託されているであろうルームメイドの当たりはずれというのはあるのだろうか。ルームメイドへの取材はいまだ叶わず。

総合得点
75

コスパpt
3.6

▼採点項目

立地	5
外観	4
エントランス	4
ロビー・フロント	28
パブリックスペース	19
客室	67
飲食環境	4
駐車場	3
全体特記事項	2

136pt／180pt

4月28日(月) 118／365

東京　日本橋　〈デラックス〉

ロイヤルパークホテル

東京都中央区日本橋蛎殻町2-1-1 ☎03-3667-1111
チェックイン14:00 チェックアウト12:00

本日の部屋 ツイン／613号室／22300円

派手なサービスより、ちょっとした心遣い。

昼過ぎに日本橋の『ロイヤルパークホテル』へ。庭園を見渡せる低層階の42㎡のデラックスツインへチェックイン。こちらのフロアプランは、調度品のレイアウトもあり仕事にもってこい。大きな窓から望む庭園も落ち着く。昨夜の「こんなベッドメイキングは嫌だシリーズ（『いつからそんなシリーズ始まったの？』シリーズ）」とのギャップにいろいろな意味で考えさせられる。

夕刻、出版社にて新連載の打ち合わせ。宝町へ。ロイヤルパークホテル直結の水天宮駅からだと半蔵門線に乗車なので、都営線に乗るべく人形町まで歩く途上、書店をみて出版社への献本忘れた！とハッと気づきイン。結局時間がなくなりタクシーで着。

夜は、友人のフードジャーナリストはんつ遠藤さんにお招きいただき、大手町のやきとりテーマパーク「全や連総本店」へ。実はロイヤルパークホテル、地下直結の半蔵門に乗れば大手町へはアクセス抜群。しかも全や連総本店も地下鉄大手町駅に直結。雨に濡れずどころか外の天気なんてわからないうちに到着である。

はんつさんの爆笑トークにアッという間にラストオーダータイム。焼鳥はもちろん、サイドメニューからアルコール各種、デザートまで突っ走った。そうそう信州上田出身者としては「信州上田美味だれ」もまたひと味違って、うさぎおいし（×美味し○追いし）かの山的故郷を感じるのであった。色紙にサインを求められちょっと緊張。

ホテルでシャンプー・リンス・ボディーソープの追加をリクエストしたら…新しいバスタオルもセットで届けられた。追加されたバスタオルは使わなかったが、使う使わないではない。派手なサービスの押しつけではなく、このようなちょっとした心遣いに利用者は感動し、リピーターとなることもある。

総合得点
58
コスパpt
3.6

4月29日（火・祝） 119／365

神奈川　横浜　〈エコノミー〉

メルパルク横浜

神奈川県横浜市中区山下町16 ☎045-662-2221
チェックイン15:00 チェックアウト10:00

本日の部屋 ツイン／アップグレード／613号室／4400円

▼採点項目

立地	3
外観	2
エントランス	3
ロビー・フロント	25
パブリックスペース	16
客室	51
飲食環境	3
駐車場	3
全体特記事項	−1

105pt／180pt

昔から利用率の高い、横浜の安心ホテル。

午前中はホテルで仕事。メールチェックしているといくつかの仕事オファー。本が刊行されてからというもの、メディアからホテル企画のオファーが多くなってきた。うれしい限りである。

午後は汐留の日本テレビへ。その後川崎へ移動。数少なくなったコンサルタント継続中案件の打ち合わせ。コンサルタントのクライアントなのに、「テレビみました！」「ラジオききました！」と、オマエいったい何の仕事に来たのじゃ〜状態である。

川崎から横浜へ移動。横浜元町「三郎寿司」で、久々に1人ディナーをしようと、山下公園前の『メルパルク横浜』へチェックイン。

メルパルク横浜はその昔から利用率の高いホテルだ。なんといっても山下公園前という立地は横浜観光にも最高だし、その割に低廉な料金はありがたい。特にデュベスタイル、お持ち帰りスリッパへ移行してからは利用率が高くなった。清潔感のある冷水ポットも助かる。

ただしクローゼットのハンガーはいただけない。「こんなホテルのハンガーは嫌だシリーズ（『そんなシリーズあったっけ?』シリーズ）」である。激安クリーニング店かよ。スプリングコートの肩くずれが心配で使えず。

ホテルから元町にある三郎寿司へは至近。カウンター中心でゆっくりでき本当にいい寿司屋だ。もう1〜2軒、できれば関内方面へも飲みに繰り出したいところではあるが、明日は早い、素直にホテルへ戻るのだった。

ところでメルパルク横浜、電気式蚊取りが部屋に置かれていることからもわかるとおり、季節によっては蚊が部屋に進入してくることがある。6階だし未だ4月だからと、窓を開けて油断していたら蚊を発見。慌てて蚊取りのスイッチをオンするが時既に遅し。今年はじめて蚊に刺されるハメになった。

総合得点
53

コスパpt
3.5

▼採点項目

立地	2
外観	2
エントランス	2
ロビー・フロント	20
パブリックスペース	14
客室	53
飲食環境	2
駐車場	1
全体特記事項	0

96pt／180pt

東京　新橋　〈エコノミー〉

ホテルリブマックス新橋

東京都港区新橋6-20-1 ☎03-5425-1212
チェックイン15:00 チェックアウト10:00

本日の部屋 シングル／701号室／3700円

部屋にある電子レンジは、意外なほど便利。

自宅書斎で仕事するため、早朝3時過ぎに強雨の港ヨコハマを出発。

東京の郊外へ車で行き、ホテルに宿泊した時は、早朝にチェックアウトするパターンが多い。朝になると、都心へ向かう道路は渋滞するので、帰宅したら昼前だったなんてことになると1日無駄にしかねない。早朝であれば時間も読めるし、朝早く帰宅できれば1日有効に使えるからだ。

第三京浜〜環状8号線もスイスイ！と思いきや、工事でも事故でもないのにこんな時間なのに渋滞しているのがカンパチの恐ろしさ。4時過ぎに帰宅、まだ少し睡眠不足だったので朝寝。スッキリしてオフィスへ移動し仕事という完璧な一日のスタートである。

午後になって地下鉄で外出。雨が降る大都会東京の水曜日はまず虎ノ門へ。ラジオNIKKEIで放送される「聴く日経」の収録。

到着して現場で台本を渡される。タイトルコールとエンディング以外は20〜25分間の独演という内容。到着して15分ほど打ち合わせ後早速収録。一発録り。23分35秒ひとり喋りまくりピタリおさめ、到着後45分でスタジオを去る。時は金ナリ。その後、汐留へ移動。日本テレビの新番組ホテル企画打ち合わせ。

雨の中、地下鉄と徒歩で移動してきて疲れが出てきた。新橋のビジネスホテルにしようと決めて『ホテルリブマックス新橋』へチェックイン。まだチェックイン時刻前であったが、ロビーは明るく、大型テレビも置かれている。ソファで時間を潰すのにもいい。自販機のペットボトルは130円と嬉しい限り。

館内は所々古さも感じるが、基本的にはリニューアルされていて悪くない。デュベスタイルやお持ち帰りスリッパの採用はないが、部屋に電子レンジが備えられているのには驚いた。これは便利である。

column2

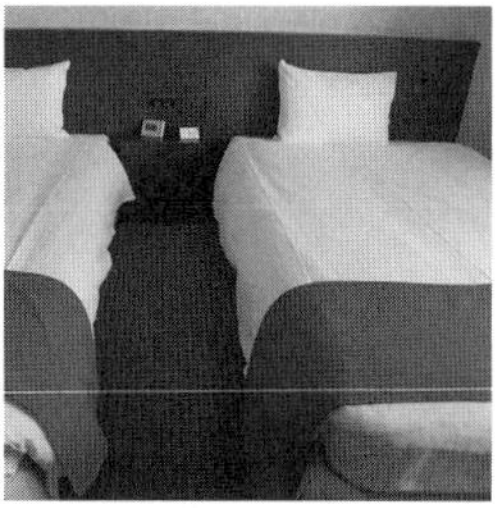

ホテルの「ベッドスロー」は清潔か?

最近ホテルの客室でよくみられるベッドスロー。ベッドスローとは、元々フットスローともいわれ、靴中心の生活である海外で、靴を履いたままでベッドに横たわる時、スローに靴が乗せられることにより、ベッドカバーなどの汚れを防ぐという意味がありました。

日本のホテルで最近みられるスローは、客室インテリアのアクセントとしての効果も高いのです。特に、掛け布団を清潔な白いボックスシーツでカバーリングする「デュベスタイル」というベッドメイキングスタイルで、スローやクッションと併用されているパターンが多くみられます。真っ白なシーツの上に色のあるスローを掛け、同系色のクッションを枕元に置くことでベッドにアクセントが生まれます。そのようなインテリアとしての効果の他にも、「ベッドメイキングが終わりました」というホテルからゲストへのメッセージにもなっています。

ちなみに高級ホテルになるとフットスローの採用率が低いという現象もあります。ベッドメイキングは終わっているのが当然ではないか、ということでしょうか。

ところでこのベッドスローやクッション、インテリアとしてはいいのですが、実際ベッドで寝るときには邪魔になります。いらなくなったベッドスローやクッションはどこへ置かれるのでしょうか。筆者がホテル利用者へ聞き取り調査したところ、畳んでクローゼットやデスクの上に置いておくという人は少数派で、多くの方は床に放っておくといいます。

さて、そのような取り扱いをされたスローやクッションは清潔なのか? という問題があります。これはホテルへの調査を待たなければなりませんが、スローやクッションカバーの洗濯頻度が気になるところです。

インテリアのアクセントとしては秀逸なスローやクッション。せっかく清潔なデュベスタイルを導入しても、アクセントが清潔ではないとすれば残念なことです。

5月 May

5月のトータル宿泊料

¥180,580

累計 ¥805,680

121	1日	東京 阿佐ヶ谷	スマイルホテル東京阿佐ヶ谷
122	2日	東京 新橋	アパホテル新橋虎ノ門
123	3日	東京 赤羽	Single CABIN 立花
124	4日	東京 小岩	カプセルホテルFK
125	5日	東京 潮見	アパホテル東京潮見駅前
126	6日	東京 池袋	アパホテル池袋駅北口
127	7日	静岡 伊豆の国	伊豆長岡温泉 南山荘
128	8日	東京 晴海	晴海グランドホテル
129	9日	東京 池袋	スーパーホテルInn池袋北口
130	10日	東京 大塚	R&Bホテル大塚駅北口
131	11日	東京 町田	ホテル ラクシオ・イン
132	12日	東京 早稲田	リーガロイヤルホテル東京
133	13日	千葉 成田	成田ゲートウェイホテル
134	14日	北海道 札幌	東京ドームホテル札幌
135	15日	北海道 札幌	ANAホリデイ・イン札幌すすきの
136	16日	東京 新宿	遊楽膳
137	17日	東京 大塚	H-SEVEN OHTSUKA
138	18日	東京 竹芝	ベイサイドホテル アジュール竹芝
139	19日	東京 大塚	ホテル アペルト
140	20日	広島 広島	オリエンタルホテル広島
141	21日	愛媛 松山	プレミアイン松山
142	22日	高知 高知	セブンデイズホテルプラス
143	23日	東京 大塚	ホテルメンテルス大塚
144	24日	東京 新宿	カプセルホテルはたごや
145	25日	大阪 大国町*	リッチモンドホテルなんば大国町
146	26日	徳島 徳島	アグネスホテルプラス
147	27日	東京 池袋	ホテルオーエド
148	28日	東京 北千住	ホテルココ・グラン北千住
149	29日	福岡 福岡	グランドハイアット福岡
150	30日	福岡 福岡	アゴーラ福岡山の上ホテル&スパ
151	31日	埼玉 新座	デイリーイン254

総合得点
50
コスパpt
3.2

▼採点項目

立地	3
外観	2
エントランス	2
ロビー・フロント	17
パブリックスペース	14
客室	47
飲食環境	4
駐車場	1
全体特記事項	0

90pt／180pt

5月1日(木) 121／365

東京　阿佐ヶ谷　〈エコノミー〉

スマイルホテル東京阿佐ヶ谷

東京都杉並区阿佐谷南3-37-11 ☎03-3220-8755
チェックイン15:00 チェックアウト10:00

本日の部屋 シングル／310号室／4800円

古いホテルのリブランド、スマイルの3軒目。

朝早く六本木ヒルズ森タワーへ。俳優の別所哲也さんがナビゲーターの番組へスタジオ生出演。やはり365ホテルの話が話題に。淡々と日々ホテルを利用しているだけなのであるが、もはや変わり者扱いである。う〜ん、そう言われれば確かに、だ。

365ホテル旅生活になってから、自宅はおろかオフィスへ出向く機会もすっかり減ってしまった。ずっと前に買っておいた夏物カーテンをやっと取り付ける。久々のオフィスでやること満載、すっかり夜遅くなってしまったので、近場のホテルへ移動することに。

中央線に乗っていると阿佐ヶ谷駅の高架に沿って看板の見える『スマイルホテル東京阿佐ヶ谷』が今宵の宿。

365ホテル旅で都内のスマイルホテルは巣鴨、浅草に続き3軒目。いずれも印象が良かった。確かに古いホテルのリブランドではあるが、ポイントを押さえた改善が好印象だ。

阿佐ヶ谷駅から高架沿いにホテルへ向かうと、若者が大騒ぎしている。行き交う男性、若い女性、大声だ。高架下で電車の騒音がウルサイからか。スマイルホテルの周辺も遅い時間なのに(だからか)たむろしている。ロビーは綺麗であるが遅い時間だからか少々暗い印象。ホテルは5階建て、部屋は2階以上、各階に自動販売機を備えている。

部屋に入ってびっくりしたのがキー連動の電源。今の流行はカードを挿入するタイプ。たまにみかけるのがキーのプラスチックやアクリル部分を挿入するタイプ。そうはいっても挿入部分は歯ブラシの柄くらいのサイズ(といって歯ブラシの柄を入れないようにしよう)なのだが、こちらのホテル、棒状のデカイやつを上からスポッと突っ込む。かなり旧式のタイプのようだ。部屋の中はリニューアルされてはいるが、エアコンも何年前の? といった見た目だった。

総合得点
62
コスパpt
3.8

▼採点項目

立地	2
外観	4
エントランス	4
ロビー・フロント	26
パブリックスペース	15
客室	59
飲食環境	2
駐車場	1
全体特記事項	0

113pt／180pt

5月2日（金）122／365

東京　新橋　〈エコノミー〉

アパホテル新橋虎ノ門

東京都港区西新橋2-6-9 ☎03-3500-1155
チェックイン15:00 チェックアウト11:00

本日の部屋 シングル／705号室／5800円

皆さんからの質問。「今夜はどこに泊まるの？」

午後に虎ノ門、夜は六本木という一日。15時に『アパホテル新橋虎ノ門』へチェックイン。一時は3万円近い日もあった都心のアパホテル料金もこなれてきた。ゴールデンウィークではあるが東京に人がいないと安くなるのか。今日は５８００円。もちろん他のホテルだって同様に変動するが、他の都心アパホテルでは3千円台なんて料金もあって、その落差が大きいのがアパホテルの特徴。3千円台なんていえば周囲のカプセルホテルより安いゾ。まっ、アパホテルリサーチにはいい日だ。昨今の「アパ頂上戦略下」の都心出店店舗で採用されているマットレス「クラウドフィット」があまりにすんばらしく、記事を執筆しようと思っていたので、既に3店舗ほど利用してきたが、あと2店舗ほど覆面調査したいと思っている。

チェックイン後は、虎ノ門のオータパブリケイションズへ。刊行した本の帯書きをいただいたホテルジャーナリストの村上実先生へ出版後の挨拶と、出版記念パーティーでの来賓挨拶、トークセッションなどのお願いに参上。「今日はどこへ泊まるの？」とお声掛けいただくのが定番になりつつあるのだった。同社の『週刊ホテルレストラン』編集部のみなさまも拙著を買って下さっていて、みなさんからサインを頼まれたりと、業界専門誌の編集部でひとり恐縮しまくり。

夜は六本木でフードジャーナリストはんつ遠藤さんの「はんつ遠藤プロデュースプレミアムチキンカレー」お披露目パーティー。はんつさんから突然のご指名を受け乾杯の音頭（なんともアバウトな挨拶）、そしてカラオケタイムの司会まで、なんでもござれの書いて歌って喋る評論家である。昨年訪れた北海道は富良野の「富川製麺所」、富川さんにもお会いでき楽しい時間だった。そしてみなさんから「今夜はどこへ泊まるんですか？」と聞かれる夜であった。

総合得点
35
コスパpt
3.5

▼採点項目

立地	3
外観	2
エントランス	2
ロビー・フロント	18
パブリックスペース	17
客室	18
飲食環境	3
駐車場	1
全体特記事項	0

64pt／180pt

5月3日(土・祝) 123／365

東京　赤羽　〈カプセル〉

Single CABIN 立花

東京都北区赤羽西1-5-1 ☎03-3900-4381
チェックイン16:30 チェックアウト10:00

本日の部屋 下段／405号／2500円

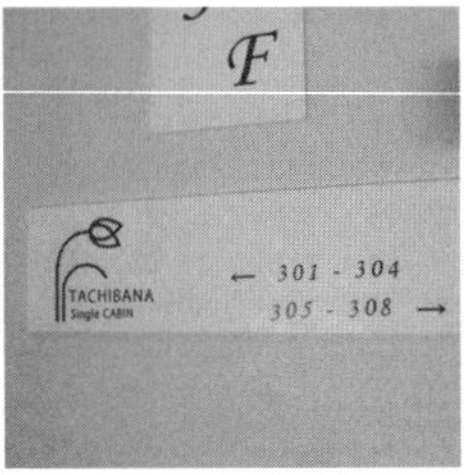

GWど真ん中、高いのはともかく、空いてない。

「アパホテル」のクラウドフィットで熟睡して朝帰宅。5月2日はまだ良かったが今日は3日。ゴールデンウィークや、お盆など、ホテルがバカ高い日は365ホテル旅にとって鬼門である。

1か月の予算15万円という目安なので、こんな高騰しているホテルを利用していたら完全予算オーバーだ。このミッションを始めた時からウスウスわかってはいたのだが、イザその日が来るとかなり深刻な問題となる。いや、高くても空いていれば何とかなろうものであるが、「空いていない」のである。ネット予約のサイトを閲覧したところで空室なしと表示される。待てば海路の日和あるかも、なんて自宅書斎で原稿やネットメディアの執筆に集中。

夜は赤羽に。同じく鉄道ファンの友人と「夜行列車懇話会」第1回会合。第1回テーマは「昭和の夜行列車を語ろう」。割とディープな話題で盛り上がる。結局3軒ハシゴ、寿司屋で鉄火巻きなぞつまみ、スマホで探して赤羽駅近くのカプセルホテル『Single CABIN 立花』へ電話。空いているとのこと。速攻リザーブ。2500円は安い。

赤羽のカプセルホテルは確か3軒目の利用だったかなぁと思いつつ、これまでの2軒があった繁華街とは違う、駅に近い高架近くへ移動。

こちら、最近流行のキャビンタイプもあるホテル&カプセルホテルともいえる形態。ネットで見ると、キャビンタイプがセンスよく、オシャレにまとめている雰囲気でそそられるが、そんなに長く滞在しないのでカプセルにしておく。

館内にはいくつか水槽が置かれている。オーナーの趣味なのだろうか。そんな水槽とトイレの清掃状態がイマイチだったが、案内板のロゴがカッコ良かったり、その他は好印象の赤羽駅至近のカプセルホテルであった。

総合得点
35
コスパpt
3.3

▼採点項目

立地	3
外観	2
エントランス	2
ロビー・フロント	18
パブリックスペース	15
客室	19
飲食環境	3
駐車場	1
全体特記事項	0

63pt／180pt

5月4日（日・祝） 124／365

東京　小岩　〈カプセル〉

カプセルホテルFK

東京都江戸川区西小岩1-28-3 ☎03-5693-1670
チェックイン15:00 チェックアウト12:00

本日の部屋 下段／612号／3100円

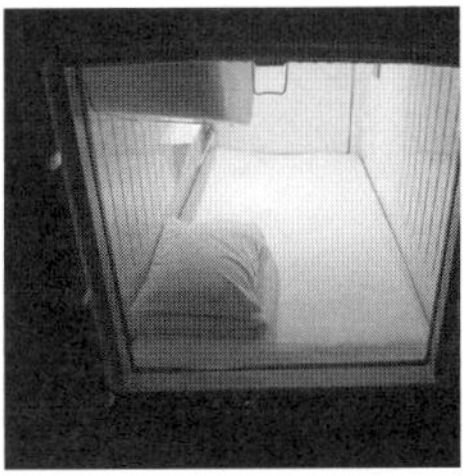

当日の午後になると出てくる、空室をチェック。

ゴールデンウィーク真っただ中のほぼひとり東京。友人知人らはSNSなどを見るに多くの人はどこかへ出かけている様子。羨ましいかといえば、毎日割と楽しく、時にして壮絶なホテル旅をしているので、そもそも地方遠征が不可能な超繁忙期はなんとなくホッする。最初から諦めているので、日中はずっと家にいるし、ちょっと用足しに出かけるにも、道路も電車も結構空いており、孤独とまではいかないが「ひとり」を感じる。

365ホテル旅を知っている友人からは「ゴールデンウィークなんて泊まるホテルないんじゃない？」と心配の声を掛けられる。確かに観光地はダメだし、都内のホテルも相当に混んでいるようで空いていないし、空いていたとしてもかなりお高い。

ではどうするかといえば、ネットの予約サイトでこまめにチェックしていると、これが意外にも当日の午後になると空室がちらほら出てくるのだ。当日キャンセルや売れ残りが出たりするからか。そんな空室とはいえ飛びつくことはできない。やはり高レートである。

まぁいいや、と夜遅く江戸川区まで遠征することに。こんなホテル旅でもしていなければなかなか出向く機会はない江戸川区。都内カプセルホテル制覇という目論見もあり、意気揚々と深夜の環状7号線を走る。練馬から江戸川区小岩まで、遠い印象はあるが、休祝日の深夜なんかガラガラだ。40分ほどで到着した。深夜料金で安いコインパーキングへ駐車し、小岩の繁華街にあるカプセルホテルへ向かう。この辺りは客引きがすごい。100mくらい歩くと5人の、恐らくアジア系の外国人とおぼしき女性から声を掛けられた。

そんな猥雑な小岩駅近くの繁華街にあって、『カプセルホテルFK』、館内は清潔でオアシスのような気分になった。

総合得点

60

コスパpt

3.9

▼採点項目

立地	2
外観	3
エントランス	3
ロビー・フロント	22
パブリックスペース	19
客室	55
飲食環境	2
駐車場	2
全体特記事項	0

108pt／180pt

5月5日(月・祝) 125／365

東京　潮見　〈エコノミー〉

アパホテル東京潮見駅前

東京都江東区潮見2-8-6 ☎03-5653-8111
チェックイン15:00 チェックアウト11:00

本日の部屋 シングル／679号室／3000円

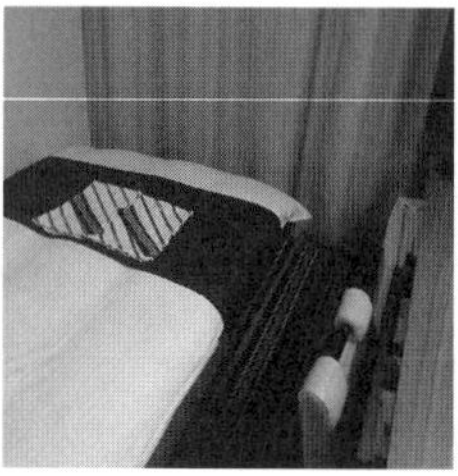

黒とオレンジのツートンがしゃれた、都会型アパ。

今年のゴールデンウィークは6日火曜日まで。まだ明日を残しているとはいえ、5日あたりになると、都内のホテルも観光地のホテルも空室が目立ってくる。最初は心配した超繁忙期の365ホテル旅、カプセルホテルだったら結構空きがあり、都内のカプセルホテルを制覇しようともしている身としては、一石二鳥とばかりに利用することが出来た。

やっと365ホテル旅、本来のペースを取り戻せそう。カプセルホテルではない、大浴場のあるホテルに行きたい気分になり、都内のアパホテルとしては貴重な大浴場付き施設ということで、『アパホテル東京潮見駅前』へチェックイン。なんと3000円だ。

ホテル専門情報メディアの編集長もやっていることから、ホテルに関する様々なニュースを配信しているが、こちらのホテルでは様々なイベントが催されている印象があった。到着してみてわかったが、外観からして都内のアパホテルとしてはかなり大きな規模だ。1階にはコンビニも併設されている。ホテルにコンビニが併設されているだけで、何だか安心感を抱くようになった。コンビニってやっぱすごい。

ホテルへ入ると広々としたロビーで、都内アパホテルの印象を覆す。黒とオレンジのツートンソファが余裕を持って配されていてオシャレな雰囲気だ。

チェックインしようとしたら、アジア系の外国人男性3人が、飛び込みで「部屋はないか」と聞いている。ネット予約した段階では結構空室はあったと記憶していたが、「満室です」とお断りをくっていた。ホテル側にもいろいろ事情はあるのだろう。

部屋は、デュベスタイルに大型テレビと、アパクオリティが貫かれている。こちらのデスクチェアもオレンジだ。そういえば最近のアパホテル、オレンジがテーマカラーのひとつになっている気がする。ビタミンカラーで元気が出そうだ。

総合得点
62
コスパpt
3.8

▼採点項目

採点項目	
立地	2
外観	4
エントランス	3
ロビー・フロント	24
パブリックスペース	16
客室	59
飲食環境	4
駐車場	1
全体特記事項	0

113pt／180pt

5月6日（火・振）126／365

東京　池袋　〈エコノミー〉

アパホテル池袋駅北口

東京都豊島区池袋2-48-7 ☎03-5911-8111
チェックイン15:00 チェックアウト11:00

本日の部屋 シングル／1104号室／4500円

GW最終日、ホテルは見事にプライスダウン。

やっと、ゴールデンウィーク最終日。大型連休最終日はホテルもよりどりみどりだ。とにかく安い。超高級ホテル、とまではいかないが、かなりデラックスなホテルが射程圏内となる。でも、せっかくデラックスホテルに泊まるなら、ずっとホテルにいたい。モッタイナイ的発想であるが、デラックスホテルには滞在する魅力が溢れている。

今宵は池袋で、先日生放送でご一緒した映画文筆家の松崎健夫さんと会食予定。オーセンティックバーラウンジでワイングラス片手に映画&ホテル談義ということで、夜遅くのチェックインになるだろうと池袋繁華街のホテルを選んだ。

池袋駅北口は繁華街でもあるが、その奥は風俗店街・ラブホテル街でもあり、猥雑な雰囲気がある。そんな中で繁華街に近い立地にあるのが『アパホテル池袋駅北口』だ。

365ホテル旅では、アパ頂上戦略と銘打った都心の集中出店が気になり利用、その素晴らしいマットレス「クラウドフィット」に感動して、確認するかのようにその後も数店舗覆面調査、やっぱいいゾと確信していた。

そんなマットレスもデュベスタイルの効果で更にその魅力を増す。もちろん部屋の広さは限定的なので、ゆったりした滞在というイメージではないが、寝るだけ満足度の高いビジネスホテルチェーンとして貴重だ。

またアパホテルの特徴として大画面テレビが挙げられる。最近すっかり値段が下がった大型液晶テレビ。デラックスホテルでも小さなサイズを見かけるが、テレビの大きさで感動的な気分になれる客も多いのであるから、こんな安い投資もないと思う。アパホテルの大型テレビはデスクに置かれているケースをよく見かけるが、今夜の部屋は壁付けであった。部屋が少し広くなったような気になる。

総合得点
62
コスパpt
-

▼採点項目

採点項目	
立地	2
外観	2
エントランス	3
ロビー・フロント	25
パブリックスペース	19
客室	56
飲食環境	2
駐車場	3
全体特記事項	1

113pt／180pt

静岡　伊豆の国〈旅館〉

伊豆長岡温泉　南山荘

静岡県伊豆の国市長岡1056 ☎055-948-0601
チェックイン15:00 チェックアウト10:00

本日の部屋 和室／ちどり／インビテーション

歴史ある伊豆の宿の、意外な柔軟性に驚く。

ゴールデンウィーク明け、さぁ始動！みたいな気分で伊豆長岡へ。途中、沼津でインターで降りてランチタイム。「春来軒」へ。正当派醤油ラーメン。普段スープは残すがこちらは完食。噂通りのウマウマ。

初夏のような陽気の中、伊豆長岡へというのも、アゴーラ・ホスピタリティーズにて運営している『伊豆長岡温泉　南山荘』へ試泊取材。そもそもはこちらでゲストハウス*をスタートさせたとのことで、編集長をつとめるホテル情報専門サイト「ホテラーズ」の姉妹サイトである、ゲストハウス情報専門サイト「ゲストハウス・トウデイ」の向井編集長の取材に同行した次第。

あぁ～来て良かった。なんと8000坪！の多層式数寄屋造り。創業明治43年、川端康成氏も逗留したという歴史ある宿で執筆など。まさに（パソコンだが）文豪気分!? で執筆なのであった。この歴史ある宿、決して新しくはない。というよりもかなり設備は古いし不便さも感じる。しかし、そこに未だ息づく歴史を感じる。広報の方曰く、利用者目線を貫いた割り切りを模索中とのことであるが、何より低廉な料金が魅力だ。365ホテル旅においても、都市部のビジネスホテルを利用することが多く、ホテル評論家としてもそうしたホテルの利便性や機能性への賛辞を発信し続けているが、都心のそこは「異空間」ではない。旅は異空間への入口でもある。富士山が望めるという、多層式にして上階への階段を汗フキフキ歩を進めつつ、そんなことを考えた。

夕食は部屋でゆったり豪華な和食ディナーをご提供いただいたが、新鮮なお造りは近所のお寿司屋さんからのデリバリー。一般の方が利用する時も、持ち込み・出前OKとのこと。歴史ある宿の意外な柔軟性に新しさを発見した。

総合得点
59
コスパpt
3.7

▼採点項目

立地	3
外観	2
エントランス	3
ロビー・フロント	23
パブリックスペース	15
客室	58
飲食環境	1
駐車場	2
全体特記事項	0

107pt／180pt

5月8日（木） 128／365

東京　晴海　〈エコノミー〉

晴海グランドホテル

東京都中央区晴海3-8-1 ☎03-3533-7111
チェックイン15:00 チェックアウト11:00

本日の部屋 ツイン／1001号室／4400円

狙い目は、スタイリッシュなコンセプトルーム。

「伊豆長岡温泉 南山荘」での贅沢な朝食。決して品数や内容が贅沢なのではない。庭園の借景をみるに「何処で」は食の重要な要素だと思う。贅沢だ。

伊豆から練馬への帰路、環状8号線から五日市街道へ抜け吉祥寺へ。友人でマルチクリエイター・現代芸術家の深瀬綾さんから案内状をいただいていた「—画家生活四半世紀記念—現代アート展in武蔵野vol.Ⅱ」へ。見る角度、時間によって見え方が変化する、生きた魂宿る絵画にただただ圧倒されるばかり。365ホテル旅への意欲がみなぎってきた。芸術は偉大だ。

伊豆長岡の温泉で、仕事の試泊取材とはいえすっかり英気を養い、アートに力をいただき、今日は晴海まで行ってみようと思う。

数年前に一度利用したことがあった『晴海グランドホテル』へ。館内は古いなぁといった印象だった。ところがリニューアルをし、「The Relax」という新コンセプトルームが誕生したことをホテル専門誌で知って、訪れてみたいと思っていた。

広々としたロビーには、ペットボトルが冷やされた冷蔵庫が置かれ、アイスクリームやお菓子もあり、売店は充実している様子だ。フロントスタッフは好印象、チェックイン手続もスムーズ。企業の利用も多いのだろうか、会議室やコピー機が多く設置され、ビジネスユースにも利便性が高そうだ。

24㎡のツインルームはスタイリッシュに改装され、対に置かれた黒い1人掛けソファもインテリアを引き締めている。スリッパはウォッシャブル、デュベスタイルも採用しており要所を押さえている。洗面スペースもかっこいい。

ちなみにこちらのホテル、部屋はオートロックではないので注意が必要。それにしても、こんなツインのシングルユースが4400円とは、お得感ありすぎだ。

総合得点
53
コスパpt
3.3

▼採点項目

立地	2
外観	2
エントランス	3
ロビー・フロント	22
パブリックスペース	14
客室	50
飲食環境	3
駐車場	1
全体特記事項	0

97pt／180pt

5月9日(金) 129／365

東京　池袋　〈エコノミー〉

スーパーホテルInn池袋北口

東京都豊島区池袋2-62-14 ☎03-3984-9000
チェックイン15:00 チェックアウト10:00

本日の部屋 シングル／315号室／5480円

ディープな中国料理店密集の、池袋北口エリア。

朝一便が安いANA特割広島便で、連載のホテル覆面取材へ向かう予定だったが、原稿執筆がノリにノッて、こんな時はホテル移動もためらわれる。結局広島行きは延期することに。執筆はノッた時を逃すな！ が鉄則だ。

執筆のお供は一口海苔とDVD。テレビがついていないと集中できないタチである。昔のトレンディードラマや寅さんなど、内容がわかっているものがマイブーム。執筆に集中しているし、何となく音声が耳に入ってくればよく、注視する必要がないからだ。

こんな時は都内とはいえ、遠くのホテルに出向くのはためらわれる。近場である池袋のホテルへ移動して執筆を続けることに。予約サイトでなんとなくポチッとクリックしたのは『スーパーホテルInn池袋北口』。

よくよく考えたら、スーパーホテルといえば「眠り」がコンセプトのホテルだ。執筆するために予約したホテルのコンセプトが眠りとは、何だかなぁとは思うが、実はスーパーホテル、デスクワーク環境もなかなかなのである。デスク用の照明も取り付けられていて、何よりデスクスペースは広いし、ワーキングチェアも機能的だ。

というわけで。バリバリ執筆と思いきや、こちらは池袋北口、しかも相当奥まっているのだが、この辺りは中華料理をはじめアジアングルメ密集地帯である。そんな誘惑に負けて激辛超旨四川料理を食べに行ってしまったのだが、シマッタと思ったのは、ビールガブ飲み紹興酒も楽しみたくなる種類の料理を選んだということだ。いや、「確信犯」的な行動であったことは否めない。

「眠り」がコンセプトのホテルを予約してチェックインしたのが運の尽き、バリバリ執筆モードも超熟睡モードへ、いとも簡単に突入した池袋北口スーパーホテルの夜だった。

総合得点
55
コスパpt
3.4

▼採点項目

立地	3
外観	3
エントランス	3
ロビー・フロント	24
パブリックスペース	14
客室	48
飲食環境	3
駐車場	1
全体特記事項	0

99pt／180pt

東京　大塚　〈エコノミー〉

R&Bホテル大塚駅北口

東京都豊島区北大塚2-14-2 ☎03-3949-8484
チェックイン16:00 チェックアウト10:00

本日の部屋 シングル／919号室／5140円

ワシントンホテルチェーン、安心だが無個性。

何だか最近利用率の高い、池袋の「ホテルメトロポリタン」の「メザニンラウンジすずかけ」。オフィスから近いことや、最近刊行された本の影響もあり、メディア関係者との打ち合わせが増えたこともある。海外で発行される富裕層インバウンド向けの情報誌から、ホテルガイド執筆などのオファーがあり打ち合わせに。実はこのラウンジ、1000円でコーヒーお代わり自由。意外に知られていないこぢんまりとした隠れ家的ラウンジである。ホテル情報としては有用か。

そのように便利なホテルメトロポリタンは「とっておきたい」ホテルだ。と言うと聞こえはいいが、365ホテル旅的にはちょっと高価なデラックスホテルなのである。

さて、1駅移動して大塚へ。この1駅移動は使えるテクニック。特に東京のような大都市でのホテル選びはどうしてもターミナル駅を中心に考えてしまうが、ターミナル駅のホテルは高レートの場合が多い。例えば「ターミナル駅徒歩3分」と書いてあっても、ターミナル駅は巨大なので、駅を抜けるまでに時間を要す。特に大きな荷物を抱えている時などは大変だ。そこで1駅移動した駅前のホテルに着目してみると、これが意外に安くてお得感あるホテルを見つけられることがある。

今日はそんなホテルともいえる『R&Bホテル大塚駅北口』へチェックイン。1階には書店、道路を挟んで東京イチオシ回転寿司である「天下寿司」もある。このクオリティは、立派なおひとり様飲食店としてリストアップだ。

ワシントンホテルチェーンでもあるこのホテルは、ビジネスホテルのシンプルさという言葉がしっくりくるホテルだ。言い換えると特徴がないホテルともいえる。デュベスタイル、お持ち帰りスリッパの採用もない。

総合得点
67
コスパpt
3.8

▼採点項目

立地	2
外観	4
エントランス	4
ロビー・フロント	27
パブリックスペース	20
客室	58
飲食環境	3
駐車場	3
全体特記事項	1

122pt／180pt

東京　町田　〈エコノミー〉

ホテル　ラクシオ・イン

東京都町田市小山ヶ丘6-3-3 ☎042-774-0940
チェックイン15:00 チェックアウト10:00

本日の部屋 シングル／625号室／6480円

無料朝食も充実、また絶対泊まってみたい。

東京都心部と比較して、三多摩地区といわれる東京西部には、華やかさはないが落ち着けるホテルが意外に多い。仕事の関係で以前より訪れることの多い地域であるが、帰宅しようと思えば帰れる場所にもかかわらず、宿泊する機会が多いのはそのようなホテルがあることも理由のひとつ。しかしながら、そうしたホテルでも大浴場やサウナを完備した施設は少ない。落ち着けるホテルゆえ更なるリラクゼーションを求めたくもなるし、特に温浴施設は仕事とプライベートとの切り替えには有用な設備だ。

今日は多摩ニュータウンの中心である多摩センターで仕事だった。多摩センター駅の至近には「京王プラザホテル」がある。立地や周辺の商店の充実など利便性が高いホテルであるが、365ホテル旅的には、今年既に利用したホテルである。

そこで、多摩ニュータウン通りを町田方面へ更に進み、町田市へ入ったところに位置する『ホテル　ラクシオ・イン』を予約してみた。こちらのホテルに注目したのは、「ロテン・ガーデン」という天然温泉温浴施設が道路を斜めに隔てた立地にあり、実はこちらのホテルもその温浴施設も経営は同じだという。そのため、ラクシオ・インの宿泊者は充実設備のロテン・ガーデンを無料で利用できるということで、多摩地区のビジネスホテルに泊まってヌクヌクという希望を叶えるホテルではないのか、と思ったからだ。

久々に感動的なホテルに出会った。コーヒー無料サービス、ランドリールームのスタンド式アイロン台、市価より安い自販機と、これだけ見ても利用者目線を貫いていることがみてとれる。部屋も広め、まだ築浅であり、ホテル全体に清潔感がある。デュベスタイルの採用はないが、それでもまた泊まりたいホテルである。すっかりリラックスして、365ホテル旅最高！と、無料朝食を食べながら思った。

総合得点
70
コスパpt
3.6

▼採点項目

立地	3
外観	4
エントランス	4
ロビー・フロント	29
パブリックスペース	18
客室	65
飲食環境	3
駐車場	3
全体特記事項	-2

127pt／180pt

東京　早稲田　〈デラックス〉

リーガロイヤルホテル東京

東京都新宿区戸塚町1-104-19 ☎03-5285-1121
チェックイン15:00 チェックアウト12:00

本日の部屋 ツイン／812号室／18000円

「冷蔵庫の飲み物全て無料プラン」で満足。

　雑誌連載の覆面取材に『リーガロイヤルホテル東京』へ出向くことになった。この地区では貴重なデラックスホテルだ。早稲田大学に隣接、大隈庭園を望める好環境の立地。館内や客室は重厚感あるインテリアである。建物外観の古いイメージに加えての重厚感は重苦しい雰囲気も醸し出すが、部屋に入って目に入ったデュベスタイルの開放感にホッとした。トイレはバスルーム内でセパレートになっている。

　しかし、広い部屋なのにテレビが小さい。アパホテルがあの狭い（失礼な）部屋で大型テレビを導入しているのとつい比べてしまう。仕事をしようと、デスクスタンドをクローゼットから取り出してみると、黒いプラスチック製のデスクスタンドが真っ白に埃まみれになっていた。あと、部屋着の第2ボタンが1つ取れていた。たかがボタンではあるが、帝国ホテルのランドリーはとれかかったボタンが直って戻されるというから、最初からボタンの取れた部屋着とは次元が違う。スタッフは好印象なのだが、利用者目線に立てばあり得ないことを目の当たりにしてチクハグな印象だ。

　今回は、通常のプラン料金より1000円高い「冷蔵庫の飲み物全て無料プラン」を選択。事前に冷蔵庫の中身はわからないので、どれだけお得感があるのかは冷蔵庫を開けてみないとわからないが（缶ジュース2、3本だったらキレる）、アルコールも含めた豊富な種類の各種ドリンク。お得感は高い。チェックイン時に「冷蔵庫内の飲み物追加はできません」と言われた。当たり前の話である。しかし、時としてそんなのが通用しない客もいるのが面白い、否、恐ろしいところである。チェックアウト時に「冷蔵庫のご利用はありましたか?」というマニュアル対応だったので、「全部いただきました」と事実のまま答えた。一瞬戸惑うフロントスタッフ。

総合得点
56
コスパpt
3.3

▼採点項目

立地	3
外観	3
エントランス	4
ロビー・フロント	27
パブリックスペース	14
客室	47
飲食環境	1
駐車場	2
全体特記事項	0

101pt／180pt

5月13日（火） 133／365

千葉　成田　〈エコノミー〉

成田ゲートウェイホテル

千葉県成田市大山658 ☎0476-35-5511
チェックイン15:00 チェックアウト11:00

本日の部屋 シングル／730号室／5000円

無料シャトルで、成田のディープな夜を満喫。

LCCで札幌へ行くための前泊で成田へ移動。成田空港周辺のホテル群としては空港から離れている場所にある『成田ゲートウェイホテル』へ。周囲には、「成田ビューホテル」「ヒルトン成田」「成田エクセルホテル東急」などが林立する。

こちらのホテル、以前は「成田ポートホテル」という名前だったがリブランドした。それからは2回目の利用となるが、前回ポートホテルだった頃の選択理由だったデュベスタイルでなかったので、なぜそうなったのか？と疑問を感じていたこともあり、再度利用してみたいと思っていた。

こちらのホテルは、エントランスから足を踏み入れた途端、シャンデリアが照らす豪華なロビーに驚く。

さて、ベッドメイキングの結果はどうであったか。またしてもデュベスタイルではなかった。ホテル全体としてデュベスタイルをやめたのであれば残念である。肝心のベッドカバーにはシミがあり汚れている。やはり残念だ。こうなると、ビニールスリッパや有料インターネットなどマイナスポイントばかり気になってしまう。

久々に成田在住の航空会社へ勤務する友人と飲むことになり、成田駅まで無料シャトルバスに乗車。ディープな成田ナイトをご案内いただいた。

最後に行った「パブスナック東洋」が素晴らしかった。リアル昭和のバーといった趣。メニューを見せてもらおうとしたら「カクテルブック」を渡された。こちら、なんとラーメンも食べられるそうだ。カクテルは奥行きのある熟練のクオリティだった。

以前参道にあった「ザ バージイン」という素敵なブリティッシュパブが火事で焼けてしまったが、また復活するらしく楽しみだし、完全昭和へタイムスリップな駅近くのパブスナック東洋といい、飛行機へ乗るために通過するだけではもったいない街である。

総合得点
66
コスパpt
3.7

▼採点項目

立地	3
外観	3
エントランス	3
ロビー・フロント	26
パブリックスペース	16
客室	63
飲食環境	2
駐車場	3
全体特記事項	0

119pt／180pt

5月14日（水） 134／365

北海道　札幌　〈デラックス〉

東京ドームホテル札幌

北海道札幌市中央区大通西8-1　☎011-261-0111
チェックイン14:00　チェックアウト11:00

本日の部屋 ツイン／アップグレード／1429号室／6300円

「最安値・激安・底値シングル」で予約したが。

午後札幌着。明日午前中はラジオ番組の電話収録があるので、電話を確実に繋いでいただけるホテルということでシティホテルの中から『東京ドームホテル札幌』を選択。間違ってもスーパーホテルなどチョイスしてはいけない。なぜなら、客室に電話がないからである。空港からのリムジンバスも札幌の各シティホテルへ直行するので、JR利用より倍くらい時間はかかるが、札幌のシティホテルを利用するのであればアクセスの利便性は高い。最安値・激安・底値シングルで予約したが、眺望最高、最上階特別フロアのツインルームへ案内いただいた。眺望もインテリアも素晴らしい部屋、思う存分仕事して下さいといったところか。とりあえずまだ1文字も手を着けていない、明日締め切りの連載原稿に取りかかり夜8時過ぎ仕上げる。原稿は基本的に一晩寝かせ翌朝もう一度見直す。筆が乗っている時ほど危険が多い。翌朝直さなかった例は皆無。その調子のまま明後日締め切りの連載原稿のなぐり書きとキーワードをザッと書いておく。調子のいい時にこれをやっておくと、調子が悪くても取りかかりが全然違う。気付いたら21時過ぎ。

腹減った〜というわけでジャージのまま狸小路「さかな屋金ちゃんの店 魚平」へ。880円飲み放題の365ホテル旅ではお馴染みの居酒屋だ。北海道クオリティの新鮮刺盛りが有名で、なんと1000円だが、同じくらいのネタがのった特盛海鮮丼も同じ値段なので、おひとり様としては海鮮丼がおすすめ。1人で刺盛りってなんかさしみい。間違えた、さみしいというか、刺「盛り」なのに盛り上がらないじゃないか。丼だったらのった刺身をつまめるし食事まで出来てしまう。そしてこちらのお店、あら汁セルフサービスでお代わり自由。カウンター向かいには大画面テレビが壁付けもされていて、おひとり様居酒屋レベルが相当高い。

総合得点
63
コスパpt
3.9

▼採点項目

立地	4
外観	3
エントランス	3
ロビー・フロント	26
パブリックスペース	15
客室	59
飲食環境	4
駐車場	1
全体特記事項	0

115pt／180pt

5月15日(木) 135／365

北海道　札幌　〈ミドル〉

ANAホリデイ・イン札幌すすきの

北海道札幌市中央区南5条西3-7 ☎011-512-5533
チェックイン14:00 チェックアウト11:00

本日の部屋 シングル／914号室／4700円

リブランドで、イメージ転換に成功した好例。

「東京ドームホテル札幌」へチェックインして翌朝のラジオ電話収録楽勝！と余裕カマしていたが、客室電話がベッドサイドにしかないことに気付く。

デスクに肘置きながら喋ると良い発声になる傾向があるので、きちんとデスクに座ってパソコンを開き放送原稿見ながら喋りたかったが、仕方なくベッドに座って対応。何事も最後まで油断するな、である。

札幌2日目のホテルは、繁華街ススキノでも好立地といえる『ANAホリデイ・イン札幌すすきの』へ。こちら、以前は「ラマダホテル」だったが、リブランドしたということで予約してみた。

グリーンがテーマカラーなのだろうか、ホテルのポップなロゴもあいまって斬新さに一役買っている。ロビーもグリーンを基調としたインテリア。ソファやチェアなどもグリーン系で空間にメリハリをつけている。

部屋に入るとゆったりしたベッドが目を引く。デュベスタイルのホワイトにグリーンのベッドヘッドが楽しい。32インチの壁掛けテレビといい、スタイリッシュなデスクチェアやスタンドといい、古いという印象しかなかったラマダ時代と比べるとこんなにも変わるものなのか、と感動的ですらある。

浴室を替えるのは難しいが、多めのタオルやアメニティを充実させ、そのイメージ転換を図っている。アメニティでこんなにも変わるのであれば、安いものだろう。

ただし1点気になったのはクローゼット。ズボンを吊すハンガーが備えられているのに、実際吊してみると、クローゼット内に設置されている金庫などを収納する棚に裾が当たってしまうのである。要は真っ直ぐ吊せないということだ。利用者目線か否かは、何気ないこんなところにも現れる。ホテルのコンセプトが秀逸なだけに、残念な気分になった。

5月16日（金） 136／365

東京　新宿　〈レジャー〉

遊楽膳

東京都新宿区歌舞伎町2-6-14 ☎03-3209-2414
休憩4時間 宿泊13時間～18時間

本日の部屋 205号室／3500円

総合得点	
54	
コスパpt	3.6

▼採点項目

立地	3
外観	3
エントランス	2
ロビー・フロント	19
パブリックスペース	12
客室	54
飲食環境	3
駐車場	2
全体特記事項	0

98pt／180pt

覆面取材に限界を感じる、レジャーホテル。

札幌から戻り、365ホテル旅のせいだとは言わないが、たまりにたまっていた事務仕事をしていたら15時近く。16時にオフィスへ週刊誌の記者が来訪し打ち合わせ。その後地下鉄大江戸線で六本木へ。18時半からラジオの収録をしていたら遅くなってしまったが、金曜日の夜は何だか開放的な気分で人混みの中に身を置きたくなる。新宿で地下鉄を降り、一杯やってから歌舞伎町へ。すっかりお馴染みの街になりつつあるというのも、嬉しいとは違う、何だか複雑な気分である。

明治通りから1本入ったところに以前から気になるレジャーホテルがあった。ホテルというよりオシャレな和風旅館といった佇まいだが、れっきとしたレジャーホテル。まだ休憩利用できる時間でもあるし、チェックも兼ねて『遊楽膳』でリアルな「休憩」をしていくことにしよう。

部屋に入るとベッドこそ置いてあるが、障子に畳、座卓に座布団である。これを和風と言わずしてなんと言おう。しかし「作られた和」であり、さりげなくオシャレだ。リアルな和でレジャーホテルといえば、昔の連れ込み旅館を想像してしまう。行ったことはないけれど。

これまで利用してきたスタイリッシュなレジャーホテルと異なるのはここには「怪しげなグッズ」が揃っていることだ。手首を拘束したり、目隠しをしたり、お風呂場のイスだって独特だ。

しかし、なんとなく和にしっくりきてしまうところが絶妙なセンスというか、なんというかである。それよりも驚いたのがルームサービスメニューの多さ。蕎麦屋からピザ屋、寿司屋までデリバリーメニュー何でもござれである。これで滞在時間が長くなるのであれば、ホテルにとっても嬉しいことなのだろうか。レジャーホテルの実態は、わからないことが多すぎる。知るほどに覆面取材だけでは限界を感じている。

総合得点
53

コスパpt
3.2

▼採点項目

立地	3
外観	3
エントランス	2
ロビー・フロント	20
パブリックスペース	12
客室	52
飲食環境	2
駐車場	2
全体特記事項	0

96pt／180pt

5月17日(土) 137／365

東京　大塚　〈レジャー〉

H-SEVEN OHTSUKA

東京都豊島区南大塚1-53-6 ☎03-3941-2115
休憩3時間 宿泊13時間〜17時間

本日の部屋 502号室／5800円

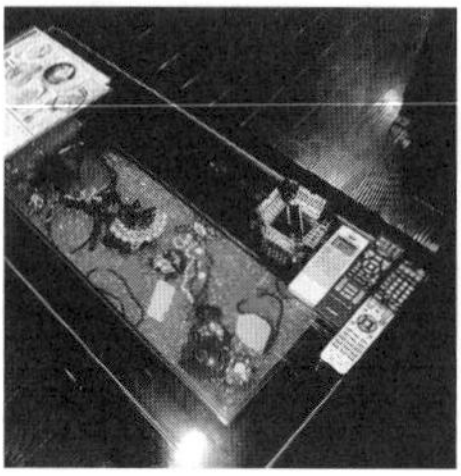

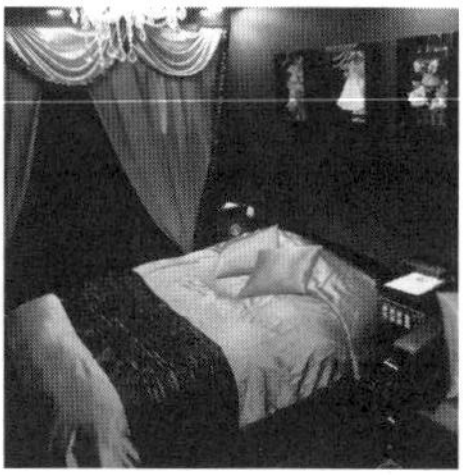

サービスとは何か。深く考え込む大塚の夜。

快晴、初夏の陽気！ どこかへ遊びに行きたいねぇ〜なんていうのは夢で、朝早くからオフィスで執筆。書いても書いても追いつかない。でもこれから都心へ移動。オファーのあったNHKと番組企画の打ち合わせ。

365ホテル旅、ここまで来て改めて振り返ると、シティホテルやビジネスホテルの進化も凄いが、レジャーホテルのそれはとにかくすごい。パーティールームがあったり、部屋には無料のカラオケもあるし、ルームサービスはもちろん、持ち込みだって自由。しかも防音に秀でているので大騒ぎできる。女子会なんかにも使われているし、まさしく「ラブ」ホテルではなく「レジャー」ホテルというネーミングがしっくりくる。

レジャーホテルを頻繁に覆面取材するようになったのは、業界専門誌への連載がきっかけであったが、365ホテル旅をしていなければここまでの利用はできなかったであろう。

しかし、一般のホテルと比較して、その業態はもちろん、ホテルのスタイルも発想も異なるし、そもそも適用される法令だって異なるケースがある。ホテル評論家としては客観的な取材を心がけているが、レジャーホテルに関しては限界も感じつつあり、レジャーホテルの経営に携わる方への取材を試みた。

取材にご対応いただいた業界の方曰く「我々は10年進んでいる」のだそうだ。利用者目線に立ったハードを徹底的に追求し、人的サービスが希薄な分、これでもかというほどアメニティにも力を入れる。

そんな話を聞くと、ずっと妙な先入観にとらわれていたことに気付く。サービスとは何か？ 人間の本能に根付き直結する業態だけに、その解を導き出す努力はリアリティがある。そんなことを『H-SEVEN OHTSUKA』の部屋で深く考えるのであった。

総合得点
62
コスパpt
3.5

▼採点項目

立地	3
外観	3
エントランス	3
ロビー・フロント	24
パブリックスペース	19
客室	55
飲食環境	3
駐車場	2
全体特記事項	0

112pt／180pt

5月18日(日) 138／365

東京　竹芝　〈エコノミー〉

ベイサイドホテル　アジュール竹芝

東京都港区海岸1-11-2 ☎03-3437-2011
チェックイン14:00 チェックアウト11:00

本日の部屋 グランドルーム／1004号室／20000円

東京湾が目の前、夜景もイケる意外な穴場。

　重要な一日だ。先月発売された本の出版記念パーティーがある。2か月ほど前から準備してきたイベントだ。「ホテルインターコンチネンタル東京ベイ」の全面協力の下、感動的な素晴らしいパーティーとなった。

　お招きするゲストは、ごく身近な懇意にしている友人・知人、そして尊敬する来賓の先生方、と少人数にしたのも良かった。インターコンチネンタル東京ベイの素晴らしい料理をゆっくり堪能していただけたようだ。ホテルスタッフのホスピタリティにも感激した。

　高揚感そのままに、ホテルインターコンチネンタルへチェックインしたいところであるが、実は1月、既に宿泊しているのだった。それ以前に、人気のあるホテルゆえ空室すらないという状況らしい。さすがである。そんなとき、この竹芝には便利なホテルがある。ホテルインターコンチネンタル東京ベイから歩いて3分ほどにある『ベイサイドホテル　アジュール竹芝』だ。今日は大安吉日の日曜日、婚礼が多いらしい。慌ただしく、そして華やかな雰囲気に包まれている。

　ホテルインターコンチネンタル東京ベイは、海、そして都心と、眺望が素晴らしいホテルとして知られるが、眺望だけでいえばアジュール竹芝も負けてはいない。「だけ」とは少々失礼な表現であるが、あちらはデラックスホテルなのだから、他を比べるのも酷というものだ。

　親族4名で利用した１００４号室の大きな窓からは、東京湾が間近に迫る絶景。夜景も抜群。意外に穴場のホテルかもしれない。ただし、デュベスタイルも、お持ち帰りスリッパも採用されておらず、旧式ホテルといった印象も否めない。

　ロケーションが素晴らしいだけにもったいない気がする。ジェットバス・サウナを有する大浴場もあるが、宿泊者でも５００円の利用料が必要だ。

総合得点
70

コスパpt
3.8

▼採点項目

立地	4
外観	4
エントランス	4
ロビー・フロント	28
パブリックスペース	16
客室	64
飲食環境	3
駐車場	2
全体特記事項	2

127pt／180pt

5月19日(月) 139／365

東京　大塚　〈レジャー〉

ホテル　アペルト

東京都豊島区北大塚1-16-7 ☎03-3917-1234
休憩3時間 宿泊14時間

本日の部屋 901号室／8980円

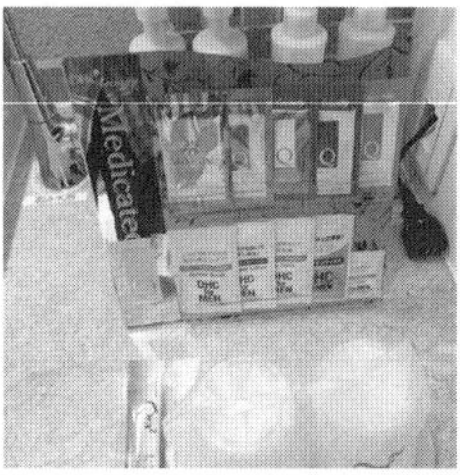

大塚でリゾート、のギャップも楽しめる。

出版パーティーの準備などで手を着けられなかった仕事を朝からホテルで精力的にこなす。アジュール竹芝の部屋から望める快晴の東京湾に癒やされる。まるで前途洋々の365ホテル旅を祝福しているかのよう。思い込みも大切だ。

10時から六本木ヒルズのJ-WAVEで収録。プロが通う店という特集で、「ホテル評論家がプライベートで使用するホテル」がテーマ。365ホテル旅で利用するホテルがプライベートか否かは微妙なところだが、様々な個性的ホテルがありすぎて、プライベートで使用したいホテルもあれば、仕事でも二度と使用したくないホテルもある。もちろんコスパと悦楽度を重視したホテル選びは大切であるが、「チャレンジ精神」のホテル選びで見えてきたものもある。知らないことを知る、知りたい、そんな評論家としての渇望が、365ホテル旅をすすめる原動力のひとつである。

ラジオ番組への出演が続く。明日はbayfm。有村昆さん司会の番組へ電話生出演するため話すことを考えておく。こちらのテーマは「ホテルのサプライズ話」。365ホテル旅、サプライズもまた多い。ホテル側が演出するサプライズもあるが、こんなのありえねぇ絶望的サプライズもある。前者は演出、後者は現実である。

一昨日の大塚にあるレジャーホテルも良い意味でサプライズだった。池袋や歌舞伎町のレジャーホテルレベルは相当高いと思っていたが、大塚、隠れた穴場である。隠れて利用することがコンセプトのひとつでもあるホテル業態なのだから、隠れた穴場は大いに歓迎すべき。そんなわけで今夜も大塚へ来てみた。『ホテル アペルト』、後から知ったことだが、メディアなどでも多く取り上げられているレジャーホテルらしい。都心にある近代的な建物とリゾートチックな館内や部屋、このギャップも新鮮なレジャーホテルだ。

総合得点
68
コスパpt
3.8

▼採点項目

立地	2
外観	4
エントランス	4
ロビー・フロント	28
パブリックスペース	18
客室	62
飲食環境	3
駐車場	2
全体特記事項	1

124pt／180pt

広島　広島　〈デラックス〉

オリエンタルホテル広島

広島県広島市中区田中町6-10 ☎082-240-7111
チェックイン13:00 チェックアウト11:00

本日の部屋 ツイン／アップグレード／2008号室／12000円

裏口の並びには４００円の銭湯、これは使える！

東京を午前3時半に出発。週刊誌の全国ホテルランキング企画の取材で、金曜まで広島、松山、高知、徳島と6ホテル旅へ。機動性、衣装各種など大荷物なので、やはり車に分がある。昼過ぎには広島に到着。

まずはリブランドしてから評判の高い『オリエンタルホテル広島』へ。ロビーの雰囲気からスタッフ、客室に至るまで「高品質」を実感できるホテルだ。広島にはデラックスホテルは数軒あり、過去全てのホテルをかなりの回数利用してきたが、こうした落ち着きは味わえなかった。部屋の電話で千葉のFMラジオへ電話生出演。ホテル側にも協力していただき、実にスムーズに終えることができた。

ホテル旅に（じゃなくても）温浴施設・サウナは欠かせないホテル評論家としては、デラックスホテルの会員制施設にあって、宿泊者料金数千円を支払い利用するケースは多い。ビジネスホテルでも大浴場やサウナ施設が併設されているホテルも増えてきており、こちらは無料のケースが多い。もちろん施設がないホテルもある。

オリエンタルホテル広島には温浴施設がないところがマイナスポイントだった。しかし、ホテルの裏口から15秒くらい歩いたところに「音戸温泉」という銭湯を発見。４００円でサウナ・薬湯・水風呂も堪能できゴキゲンだ。周辺環境もホテルの価値を向上させる。

部屋で原稿を執筆していたら21時近く。流川の行きつけはスルーして、いつもはハシゴの最後に行く「メインバー ブラドール」が今宵1軒目にして最後の1軒。ということでフードメニュー食べまくり。もう10年近く通っているが本当に居心地のイイ素晴らしいバー。もちろんおひとり様飲食店としても合格。店長西本さんとの会話が楽しい。

さぁ明日はフェリーで四国へ！

総合得点
60

コスパpt
3.5

▼採点項目

立地	3
外観	3
エントランス	3
ロビー・フロント	25
パブリックスペース	15
客室	56
飲食環境	2
駐車場	2
全体特記事項	0

109pt／180pt

愛媛　松山　〈エコノミー〉

プレミアイン松山

愛媛県松山市勝山町1-18-1　☎089-915-0011
チェックイン15:00　チェックアウト11:00

本日の部屋 ツイン／203号室／7800円

地元密着の温泉に行くのも、旅の醍醐味。

広島から四国松山まで行く方法はフェリーが常識だ。車の場合はしまなみ街道を利用するという手もあるが、かなり遠回りになる。広島港から松山観光港まで、最速のスーパージェット(といっても船)なら1時間20分弱、運賃は期間限定となるが、割引が適用されれば6700円だ。今回は車があったので一般のクルーズフェリーへ。2時間40分ほどで車も積み込めて、こちらも期間限定ではあるが「クリーン割引運賃」が適用され、8750円(ドライバーの運賃込み)だった。これは安い。共に石崎汽船と瀬戸内海汽船が共同で運航している。

さらば広島また来るぜ！　というわけで、船内で熟睡して起きたら松山着。今回は全国ホテルランキングへ掲載するかどうかの調査も兼ねて『プレミアイン松山』へ。立体駐車場スタッフをはじめ、フロントスタッフの対応など素晴らしい。イエローのデスクチェアが印象的な明るい部屋。デュベスタイルに掛けてあるフットスロー*もイエロー系でインテリアにアクセントを与えている。

さて、松山といえば道後温泉。ホテルから市電の駅は至近だし、電車は頻発しているので道後温泉へのアクセスは便利。でも、終点からアーケード街を少し歩くので車で向かうことに。アーケードを歩くこともまた風情であるが、早く風呂に入りたい。コインパーキングから歩いてすぐの「椿の湯」が好きだ。もちろん本館は有名であるが、館内は椿の湯の方がゆったりしている印象。地元密着度もこちらが高いようだ。

松山の夜は、行きつけのおひとり様飲食店としては秀逸な割烹「たにた」へ。ひとりカウンターでしっとりゆったり楽しめる。鰹のたたきから絶品天ぷら、伊予牛のステーキまで堪能。女将も喜んでくれた。たにたを早めに切り上げて、いつもならお気に入りへ立ち寄るところホテルへ帰還。

総合得点
60
コスパpt
3.5

▼採点項目

立地	3
外観	4
エントランス	4
ロビー・フロント	26
パブリックスペース	15
客室	52
飲食環境	2
駐車場	2
全体特記事項	0

108pt／180pt

高知　高知　〈エコノミー〉

セブンデイズホテルプラス

高知県高知市はりまや町2-13-6 ☎088-884-7111
チェックイン15:00 チェックアウト10:00

本日の部屋 コネクティングシングル／515号室／10800円

12時にチェックイン、深夜3時には帰途に。

早朝から四国高速道路を駆使して高知・徳島のホテル取材予定。帰路は淡路海峡大橋経由の名神～東名で帰京なので、早めに取材を切り上げて、徳島か神戸あたりのホテルに泊まろうかと探してみるもほとんど空いてない。困ったなぁと思いつつ高知着。

ホテル取材3軒。結局、高知で取材したホテルに12時アーリーチェックインプランを見つけて投宿とあいなったわけだが、明日は午後3時前までには帰京しないといけないので、深夜出発となる高知宿泊は避けたかったが。深夜3時にはチェックアウトして、4時前にはインターチェンジを通過して高速料金深夜割引で帰ることに。逆算すると午後3時くらいには鰹を肴に飲みはじめないとならないとは、辛かったり辛くなかったりである。

チェックインしたホテルは、はりまや橋からも近い『セブンデイズホテルプラス』。館内へ一歩踏み入れると、ガラス張りで光が射し込むスタイリッシュなカフェのよう。大きな長いテーブルに何脚ものイスが並ぶ。実際コーヒーカップなどもディスプレイされている。部屋はシングルルームが2室内部で繋がるコネクティングルーム。交代運転手&ホテル取材補助要員として妻も同行しているので都合がいい。ホテル取材には女性目線がかなり重要である。1つでも多くのホテルを利用するという意味で、通常は別々のホテルを利用する。妻が宿泊するホテルは2名利用で予約するので、実際、妻が宿泊した部屋にも滞在してチェックする。

高知のおひとり様居酒屋は11時から23時まで営業している「葉牡丹」へ。16時前に入店。カツオはもちろん海鮮から焼き物揚げ物なんでもござれ、串カツ盛り合わせなんと280円。モツ煮なんて170円。〆はオムライス&みそ汁。独立系地元密着居酒屋で食べるオムライスは滅法うまい。

総合得点
51
コスパpt
3.4

▼採点項目

立地	3
外観	3
エントランス	2
ロビー・フロント	21
パブリックスペース	14
客室	46
飲食環境	2
駐車場	1
全体特記事項	0

92pt／180pt

東京　大塚　〈エコノミー〉

ホテルメンテルス大塚

東京都豊島区北大塚2-20-6 ☎03-5567-2711
チェックイン15:00 チェックアウト10:00

本日の部屋 シングル／719号室／5400円

温水洗浄便座のあるなしは、大変重要。

　夕方6時から7時間熟睡してさすがに元気。高知から滋賀県草津PAまで、途中1回運転交代したものの、約400kmをほぼノンストップ激走。さすがに400kmはどうかと思うが、時間に余裕があって同乗者（運転者）がいるのであれば、途中、名古屋や大阪、京都にでも寄っていく感じで、車の移動はアリだと思う。とにかくお気楽に、気まぐれにいろいろ立ち寄れるあたりもホテル旅に向いている。

　ホテルランキング企画取材で地方ホテル取材日程がビッシリの中、やっと東京へ戻ったが、都内での予定もビッシリ。今夜は確信犯的ダブルブッキングなのであった。「ホテルインターコンチネンタル東京ベイ」の新会員プログラム、プレス向け内覧会・発表会が17時からと早めだったのが助かった。記者発表会後の懇親会が18時半からなので、ちょっとだけ美味しい食事をいただいても、タクシーを飛ばせば丸の内まで10分ほど。19時からの例会にギリギリ間に合う。

　例会は「センチュリーコート丸の内」で。光栄にも鉄道を中心とした本を多数出版している野田隆先生からお誘いを受け、入会に当たって会員諸氏に紹介するから来てくださいということで「日本旅行作家協会」の例会へ。日本旅行作家協会は故斎藤茂太先生が創立会長、兼高かおるさんが名誉会長をつとめる旅行に関連した仕事をする作家、編集者、写真家、研究者等で組織する専門家団体である。このような中でも365ホテル旅話は名刺代わり!? になる。

　山手線で池袋へ戻る途中の大塚駅から徒歩5分ほどの『ホテルメンテルス大塚』が今宵の宿。デュベスタイルやお持ち帰りスリッパでないのは仕方ないとして、温水洗浄便座が設置されてないのはツライ。トイレに設置されていないと、とても古いとイメージづけてしまう。部屋が明るい雰囲気だけにもったいない。

総合得点
36
コスパpt
3.5

▼採点項目

立地	3
外観	2
エントランス	2
ロビー・フロント	18
パブリックスペース	16
客室	19
飲食環境	4
駐車場	1
全体特記事項	0

65pt／180pt

東京　新宿　〈カプセル〉

カプセルホテルはたごや

東京都新宿区歌舞伎町1-16-9 ☎03-3232-5595
チェックイン16:00 チェックアウト10:30

本日の部屋 下段／W号／2800円

名前どおり和風のカプセルは、潤い感あり。

　明日から再び四国&九州地方ホテル取材予定につき、せっかくの良い天気サタデーなのにオフィスで各種打ち合わせの一日。限られた東京時間、マジ時間がパッンパッンなのでみなさんにオフィスへお越しいただく。申し訳ない。夕方最後の打ち合わせはラジオの構成作家さんと来週スタジオ生出演する番組企画の打ち合わせ。番組内で365ホテル旅の紹介をしたいとのこと。「もう家いらないですよね？」が最近受ける定番の質問である。

　夜は新宿で、トラベルメディア「Traicy」グループの懇親会へお招きいただき出席。乾杯の挨拶をさせていただいた。海外へも事業拠点を展開していくというトライシーから目が離せない。同グループの最高経営責任者である後藤卓也さんをはじめ、グループスタッフ、来賓の各分野オーソリティのみなさんと懇談。有意義な時間だった。ここでもやはり365ホテル旅の話題。「今夜はどこへ泊まるの？」との質問がもう一つの定番になりつつある。

　新宿ということと、明日は早朝早く出発するということで、歌舞伎町の『カプセルホテルはたごや』へ。リーズナブルに利用できるカプセルホテルだ。

　エントランスには石のオブジェが並ぶ。「はたごや」という名のとおり、館内は和風だ。和のアンティークオブジェなども飾られ、館内は全体的に暗い印象だが、無味乾燥となりがちなカプセルホテルに潤いをもたらしている。

　「エレベーターはありません　階段の登り下り　のんびり、ゆったり　足腰の運動に活力!!　元気な毎日　明日から変わります。」（原文ママ）と大きく書かれた掲示。自宅の近所に、人を雇わず、客に他の客の料理を運ばせる居酒屋があり、その分料金が安いのだが、なんとなく似ている気がした。客にやらせる、客を納得させる、というのは商売のテクニックとしてはかなり上級のような気がする。

総合得点
70

コスパpt
3.8

▼採点項目

立地	4
外観	4
エントランス	4
ロビー・フロント	28
パブリックスペース	17
客室	64
飲食環境	3
駐車場	2
全体特記事項	1

127pt／180pt

大阪　大国町　〈ミドル〉

リッチモンドホテルなんば大国町

大阪府大阪市浪速区敷津東1-8-31 ☎06-6647-0055
チェックイン14:00 チェックアウト11:00

本日の部屋 シングル／207号室／6600円

新しいホテルというだけで、ワクワクする。

　当初、朝のジェットスター高松行きに搭乗する予定だったが、連日の疲れが出たか、成田へすら行く気になれず歌舞伎町のカプセルホテルから早朝帰宅。ちょっと仮眠すると元気が出てきて、よっしゃ～と車で出発。今日は日曜、高速道路が安い。2日前に高知から東京まで運転してきた身としては、楽勝じゃ～んと大阪までとりあえず余裕の6時間。やはり交代運転手（妻）がいると時間節約抜群である。もし新幹線で行けば、自宅から東京駅まで乗り換え含めて約1時間、新幹線2時間半、新大阪から難波まで30分としてトータル約4時間で約1万5千円。車なら自宅から難波まで約6時間。2名で行って高速代とガソリンで1万5千円程度。大阪辺りまでなら現地で足になるしアリな選択である。

　四国入りは明日として、気になっていた大阪の新しいホテル覆面取材ということに。『リッチモンドホテルなんば大国町』、人気絶頂のリッチモンドホテルチェーンの中でも新しいホテルだ。全てが素晴らしい。館内全体の明るい雰囲気、ロビー正面の壁には水が流れ落ちるマイナスイオンの癒やし、スタッフも好意的。新しいホテルというだけでワクワクするものだが、それはスタッフも同様なのか。

　部屋は、特に壁付けテレビのクオリティが秀逸。日進月歩の家電製品、自宅の液晶テレビを見慣れている目には輝かしく映るキレイな画面に感動。カーペットや家具などブラウンを基調にしつつ、ブルーグレーの壁にパープルのスツールなど、ハイセンスなインテリアにも癒やされる。日曜日とあって宿泊料金も安い。う～ん、新しいリッチモンドホテルを利用して改めて支持される理由がわかった気がした。

　ディナーは大国町からも至近の新世界へ。ジャンジャン横丁の定番コース「八重勝」の串カツと「大興寿司」のハシゴ！ どちらもおひとり様飲食店の鑑である。

5月26日（月） 146／365

総合得点
63
コスパpt
3.6

徳島　徳島　〈エコノミー〉

アグネスホテルプラス

徳島県徳島市寺島本町西1-34 ☎088-655-1212
チェックイン15:00 チェックアウト11:00

本日の部屋 シングル／5011号室／6500円

▼採点項目

立地	3
外観	3
エントランス	4
ロビー・フロント	27
パブリックスペース	18
客室	55
飲食環境	3
駐車場	2
全体特記事項	0

115pt／180pt

ベージュ基調が、見事にスタイリッシュ。

大阪おめざの定番は「金龍ラーメン道頓堀店」。つい、無料のライスやキムチ、ニンニクなどやってしまうのであるが、朝寝をして起きる昼前くらいにいつも後悔する。

さて、徳島へ移動。大阪からならアッという間だ。徳島に入り高速道路を下りて走ると「丸池製麺所」というロードサイドのうどん店があったのでランチ。店内ではガラスの向こうでうどんを打っている。非常に美味しい！ 秀逸なおひとり様飲食店ではあるが、公共交通機関の移動での利用は難しいのでリストには入れないでおこう。

徳島のリサーチホテルは『アグネスホテルプラス』。駅から古いアーケード街を抜けた辺りにある。駐車場は系列ホテルの駐車場で事前の場所確認は必須。

こちらのホテル、かなりカッコいい。エントランスは真っ白という言葉がしっくりくるくらいに明るく清潔感に溢れている。

そのような中に、革張りのデスクチェアとデスクトップパソコンが並ぶ。それすらも完全にインテリアの一部だ。大浴場もスタイリッシュ。

部屋へ入ると、やはりリニューアルが難しいバスルームなど気になるが、とてもよく考えられている。壁やベッドヘッドなどのベージュを基調としたコントラストがインテリアにアクセントすら与えている。

おひとり様飲食店探訪、徳島ナイトは、店名に今の自分を見るような気がしてフラッと入ってしまった居酒屋「瀬戸際」。

カウンターのみ12席というのもおひとり様度高しだ。まずはカウンター上の大皿料理から数品、鯵の南蛮漬けなど。

その日の朝にあがった地物を大将が捌いた刺盛りに感嘆。阿波牛料理各1000円。ジューシー地鶏は天ぷらが人気。その他全てハイコスパ。気さくなご夫妻のお店だ。

総合得点
50
コスパpt
3.2

▼採点項目

立地	3
外観	2
エントランス	2
ロビー・フロント	20
パブリックスペース	14
客室	46
飲食環境	3
駐車場	1
全体特記事項	0

91pt／180pt

5月27日(火) 147／365

東京　池袋　〈エコノミー〉

ホテルオーエド

東京都豊島区池袋2-68-5 ☎03-3971-0288
チェックイン16:00 チェックアウト10:00

本日の部屋 シングル／504号室／5800円

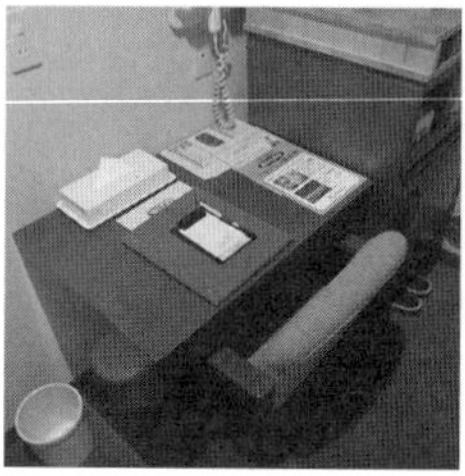

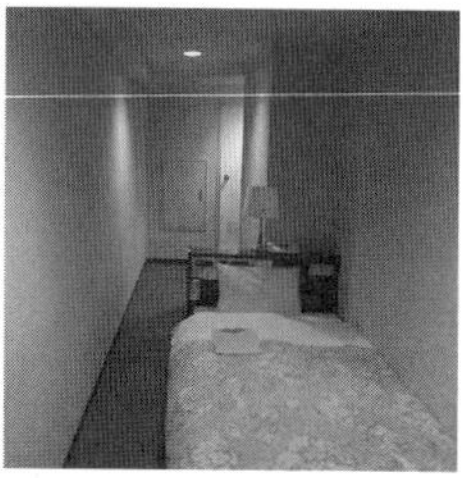

「救われた気分」が、あちこちで味わえる。

「アグネスホテルプラス」、朝食も素晴らしかった。大手ビジネスホテルチェーンの朝食もそうであるが、作っている方の顔が見えるような料理は、質素であっても何だか温かい気持ちになってしまう。ホテル評論では、ホテル内での飲食は評論対象ではないが、宿泊料金に含まれる無料朝食はその対象になるところ、特に有料の場合にはホテルで朝食を食べない。朝食付きプランしか予約できなかったような場合、参考程度に食べることにしている。

そんな朝食を満喫したのに、せっかくの徳島、帰る前に徳島ラーメンを食べていこうと朝10時半にホテルをアウト、インターチェンジへ向かう途中にある「ふく利」へ。11時オープンと同時に入店。人気店というだけあって、味も接客も店内も文句の付けどころなし。チャーシューが特に美味しくて印象に残った。

延々と淡々と高速道路をひた走り18時帰着。これから東京滞在40時間の予定。明後日からは九州ホテル旅だ。20時に護国寺で週刊誌の担当者と打ち合わせし、そのまま池袋の『ホテルオーエド』へチェックイン。

フロントは階段を上がった2階にある。ロビーを入ると昭和のイメージを彷彿とさせる丸形のチェアが、これまた昭和をイメージさせるシャンデリアに照らされている。昔から営業しているホテルなんだと思わせる。でも暗い雰囲気はない。清潔感もある。何より対応していただいたイケメンのフロントスタッフが親切で好印象。建物や内装を新しくするのは大変だろうが、スタッフの対応ひとつで救われた気分になるのだから、やはりホテルは「人」である。部屋の中も一昔前のビジネスホテルといった雰囲気。温水洗浄便座も設置されていない。ただしスリッパはウオッシャブル風、大型液晶テレビが設置されていて、これまた救われた気分になる。

総合得点
69
コスパpt
-

▼採点項目

立地	4
外観	4
エントランス	3
ロビー・フロント	26
パブリックスペース	19
客室	62
飲食環境	4
駐車場	3
全体特記事項	0
125pt／180pt	

東京　北千住　〈エコノミー〉

ホテルココ・グラン北千住

東京都足立区千住3-40-2 ☎03-5284-1155
チェックイン14:00 チェックアウト11:00

本日の部屋 ダブル／806号室／インビテーション

大浴場あり。無料朝食が半端ない充実ぶり。

昼から「ホテルオークラ東京」で、世界のリーディングホテルを知り尽くした小原康裕さんの写真集『WORLD'S LEADING HOTELS』の出版記念パーティーへ光栄にもお誘いいただき出席。小原さんには先日拙著の出版パーティーで乾杯のご発声をいただいた方。さすが小原さんのパーティーということで、出席者は日本のホテル界を代表する重鎮の面々。ワタクシ末席を汚すばかりにて恐れ多くずっと冷や汗かきどおし。

パーティーの余韻を抱きつつ汐留へ。日本テレビでホテル企画番組の打ち合わせ。その後銀座を経由してなぜか北千住へ。というのも『ホテルココ・グラン北千住』より試泊のお招きをいただいたという次第。

週刊誌のホテルランキング企画のための取材試泊も兼ねて。数年前に一度宿泊していたが、やはりちゃんとチェックする必要がある。でも杞憂に終わった。確実に進化しているホテル。ヒューマンはホテルを変えることを改めて実感。東京23区内の駅近くで、サウナ付き大浴場。低廉な料金体系のビジネスホテルは貴重だ。

夜は串カツで有名な「天七 分店」へ。駅近くの本店は立ち喰いだが、こちらはテーブルとイスが並びゆったり楽しめる。おひとり様飲食店としては本店に軍配か。

翌朝は評判の高い無料朝食を堪能。ホテルココ・グランチェーンでは、同チェーンのフラッグシップホテルである高崎店と異なり、北千住店では朝食無料であるが、こちらも以前来た時より進化していた。

ビジネスホテルの無料朝食は、大規模チェーンは全て、中規模チェーン・独立系ホテルも相当数経験してきたが、これほどのクオリティを実現し利用者目線に立っているホテルは希有だ。

こちらの朝食会場には、驚いたことにテラススペースがあり、この時期開放的な気分で朝食が楽しめる。朝から気分は最高である。

総合得点
81
コスパpt
-

▼採点項目

立地	4
外観	5
エントランス	4
ロビー・フロント	30
パブリックスペース	22
客室	72
飲食環境	4
駐車場	3
全体特記事項	2

146pt／180pt

5月29日(木) 149／365

福岡　福岡　〈デラックス〉

グランドハイアット福岡

福岡県福岡市博多区住吉1-2-82 ☎092-282-1234
チェックイン14:00 チェックアウト12:00

本日の部屋 ツイン／1149号室／インビテーション

クラブラウンジのシャンパンで見事に酩酊。

朝、北千住から早めの出発。浜松町の文化放送へ。「くにまるジャパン」へ約20分間生出演。365ホテル話で大いに盛り上がる。

番組を終えて羽田空港へ直行。そのまま福岡へ向かう。文化放送のある浜松町から、いくらLCCラヴァーとはいえ、15時から福岡のホテル取材を予定しているし成田へ向かう選択肢はない。

福岡でホテル取材を1件終え『グランドハイアット福岡』へチェックイン。ホテルからお招きいただいての試泊となった。グランドクラブフロアの客室へご案内いただく。チェックインはグランドクラブラウンジで。グランドクラブフロアの客は、ラウンジも無料利用できる。せっかくのクラブフロア宿泊でラウンジ利用できるのにと何だか悔しい思いをしつつもずっと客室で原稿や資料と格闘。

夕刻はたと閃く。書くことは書いたからあとは資料を持ってラウンジへ行けばいいじゃん。もうカクテルタイムに入っているから食事もできる。①ラウンジ使って②仕事しつつ③夕食も済ませられるという我ながら秀逸かつ合理的な考えだ。

しかし読みが甘かった。うんまそうなシャンパンが並んでいる。モチのロンでグラスに注ぐ。大きなソファで庭園望みつつシャンパンなぞお代わりしていて仕事できるわけがない。別の意味でエンジンがかかり、調子良くなりビールなぞ。「世の中の人はなんとも言わば言え、わが為すことは我のみぞ知る」というが、自分のことすらわかっていないあんちゃんがここにいる。

ところでここのラウンジ、もちろんブッフェであるが、ホットミールはアツアツでテーブルに届けられる。

さて、素敵なラウンジ時間を過ごして部屋へ戻り、仕事になったのかといえば、モチのロンで答えはノーである。酔うとデスクではなく窓の外に視線が移る。そこには中洲の艶やかなネオンが広がっている。

総合得点
77
コスパpt
-

▼採点項目

立地	3
外観	5
エントランス	5
ロビー・フロント	33
パブリックスペース	23
客室	63
飲食環境	2
駐車場	3
全体特記事項	2

139pt／180pt

5月30日（金） 150／365

福岡　福岡　〈デラックス〉

アゴーラ福岡山の上ホテル&スパ

福岡県福岡市中央区輝国1-1-33 ☎092-771-2131
チェックイン17:00 チェックアウト13:00

本日の部屋 ツイン／613号室／インビテーション

ゆったりとした時間の中、心のデトックス。

ホテルに荷物を預け、中洲川端に新しくオープンする進化系カプセルホテル？ ともいえるキャビン型ホテル「ファーストキャビン 博多」の記者発表会とプレス向け内覧会へ。1時間の試泊!? ができるとのこと。

取材を終え「グランドハイアット」へ戻り荷物をピックアップ。タクシーで、記念すべき150ホテル目の『アゴーラ福岡山の上ホテル&スパ』へ。博多駅・薬院駅とホテルを結ぶ無料シャトルバスもある。その福岡市内を見下ろすロケーションは筆舌に尽くしがたい。365ホテル旅、たくさんのホテルを利用してきたが、筆が進まないホテルもあれば、筆も舌も尽くしても足りないホテルもある。

昨秋から一度出向きたいと思い続けていたところホテルからお招きいただいた。想像を遥かに上回る感動の連続。端的にいうなら五感が包まれる「静と動」。よくわかんねぇなぁこれじゃ。別の機会に記事を執筆したいホテルだ。

それはともかく、グランドハイアット↓ファーストキャビン↓アゴーラ山の上、というボン・キュッ・ボンみたいなのにヤラレる（体力を消耗する）365ホテル旅である。まっ、何事もメリハリは大切だ。

ホテル全体にゆったりとした時間が流れる空間で心のデトックス。サウナでまったりした後のディナーはご招待いただいた日本料理「暦」へ。宿泊支配人の久永さんと個室でゆったりと。美酒佳肴のオンパレード。スタッフ橋爪さん、笑顔の接客とワインセレクトも抜群。

気付けば23時近く。お疲れなのに久永さん、3時間以上もお付き合い下さり、ホテル談義から人生論まで語り合った濃密時間だった。

ホテルを利用して知ったつもりになることは多いが、そこで働くスタッフの心を知ると、その魅力は何十倍にも感じられる。そんな幸せを噛みしめた夜であった。

総合得点
52
コスパpt
3.2

▼採点項目

立地	2
外観	2
エントランス	3
ロビー・フロント	21
パブリックスペース	14
客室	48
飲食環境	1
駐車場	3
全体特記事項	0

94pt／180pt

5月31日（土）151／365

埼玉　新座　〈エコノミー〉

デイリーイン254

埼玉県新座市畑中2-2-10 ☎048-478-6611
チェックイン15:00 チェックアウト10:00

本日の部屋 ツイン／504号室／5400円

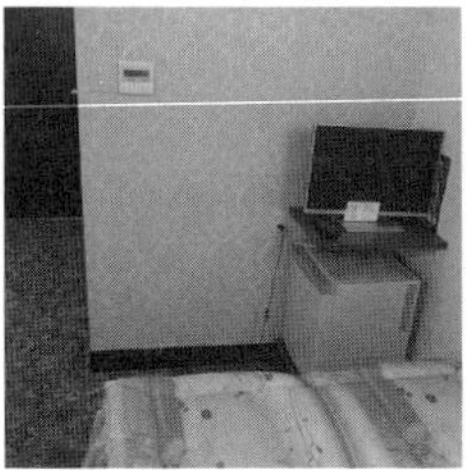

ロードサイドにある便利なビジネスホテル。

「アゴーラ福岡山の上ホテル＆スパ」はチェックアウトタイムが13時と異色。福岡市街中心部からは離れた立地のため、日中福岡市内で観光など楽しんだあとに、ホテルでゆっくり滞在時間を楽しんでほしいという考えとのこと。確かに、ナイトタイムの眼下に広がる福岡の夜景は特筆すべきものであった。とはいえ、中洲辺りにタクシーで出かけるゲストも多いという。そんなアゴーラ福岡山の上ホテル＆スパで昼頃まで滞在。

　福岡での極上デラックスホテルライフを終え、後ろ髪引かれる思いでホテルの無料シャトルバスにて博多駅まで送っていただき、地下鉄に乗り換え福岡空港へ。行きは時間がなく羽田空港からだったが、帰りは時間もある。LCCジェットスターで成田空港へアクセス。成田エクスプレス料金を差し引いても６０００円以上安くなる計算。６０００円あればホテルに泊まれるゾ。成田空港第2ターミナルに到着してイザ地下の駅へ向かおうとすると到着ロビーには黒山の人だかり。絶叫、フラッシュパチパチ、テレビカメラも多数。誰が来日なのか帰国なのか結局わからなかったが全く先へ進めない。帰って仕事をする体力を温存してきたが、このような不測の事態には絶望的な気分になる。やっぱり羽田にしておけばよかった。６０００円では買えない何かを失ったのである。

　そんな気分で夜に都心方面へ行く元気がなく、なんとなく埼玉方面へ「逃げる」。国道２５４号線川越街道沿いに立地する『デイリーイン２５４』へチェックイン。明るいロビーは食事スペースに隣接、そこにはマッサージ機も置かれている。廊下には電子レンジを設置したり利用者目線を感じる。しかし、部屋へ入るとデュベスタイルでもお持ち帰りスリッパでもない。赤い柄のカーペットが、部屋へ圧迫感を与えているのも気になった。

6月 June

6月のトータル宿泊料

¥162,010

累計 ¥967,690

152	1日	東京 大森	カプセルホテル リード・イン大森
153	2日	東京 池袋	ホテルアーバン
154	3日	群馬 高崎	高崎ワシントンホテルプラザ
155	4日	東京 池袋	池袋ロイヤルホテル東口館
156	5日	東京 池袋	華宮旅館
157	6日	埼玉 川口	川口センターホテル
158	7日	埼玉 川口	ホテルアーバングレイス西川口
159	8日	東京 新大久保	新大久保シティホテル
160	9日	神奈川 箱根	塔ノ沢キャトルセゾン
161	10日	東京 池袋	ホテルマイステイズ東池袋
162	11日	東京 浅草	浅草セントラルホテル
163	12日	東京 池袋	ホテルアメジスト
164	13日	東京 新宿	アパホテル東新宿駅前
165	14日	東京 半蔵門	ふくおか会館
166	15日	愛知 名古屋	ウェスティンナゴヤキャッスル
167	16日	三重 四日市	四日市都ホテル
168	17日	東京 大塚	大塚シティホテル
169	18日	東京 池袋	ホテルアゼリア
170	19日	大阪 ユニバーサルシティ	ホテル京阪ユニバーサルタワー
171	20日	大阪 天満	アパホテル大阪天満
172	21日	東京 下谷	1泊1980円ホテル
173	22日	東京 大塚	スーパーホテル東京・大塚
174	23日	東京 立川	立川リージェントホテル
175	24日	東京 浅草	ホテルニュー魚眠荘
176	25日	北海道 札幌	シェラトンホテル札幌
177	26日	埼玉 所沢	レステイMOON所沢
178	27日	東京 大島	リフレフォーラム
179	28日	長野 上田	上田東急イン
180	29日	東京 新宿	ビジネスホテル 国際ホテル歌舞伎町
181	30日	神奈川 横浜	アパホテル横浜関内

総合得点
40

コスパpt
4

▼採点項目

立地	3
外観	3
エントランス	3
ロビー・フロント	19
パブリックスペース	20
客室	20
飲食環境	3
駐車場	1
全体特記事項	0

72pt／180pt

東京　大森　〈カプセル〉

カプセルホテル　リード・イン大森

東京都大田区大森北1-27-1 ☎03-3298-2323
チェックイン13:00 チェックアウト10:00

本日の部屋 上段／205号／1800円

もしや優良カプセルの本場？ 大森に期待。

雑誌の全国ホテルランキング企画でのホテル推挙のため、四国・九州など中心に回っていたが、都内ホテルの取材立ち会いと試泊へ。今年2回目の宿泊となる大森駅至近の「ホテルバー グランティオス」へ。宿泊主体型タイプというにはちょっとアッパーな全17室のスモールホテル。フロントに隣接するバーの存在感が圧倒的だ。今回は単なるランキングではなく、独自のコンセプトや発想を持った利用者目線の「使えるホテル」という視座で、名だたるデラックスホテルから宿泊主体型ホテルまで全国100ホテル以上を推挙したが、こんなことにも365ホテル旅は役立っている。当然365ホテル旅ルールとしては、今年利用したホテルを再び利用することは出来ないので深夜に移動。

大森駅周辺のカプセルホテルとしては、4月9日に「シーサイドイン大森」を利用したところかなり好印象だったが、大森ということで期待を込めて2軒目のカプセルホテルとなる『カプセルホテル リード・イン大森』へ。

グレーの建物にオレンジのラインがアクセントカラー。オシャレだ。エントランスも明るく開放感があり、駅から少し歩く立地だからできる独立系建物としての効果が存分に発揮されている。ロビーは大理石の壁にベージュの革張りソファ、そして熱帯魚。高級感すら漂わせている。大浴場はサウナに水風呂も備えており癒やし効果も抜群であるが、「水風呂の栓を勝手に抜かないで下さい」という注意書きが。カプセルホテルには注意書きが多くあるという特徴を感じているが、「トイレのサンダルを他所に持ち出すな」的注意書きはあり、注意書き指数も相当である。

それにしても、大森のカプセルホテルのクオリティの高さに、密かなカプセルホテルの本場となる日も近いのかと感じずにいられない。

総合得点
47

コスパpt
3.2

6月2日（月） 153／365

東京　池袋　〈エコノミー〉

ホテルアーバン

東京都豊島区西池袋3-26-6 ☎03-3980-2051
チェックイン15:00 チェックアウト11:00

本日の部屋 シングル／84号室／5400円

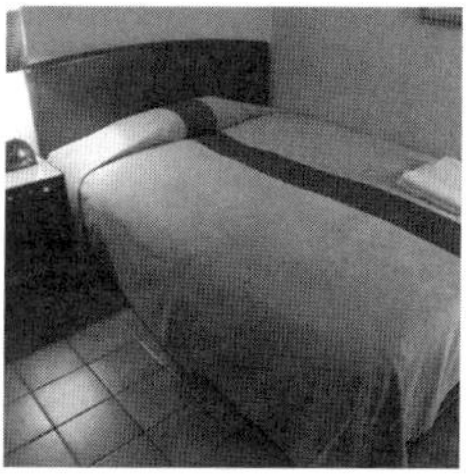

▼採点項目

立地	3
外観	2
エントランス	2
ロビー・フロント	17
パブリックスペース	14
客室	44
飲食環境	3
駐車場	1
全体特記事項	0

86pt／180pt

有名ラーメン店が同居する？ すっきり系ホテル。

早朝カプセルホテルのサウナでスッキリして、「ホテルバー グランティオス」へ戻る。グランティオスにはサウナがないので、カプセルホテルのサウナ利用は嬉しいところ。ルームサービスで供されるシンプルだが美味しい朝食をいただき更にリフレッシュして一度帰宅。

結局、ホテルバー グランティオスも利用したが365ホテルとしてはカウントされず、深夜泊まったカプセルホテルがカウントされる。このような場合、実質的なホテル数としては2014年366ホテルともカウントできそうだが、こうなると6月1日現在で既に2014年370ホテル以上は確定となっている。年末までには更に増えることが見込まれるが、両方のホテルを盛り込んでいくと限られたスペースの365ホテル本も収拾がつかなくなるので。

こう暑いと辛いものが食べたくなりディナーは久々に「蒙古タンメン中本」へ。東京を中心に展開されている「辛うまラーメン」の有名店だ。

様々な店舗へ数え切れないほど出向いてるが今夜のホテルはなんと「蒙古タンメン中本西池袋店」の隣、というか中本がホテルと同じビルに入居している『ホテルアーバン』である。中本の隣である。中本好きなホテル評論家にはたまらないロケーションだ。中本基準でホテルを選んだのも、中本食べてそのままチェックインしたのも初めての経験だ。

部屋は広々しているが茶色のタイル張りである床に少し圧迫感を感じる。そして、グレーとベージュ、ツートンのベッドカバーの存在感も大きい。

ところがカバーを取るとなんとデュベスタイル。せっかくの清潔感ある白のデュベスタイルの上にベッドカバーとは少々もったいない気もするが、インテリア全体としては調和しているダークトーンの部屋であった。

総合得点
59

コスパpt
3.8

▼採点項目

立地	4
外観	3
エントランス	3
ロビー・フロント	24
パブリックスペース	17
客室	51
飲食環境	3
駐車場	2
全体特記事項	0

107pt／180pt

6月3日(火) 154／365

群馬　高崎　〈エコノミー〉

高崎ワシントンホテルプラザ

群馬県高崎市八島町70 ☎027-324-5111
チェックイン14:00 チェックアウト10:00

本日の部屋 シングル／828号室／4640円

貸出用の扇風機があるのは珍しい！

雑誌のホテル取材が続く。今日は高崎へ。麗しのホテルステイが楽しめる「ホテルココ・グラン高崎」から試泊のお招きをいただき再度ホテルチェックへ。

365ホテルとしては「とっておきたいホテル」ということで、まだ登場していないホテルである。

ラグジュアリーツインのアサインをいただいた。ビューバスからは高崎駅の新幹線が望める。全客室に備えられた大画面テレビ&マッサージチェアが特色でもあるホテルだが、こちらの客室にはベッドの目の前に52インチテレビが配されている。

せっかくの素晴らしい部屋であるが、「とっておきたいホテル」なので、夕刻駅を挟んで反対側の『高崎ワシントンプラザホテル』へチェックイン。ロビーは広々していて明るい。一角にはヨーロッパ調の重厚なソファセットとマントルピースが設置されている。

部屋へ向かうべく8階でエレベーターを降りると驚きの光景が。ビジネスホテルのエレベーター前でよく見かけるのは貸出用のズボンプレッサーであるが、こちらにも数台置かれている。

そして横には、なんと貸出用の扇風機まで数台置かれているのだ。確かにこのホテルは大きな建物なので、部屋の向きによっては強い日差しにさらされる部屋もあるのだろう。とはいえ、空調がしっかりしていれば問題はない。経年建物の全館空調であるホテルでは特に春季から秋季にかけての「暑い」という苦情は多く、貸出用扇風機を実際リクエストしたこともあるが、暑かったら直ちに部屋から取りに行けるのは嬉しい。

夜はホテルココ・グランへ戻り、レストラン「ココシエール」の夜のラウンジタイムでディナー。オリジナルカクテルメニュー、フードメニュー等、試飲食させていただいた。駅近の隠れ家的バータイム。フードもイケてる。これは使える。

総合得点

45

コスパpt

3

▼採点項目

立地	4
外観	2
エントランス	2
ロビー・フロント	18
パブリックスペース	13
客室	40
飲食環境	3
駐車場	1
全体特記事項	−2

81pt／180pt

6月4日（水）155／365

東京　池袋　〈エコノミー〉

池袋ロイヤルホテル東口館

東京都豊島区南池袋1-17-2 ☎03-5992-3641
チェックイン15:00 チェックアウト12:00

本日の部屋 ツイン／アップグレード／605号室／5000円

希望と落胆、喜びと悲しみのギャップ。本日は?

「ホテルココ・グラン高崎」で超イケてる朝食を堪能して午前中に帰宅。「楽しい取材」が終わると待っているのは原稿地獄。執筆で「何処かへ籠もる」前に、都内で残った用事や打ち合わせを済ます。テレビ局でコメント収録と番組スタジオ出演収録の日程・内容等打ち合わせ。その後、執筆のオファーをいただいたネットメディアと初顔合わせ。イケてるホテル情報を発信できる機会を与えていただけるのは何より嬉しい。「365ホテル旅となれば様々なホテルを知っていることでしょう」的期待をいただくのは嬉しいが、確かに「様々なホテル」を知ることになった365ホテル旅、希望と落胆、喜びと悲しみの日々である。

　そして今夜も素晴らしい、いや、すごい体験をする。場所は池袋駅から至近にある、『東口池袋ロイヤルホテル』だ。よく行き来する明治通りから路地を入ったところにエントランスがあり以前から気になっていたホテル。でも、自宅から近い池袋のホテル故、利用することもなかった。こんな機会に恵まれるのも365ホテル旅だ。

　マンションの管理人室的な雑然といろいろなモノが置かれたフロントでチェックイン。ツインへアップグレードしていただき意気揚々とエレベーターで6階へ。確かに経年感のあるホテルだが、立地は良いし他の周辺ホテルと比較すれば安めの料金設定である。泊まるだけだったらいいんじゃねえの? と部屋へ。

　姉さん! 事件です!!（ドラマ「HOTEL」参照）。

　掛け布団が破れ、なんとガムテープで補修してあるではないですか。柄物掛け布団にテープの茶がよく目立つ。あまりにショッキングで換気扇の轟音に気付かなかった。泊まるだけだったらいいんじゃねぇのとは書いたが、「泊まる」が「寝ること」を意味するのであれば、この轟音、かなり難儀する。

総合得点
41
コスパpt
2.9

▼採点項目

立地	2
外観	2
エントランス	2
ロビー・フロント	14
パブリックスペース	12
客室	40
飲食環境	2
駐車場	1
全体特記事項	−1

74pt／180pt

6月5日（木） 156／365

東京　池袋　〈エコノミー〉

華宮《はなみや》旅館

東京都豊島区池袋2-37-6 ☎03-3985-1188
チェックイン15:00 チェックアウト12:00

本日の部屋 ツイン／アップグレード／605号室／5000円

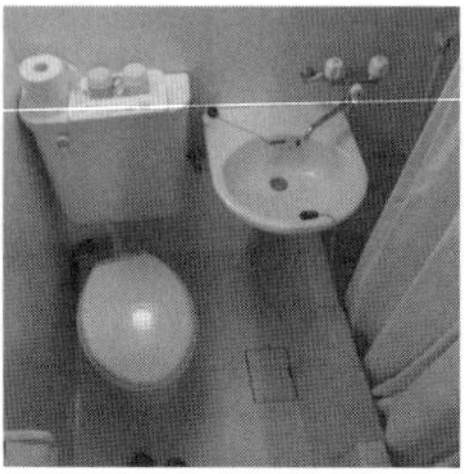

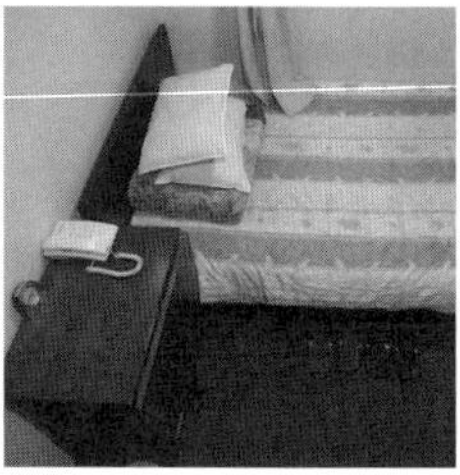

池袋のディープエリアに、気になる名前のホテル。

籠もって集中し執筆することと、365日毎日異なるホテルを利用するホテル旅は、移動がつきものであることから、その理念（というほどのことではない）は相反する。ではどうするか。特定地区にコスパ高いホテルが密集する地域に身を置くことが必要になる。短時間で快適環境の安価ホテルを移動するという狙いだ。

実は昨日から那覇へ行くつもりだった。幸運にもLCCバニラエアが8500円程度と安く、那覇には泊まりたいホテルもたくさんあるからだ。しかし、新しい仕事のオファーが重なり東京にいなくてはならない。珍しくも自宅書斎で夜遅くまで執筆していたので、池袋のホテルへ出向くことに。

強い雨の中、池袋北口を池袋郵便局方面へ歩き、大きな通りを交差して更に「奥へ」進むと、安いビジネスホテルやレジャーホテルが混在するエリアとなる。この辺りは以前から着目していて、リサーチしたい地域でもあった。

今夜は印象的なネーミングが気になっていた『華宮旅館』へ。旅館とあるがホテルである。階段を上がりフロントに行くと誰も人がいない。「館内パトロール中」との掲示。コールボタンを押せとあるのでプッシュすると、突然向かいのドアが開いて男性スタッフが出てきた。ちょっとビックリ。

部屋は113号室なので1階かと思いきや、エレベーターで地下1階へ行けとのこと。部屋へ入ってわかった。正確にはここは地下ではない。半地下である。上部にあった細長いサッシを開けてみると上から雨が吹き込む。わずかに外界が望めた。

隣の部屋には外国人の男性たちが大声で何か話している。なぜ外国人の男性とわかったのかといえば、ずっとドアをオープンにしているので部屋の中が丸見えだったからである。「Hi!」と陽気に挨拶されるので「はい」と答える池袋雨の夜であった。

6月6日（金） 157／365

総合得点
57

コスパpt
3.5

▼採点項目

立地	2
外観	3
エントランス	3
ロビー・フロント	22
パブリックスペース	17
客室	51
飲食環境	2
駐車場	3
全体特記事項	0

103pt／180pt

埼玉　川口　〈エコノミー〉

川口センターホテル

埼玉県川口市幸町3-7-31 ☎048-259-5500
チェックイン15:00 チェックアウト10:00

本日の部屋 シングル／201号室／6000円

大雨の中、籠もって執筆したいと選んだホテル。

籠もって執筆したいという願いは叶わず、打ち合わせが重なる。前夜オファーのあったテレビ局との出演交渉ほか打ち合わせ、そして別の局からも企画のオファーがあり対応。何とか午前中で片づきそうだったので、籠もる地を沖縄に決め、「成田14：50→那覇18：05」のバニラエアのチケットを手配しようというところで、今度は週刊誌から15時ゲラ上がり19時戻しと緊急連絡。機内時間とドンピシャだ。

LCC機内では当然ネットも使えないから仕事にならないし、そこまでして行く沖縄でもない。では、明日土曜日に旅立とうかとも思ったが、週明け月曜日はレジャーホテルと旅館の取材なので日曜日には戻らなくてはならず、2泊じゃ那覇へ行っても仕方ない。

さぁどこへ籠もろうか、果たして籠もれるのか、とりあえず近所の銭湯へでも行って考える雨の東京。そして選んだホテルは『川口センターホテル』。練馬の自宅からだと車でのアクセスが便利だ。何よりかなり強い雨が降っている。

車で到着すると、駐車場を案内するために、傘を差したスタッフが走って駆け寄ってくれた。ロビーは広々しており、黒いベルベット調のソファがアクセントになっている。イタリアンレストランも併設。

川口センターホテルを選んだ理由は、「執筆できそうな部屋」だったからだ。シングルベッドになんと、脚が投げ出せる掘りごたつと座椅子である。なんとなく学生時代の部屋を思い浮かべる。

こちらのホテルには、新しく設けられた清潔感の高い大浴場があり、それもまた選んだ理由である。こんな強い雨の日はホテルで全てを済ませたい。夕食は事前にコンビニで調達しておいて正解だった。部屋は快適、外は強雨、外食という選択肢はない。そんなこんなでリラックス執筆タイムとなった。

総合得点
55
コスパpt
3.3

▼採点項目

立地	2
外観	2
エントランス	3
ロビー・フロント	21
パブリックスペース	18
客室	49
飲食環境	2
駐車場	2
全体特記事項	0

99pt／180pt

6月7日(土) 158／365

埼玉　川口　〈エコノミー〉

ホテルアーバングレイス西川口

埼玉県川口市並木3-18-5 ☎048-254-2400
チェックイン15:00 チェックアウト10:00

本日の部屋 シングル／226号室／5900円

不思議なレイアウトの客室も、またたのし。

　雨の土曜日。朝に自宅へ戻り執筆を続ける。前夜から書き続け原稿用紙にして50枚弱。これまで1日47枚という記録はあったが1から生み出す50枚ではなく、今回はある程度書きためていた原稿のリライトなのでハードルは低い。

　執筆は集中できるタイミングを逃さず継続するのがキモだ。海苔やチーズ鱈を脇に置いて、昔のトレンディドラマや寅さんなんかのＤＶＤを流し続け、お腹空いてもカップラーメンすするくらいにして外出などせず執筆は切らさない。

　和室を書斎にして布団を敷いておき、疲れたら体を倒せばそのまま寝られるという大変システマティックな環境になっている自宅書斎である。さすがに意識が朦朧としてきたので今宵のホテルへ移動することに。

　前夜のホテルがなかなかだったので、意外に川口ってイケてるホテルが多いのかも、なんて土曜で高い東京のホテルには目もくれず、前夜に続き川口へ移動。『ホテルアーバングレイス西川口』へ。

　明るい外観に違わず、パティオに続くテラス風のロビーが好印象。フロントの男性スタッフがてきぱきとチェックイン手続きをしてくれる。建物はパティオを中心にコの字形に部屋が配されており、とても開放的な雰囲気を醸し出している。

　しかし、館内の自動販売機は５００㎖ペットボトルで１８０円と市価よりも高く、開放的な気分は持続しない。そんなパティオを眺めつつ部屋へ向かう。

　ドアを開けるとまず浴室というビジネスホテルの一般的フロアプランではなく、まず左手にデスクがあり中央辺りにユニットバスと洗面スペースがある、という一風変わった形の部屋だ。デュベスタイルではないものの、ベッド周りは機能的で快適に過ごせそう。

　それだけに便座が温水洗浄便座ではないのが残念である。

総合得点

58

コスパpt

3.5

▼採点項目

立地	3
外観	2
エントランス	3
ロビー・フロント	21
パブリックスペース	14
客室	58
飲食環境	3
駐車場	1
全体特記事項	0

105pt／180pt

6月8日(日) 159／365

東京　新大久保　〈エコノミー〉

新大久保シティホテル

東京都新宿区百人町1-4-9 ☎03-5287-6061
チェックイン15:00 チェックアウト10:00

本日の部屋 シングル／101号室／5360円

明るさが際立つ、リニューアル成功の好例ホテル。

川口から帰宅し久々にオフィスへ。郵便物や事務仕事を終わらせ、打ち合わせに大江戸線で新宿へ向かう。夜は焼肉を食べようという話になり新大久保へ移動。

365ホテル旅で新宿といえば、レジャーホテルの本場である歌舞伎町の登場は多いが、歌舞伎町の存在感に隠れて少々印象が薄いのが新大久保。少し前までは韓流ブームにより大変な賑わいを見せていたが、近頃は少し落ち着いた様子である。とはいえ、元々新大久保コリアタウン・リトルコリアともいわれる地域で、狭い路地にも焼肉店などが軒を連ねる光景は変わらない。

そのような中にありホテルも多数散在するが、旧態型のビジネスホテルからレジャーホテルまで混在し、バリエーションも豊富だ。

かような新大久保だったので、さして期待もせず訪れたのが『新大久保シティホテル』。

確かに外観は旧式のビジネスホテルというイメージであったが、エントランスから館内へ足を踏み入れると新しさと明るさに驚く。グリーンの壁と観葉植物のマッチングといい、床のグレーとの相性といい、とてもオシャレだ。所々に飾られたアートもインテリアのポイントとして効果的な演出になっている。

部屋もそんな印象を裏切らない空間。ロビーと同様に、グレーとグリーンのツートンを用いた壁が目を引く。ここまでやったのに何でという残念なケースも多いが、こちらはバッチリデュベスタイル。

ただし、一般的な木製のベッドがちょっと残念。モノトーンやアースカラーでまとめた方がインテリアとしては統一感がありそう。

独立したトイレと浴室も清潔で、やはり新しいものには敵わないなぁと思ってしまう、ホテルリニューアルの好例を感じた夜だった。

総合得点
62
コスパpt
-

▼採点項目

立地	2
外観	2
エントランス	2
ロビー・フロント	21
パブリックスペース	21
客室	60
飲食環境	2
駐車場	3
全体特記事項	0

113pt／180pt

6月9日(月) 160／365

神奈川　箱根　〈エコノミー〉

塔ノ沢キャトルセゾン

神奈川県足柄下郡箱根町塔の沢120 ☎0460-85-6531
チェックイン15:00 チェックアウト10:00

本日の部屋 ツイン／505号室／インビテーション

温泉旅館ブームの先駆け。夕食も満足度高し。

最近、激安温泉旅館チェーンがブームになっているが、その先駆けともいえるのが、箱根でチェーン展開している「一の湯」グループだ。江戸時代から続く老舗温泉旅館が母体なだけに、「激安」というには違和感がある。どちらかといえば「格安」という表現が当てはまるだろう。

一の湯グループは老舗温泉旅館が母体と書いたが、利便性や機能性、清潔感にも優れた「新館」も積極的に出店、軒並み予約困難な人気の宿となっている。そんな一の湯で異色なのが、「塔ノ沢一の湯本館」近くに立地する『塔ノ沢キャトルセゾン』だ。

外観からして旧態型のホテルといった雰囲気を醸し出していたが、このたび5階のフロアをリニューアルしたということで、一度見学に来いと招待を受けたのである。一の湯の運営とはいえ、こちらはホテルのカテゴリーなので、ホテル評論家としてはその実力を見定めたい。

驚いた。快適な「温泉特化型ホテル」ともいえる、シンプルで快適な空間が誕生した。温泉特化型ホテルというだけに、思う存分温泉にも入れるが、シンプルな滞在に不必要と思われる余計なサービスを排除したリミテッドサービスで低廉な料金を実現している。

夕食も斬新だ。色合いも鮮やかな「冷製トマトのすり流し」。海老、そしてチーズまで浮かんでいる。すり流しというよりは「和風ガスパチョ」というイメージ。そして驚いたのが「鶏と彩り野菜の煮込み」。濃厚なグリーンカレー風に仕立てられている。一の湯の夕食では名物の「箱根山麓豚のセイロ蒸し」も嬉しい。食べ終わってみれば充分な量と内容。この「食べ終わってみれば」の印象は大切だ。

実際担当者への取材で様々な進取的な取り組みをしていることがよくわかった。歴史にあぐらをかくのではなく、利用者目線に立ったサービスに注目。

総合得点
55
コスパpt
3.4

▼採点項目

立地	2
外観	3
エントランス	3
ロビー・フロント	21
パブリックスペース	16
客室	52
飲食環境	2
駐車場	1
全体特記事項	0

100pt／180pt

6月10日（火） 161／365

東京　池袋　〈エコノミー〉

ホテルマイステイズ東池袋

東京都豊島区東池袋4-39-13 ☎03-5396-9221
チェックイン15:00 チェックアウト11:00

本日の部屋 シングル／615号室／6200円

ミニキッチン付き暮らせるホテルの意義は大きい。

話は前後するが、前日箱根へ向かう前に、業界では有名なレジャーホテルを見学させていただいた。中央道国立府中インター至近の「WATER HOTEL S」というレジャーホテル。オーナーに丁寧なお出迎えをいただき、外観から客室、バックヤードまで見学させていただいた。

すごい…の一言。仮にレジャーホテルがラブホテルを意味するワードだとしたら完全に間違っている。リゾートホテルだ。ルームサービスの供食体制も感動的で、高級シャンパンからワインがほぼ市価で提供、厳選された食材で提供される和洋の料理は感動的。ルームサービスの利用率が驚く事なかれ92％。駐車場にはベンツ、ポルシェにフェラーリ、ベントレーと品川ナンバーが多いのも特徴。知る人ぞ知る富裕層向けレジャーリゾートホテルだ。露天ジェットバスも備える最上級のスイートルームで極上ランチを楽しませていただいた。そんな話を聞きつつ妙な先入観にとらわれていたことに気付かされる。サービスとは何か？ 人間の本能に根付き直結する業態だけにその解を導き出す努力はリアリティがある。

リミテッドな人的サービスは、利用者が各々のスタイルで気ままな時を過ごすという点において、「一の湯」の「押しつけのないサービス」と何か共通するものを感じた。利用者の絶対的支持を受けている施設の業態にますます興味がわく。かようにレジャーホテルや旅館も様々な進化をみせるが、ビジネスホテルの業態もその変化は激しい。そんなことを考えつつ今夜利用したのは『ホテルマイステイズ東池袋』。生活のできるホテルというべきか、室内には電磁調理器の付いたミニキッチンに電子レンジも設置されている。ホテルは非日常というが、そこに「滞在する」ことと「暮らす」ことの差は何か。1泊するだけでも便利なこの部屋で、ホテルの存在意義について考え込んでしまった。

総合得点
53
コスパpt
3.5

▼採点項目

立地	3
外観	2
エントランス	2
ロビー・フロント	19
パブリックスペース	18
客室	48
飲食環境	3
駐車場	1
全体特記事項	0

96pt／180pt

東京　浅草　〈エコノミー〉

浅草セントラルホテル

東京都台東区浅草1-5-3 ☎03-3847-2222
チェックイン15:00 チェックアウト11:00

本日の部屋 シングル／410号室／4500円

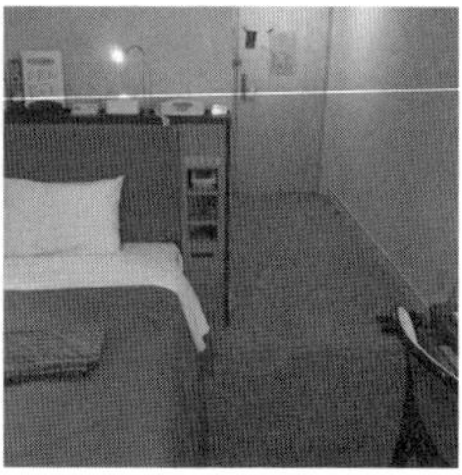

浅草の風情にマッチした、ニクいビジネスホテル。

下町の観光地といえば浅草はその代表格であるが、意外にもイケてるホテルが少ない。デラックスホテルでいえば「浅草ビューホテル」が有名ではあるが、結局のところ昔からの古いホテルが多いということもこの地区の特徴だ。

最近になってちらほら新しいホテルもオープンしているが、やはり旧態型のビジネスホテルがその中心であることに変わりはない。

確かに浅草の昭和然とした雰囲気にはマッチしているし、オリエンタルといった表現が似合うような気もする。外国人観光客には興味津々のようで、古いビジネスホテルでも人気があるという。

そんな浅草観光の中心、雷門通りに面した最高の立地に『浅草セントラルホテル』がある。雷門からすき焼きで有名な「ちんや」の通りを歩けば間もなく到着である。同じビルにはファミレスの「ガスト」もあり賑わっている。

ホテル名が書かれたブルーの看板、その書体もどことなくノスタルジックでワクワクさせてくれる。

そんな明るいエントランスを入ると、広くて明るいロビーでいきなり「駕籠」が出迎えてくれる。とはいっても何処かへ運んでくれるわけではない。展示してあるということだ。そんな江戸っ子の気っ風を示すロビー同様、フロントスタッフの接客もテキパキしていて気持ちいい。

部屋の入口まで行くと、各部屋のドア横に一輪挿しが壁付けされ、アクセントのように置かれている。これも外国人には喜ばれるのだろうか。

部屋の中は、ベッドカバーも含めてブラウン系でまとめられている。デュベスタイルは採用されていないが、シンプルな部屋で好感が持てる。

時間がなくて利用できなかったが、男性専用のサウナも併設されているらしい。今度利用してみたい。

6月12日（木） 163／365

東京　池袋　〈レジャー〉

ホテルアメジスト

東京都豊島区池袋2-60-1　☎03-5957-3551
休憩1時間30分～3時間　宿泊16時間

本日の部屋 602号室／3600円

総合得点
37

コスパpt
2.9

▼採点項目

立地	2
外観	1
エントランス	2
ロビー・フロント	16
パブリックスペース	12
客室	33
飲食環境	2
駐車場	1
全体特記事項	−1

68pt／180pt

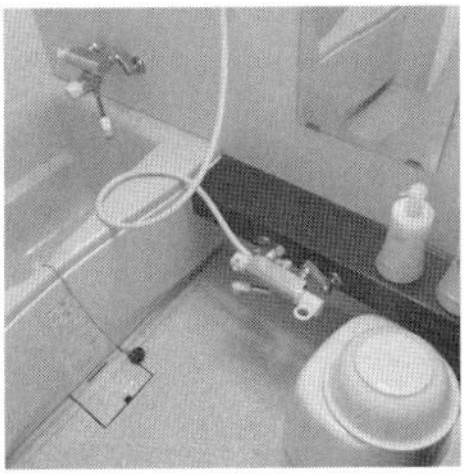
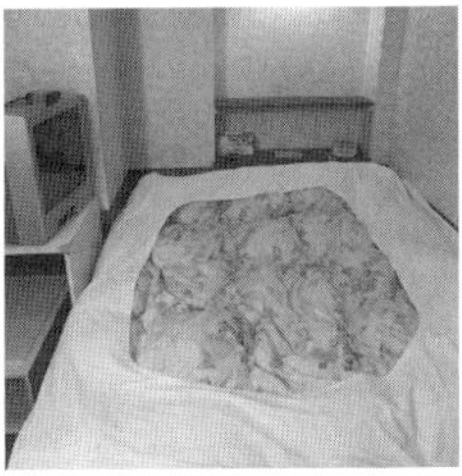

エコノミー派カップルには、需要がありそう。

浅草から早朝帰宅し原稿をまとめたりしていると昼近く。慌てて外出。オフィスへ寄ってから地下鉄で汐留の日本テレビへ。番組のホテル企画で使用するコメントの収録やスタジオ出演の打ち合わせでアッという間に夕刻。

池袋まで戻り別の打ち合わせを終えるともう遅い時間。さぁ今夜はどうしようかとひとりブラブラ。365ホテル旅では池袋周辺のホテル利用も多いが、ホテルを探しつつ池袋の街を徘徊していると、いつも気になるホテルがある。

北口から少し歩いた大きな通りに面している『ホテルアメジスト』である。レジャーホテルの雰囲気といえば確かにそうだ。しかし、看板にはホテル名と共に「連泊・休憩・食事・喫茶」と大きく書かれている。

4つのワードの中で、レジャーホテルを連想するのは「休憩」であろうか。「連泊」はちょっと違うし「食事」「喫茶」はかなりイメージと離れる。

もう一つ気になるのは、その料金の安さだ。90分の休憩利用ならば2200円と書かれている。周辺の相場からしても半額以下といったところか。かなり安い。

まぁ入ってみよう。ドアを開けると小さなカウンターがあり、スタッフから部屋を指定される。見回したところ、ロビースペースはおろか、食事や喫茶ができそうなスペースもなかった。

エレベーターで6階へ上がり部屋へ向かう。かなり狭い廊下であるが、それまた秘め事っぽい雰囲気を醸し出しているとは言い過ぎか。

部屋はコンパクトにまとめられているが、やはり値段相応といったところで明るい雰囲気はない。テレビは旧式のブラウン管。液晶テレビに慣れた目には画質は粗い。

「寝るだけ」というエコノミー派カップルにはニーズがありそうだ。

総合得点
60
コスパpt
3.8

▼採点項目

立地	3
外観	3
エントランス	4
ロビー・フロント	22
パブリックスペース	15
客室	59
飲食環境	2
駐車場	1
全体特記事項	0

109pt／180pt

6月13日（金） 164／365

東京　新宿　〈エコノミー〉

アパホテル東新宿駅前

東京都新宿区大久保1-1-48 ☎03-5287-4111
チェックイン15:00 チェックアウト11:00

本日の部屋 シングル／404号室／5800円

万全のセキュリティと、清潔な客室に癒やされる。

毎日おもしろおかしく、時に悲しく怒りに燃えて、ホテルライフを実行しているわけだが、こんなことばかりしていては生活が成り立たない。様々なメディアへ寄稿したり、ホテル情報を発信することもまた大切だ。毎日のホテルライフがインプットとすれば、書くのはアウトプット。インプットは楽しいがアウトプットは苦しい。でも締め切りという現実。一日自宅書斎で書き続ける。こんな日は遠出せず夕食を済ませたい。西武池袋線の路線図を見ると、練馬から盲腸のようにぴょんと上へ飛び出ている線がある。1駅目の終点が豊島園駅。練馬区にあるのに、豊島園である。駅前ロータリー左奥の下り坂を歩くと「満天堂」という明るい看板が見えてくる。こちらは鶏料理のお店で、唐揚げが特に人気。メニューを見るといずれも財布にやさしい料金設定。お腹一杯になるのでお得感が高い。マスターのトメさんとの会話も楽しいので、駅から至近のおひとり様飲食店としてもレベルが高い。

夜になっても執筆モードはおさまらずホテルへの移動すらも億劫だったが、新宿へ移動。地下鉄東新宿駅至近の『アパホテル東新宿駅前』へチェックイン。駅前、とあるとおり、地下鉄駅の出口から、アパホテルと書かれた立派なビルが望める。この辺りは歌舞伎町や大久保にも近く、深夜になっても賑わい続く少々猥雑なエリアでもあるが、ホテル内へ足を踏み入れれば別世界。アパホテルの明るいロビーにホッとする。

エレベーターを動かすにはカードキーが必要で、部屋へ向かおうとエレベーターを降りると、こちらにもカードキーのゲートがある。場所柄セキュリティには敏感のようだ。「クラウドフィット」の極上マットレスへ横になりつつ、壁付けされた大きなテレビを楽しむ。とにかく清潔な部屋にいると心からくつろげる。

総合得点	51
コスパpt	3.1

▼採点項目

立地	3
外観	2
エントランス	2
ロビー・フロント	18
パブリックスペース	18
客室	48
飲食環境	2
駐車場	1
全体特記事項	−1

93pt／180pt

6月14日（土）165／365

東京　半蔵門　〈エコノミー〉

ふくおか会館

東京都千代田区麹町1-12 ☎03-3265-3171
チェックイン15:00 チェックアウト11:00

本日の部屋 シングル／419号室／8100円

一昔前の風情だが上質感があるのは、立地のせい？

金曜ナイトの喧騒も終焉。これから帰って眠る人々と、朝早く起きてきた人々がクロスオーバーする、動き出したばかりの新宿。

快適なホテルから帰宅。自宅でもう少し寝たい気分だ。朝早く起きたけどこれから朝寝というひとりクロスオーバー男。断固朝寝！と寝入ったところを電話で起こされ、何だかんだ仕事が重なり結局寝られず。

午後は半蔵門のテレビ局TOKYO MXへ。都民のみなさまに人気の同局帯番組といえば、夕方5時からの「5時に夢中！」と夜9時からの「バラいろダンディ」だが、今回はバラいろダンディ水曜日（コメンテーター：玉袋筋太郎さん　宇多丸さん　室井佑月さん　MC：長谷川豊さん）のVTR収録。

ここでも365ホテル旅話で盛り上がる。収録でもそんな話がしたいところだがグッと堪え、当初の予定通りオススメホテル、お得な利用術、ホテルのモンスター客、あり得ないクレーム話を。

MXテレビへ行くと決定した瞬間にホテルは決まっていた。『ふくおか会館』である。なんとMXの隣なのだ。外観は古いが、皇居を目の前にした立地が気になっていた。気になるもう一つといえば「ふくおか」である。これは施設が福岡県の保養所としてスタートしたことに由来するが、今でも福岡県民への優待を続けているとのこと。

エントランスもロビーも、そして部屋も一昔前のビジネスホテルという雰囲気がアリアリだが、決してネガティブではない。どことなく上質感があるのだ。居心地は決して悪くはない。皇居の前という立地だからだろうか。

部屋へ入ると掃除は終わっているのに、なぜか床に大きな紙袋が放置されていた。中には使用済みのカミソリが1つ入っていた。うーむ。

総合得点
71
コスパpt
3.3

▼採点項目

立地	2
外観	4
エントランス	4
ロビー・フロント	28
パブリックスペース	20
客室	64
飲食環境	2
駐車場	4
全体特記事項	0

128pt／180pt

愛知　名古屋　〈デラックス〉

ウェスティンナゴヤキャッスル

愛知県名古屋市西区樋の口町3-19 ☎052-521-2121
チェックイン15:00 チェックアウト12:00

本日の部屋 シングル／1029号室／11000円

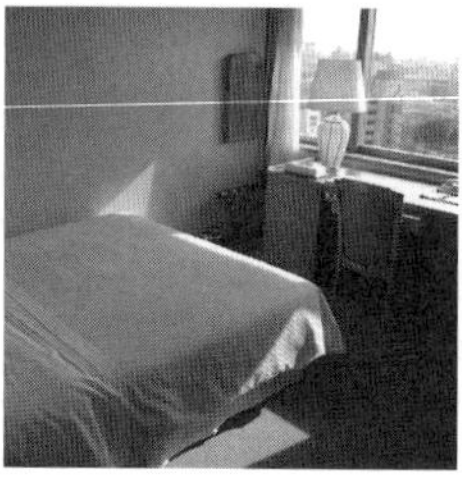

名古屋城のすぐ隣、リッチな外資系ホテル。

　早朝帰宅して荷物を積んで車で朝8時に出発。一路名古屋へ。日曜午前ということもあり道路は空いていて気持ち良い。東名高速にも予定より早く入り、これは昼過ぎには名古屋へ着くなぁなんて余裕で走っていたら、「東名厚木→大井松田 大型車火災で通行止」との掲示。ラジオで交通情報聴いたら復旧までには相当時間がかかるとのこと。

　まだ幸運だったのは気付いたのが海老名ジャンクション手前だったこと。確か今月末に中央道まで開通するはずの圏央道へ逃げることに。現時点での終点である相模原愛川で一般道へ。結局、高尾山インターから中央道経由で名古屋へ向かうルートを選択した。自宅から大月まで2時間半。予定より1時間半ほど遅れている計算だ。

　何とか14時近くに名古屋へ到着。雑誌の覆面取材で『ウェスティンナゴヤキャッスル』へチェックイン。スターウッド系列のデラックスホテルだ。

　ドアマンやベルボーイがやたらと話しかけてくる。「名古屋へはお仕事で?」「うん、今まさにお仕事です」とは言わなかった。

　激安最安レートでリザーブしたが、最上階の眺望の良い部屋をアサインいただいた。ところで、客室のデスクスタンド、陶器のベースとシェードのつなぎ目が緩くキーボード叩くたびにカシャカシャうるさくて仕事にならない。ウェスティン「Wマーク」のアメニティがなかったら、ここがウェスティンとは思わないだろう。

　暑かった1日。ゆっくりサウナという気分。ホテルから近いところにある「八千代湯」へ行ってみた。スーパー銭湯ではなく一般の銭湯という区分になるが、素晴らしい施設だ。地元のお客さんで賑わっている。そんな銭湯の2階に「コメダ珈琲店」があるあたりも名古屋クオリティを感じさせる。

6月16日(月) 167／365

三重　四日市　〈デラックス〉

四日市都ホテル

三重県四日市市安島1-3-38 ☎059-352-4131
チェックイン13:00 チェックアウト12:00

本日の部屋 ツイン／1405号室／17000円

総合得点
64
コスパpt
3.3

▼採点項目

立地	3
外観	3
エントランス	3
ロビー・フロント	22
パブリックスペース	19
客室	60
飲食環境	3
駐車場	3
全体特記事項	0

116pt／180pt

プランにつられて投宿したものの、?な展開に。

朝から名古屋と周辺ホテルの取材がたてこんで15時近くに。真夏を思わせる暑さ、車の機動性に助けられるシーン多数。当初、昼前には名古屋を発って夕方には帰京する予定だったがこのまま帰れば深夜。

夜に締め切りの、原稿用紙にして10枚ほどの仕事があったので、予定を変更して近場の四日市市へ投宿することに。四日市市は名古屋から車で1時間ほどだが、東京へ戻る場合は伊勢湾岸道が利用できるので速達性にも優れる街。

その四日市市を代表するデラックスホテルである『四日市都ホテル』へチェックイン。最近オープンした大阪で話題の超高層ビル「あべのハルカス」上層階に「大阪マリオット都ホテル」がオープンした。それを記念したプラン(が一番安かったので)で予約。ツインルームでデュベスタイルも導入しているが、シワシワの酷いベッドメイキングだ。部屋が広めとはいえ、これでルームチャージ1万7000円である。

このプランは、大阪マリオット都ホテルの宿泊券が当たる抽選への応募ができる云々とネットで書かれていた。しかしチェックアウトするまでの間、応募の案内はなく、もしかしたら大阪マリオット都ホテルへ泊まれるチャンスは訪れず。果たしてこれのどこが大阪マリオット都ホテルのプランだったのか、腑に落ちない滞在となった。そうか、あべのハルカスの高さ同様に宿泊料金が高いというプランだったのか? イヤミはこのくらいにしておこう。

四日市の夜は、地元の方に人気という「壮大家」へ出向くも満席。少し待つと4人掛けのテーブルが空いた。「本当はダメなんだけどね」と案内される。料理が美味しくとも「本当はダメなんだけどね」と店員に促されて食べる食事が美味しいわけがない。

早々に切り上げ、向かいのホルモン焼き「うぐいす」へ避難。

総合得点
44
コスパpt
3

▼採点項目

項目	点
立地	2
外観	1
エントランス	2
ロビー・フロント	14
パブリックスペース	12
客室	46
飲食環境	2
駐車場	1
全体特記事項	0

80pt／180pt

6月17日(火) 168／365

東京　大塚　〈エコノミー〉

大塚シティホテル

東京都豊島区南大塚2-44-5 ☎03-3947-3434
チェックイン14:00 チェックアウト10:00

本日の部屋 シングル／506号室／4500円

シティホテルという名の、ビジネスホテル。

ホテルの朝食、別途有料の場合は食べない。しかし、全国チェーンのビジネスホテルで人気の無料朝食は、宿泊料金に含まれているという意味で評論の対象。ホテル内での有料飲食はグルメ評論の範疇と考えているからだ。

ただし、今回の「四日市都ホテル」のように一番安い宿泊プランが朝食付きだった場合はもちろん食べる。ところで、特に朝食ブッフェをみると、そのホテルのレベルがよくわかることがある。

会場へ入ると、使用済みの食器を両手に持ったスタッフが朝食券を下さいと言う。両手ふさがっているのに朝食券受け取れるのか？ と思いつつ差し出すと、持っていた使用済み食器を「これから食事をしようとするテーブルに一旦置いて」朝食券を受領。

肝心のブッフェであるが、みそ汁椀はスタイリッシュな細く小さな円柱型。省スペースにもなるのだろうが、お玉は底が深い形状なので、グイッとお玉を傾けないと注げず、熱い汁が手にかかりそうで、セルフでは難儀する。事実多くの人がこぼしていた。

何となくモヤモヤした気分で帰京。今日のホテルは『大塚シティホテル』という名の「ビジネスホテル」である。

シティホテルとは、レストランや宴会場などのコミュニティ機能を有する大型ホテルのことで、ビジネスホテルとは寝ることに主眼の置かれたホテルというような定義付けがされている。

肝心の大塚シティホテルだが、1階にエレベーターがあるものの、1階には停止しないので階段で2階へ上がってくれとのこと。懇切丁寧に説明してくれる男性スタッフは好印象だ。

館内は全体的に古めかしい昭和のイメージ。でも部屋は壁や床がキレイにリニューアルされており、居心地のよい駅近の「ビジネスホテル」である。

総合得点
36
コスパpt
2.9

▼採点項目

立地	2
外観	1
エントランス	2
ロビー・フロント	15
パブリックスペース	12
客室	31
飲食環境	2
駐車場	1
全体特記事項	−1

65pt／180pt

東京　池袋　〈レジャー〉

ホテルアゼリア

東京都豊島区池袋2-12-4 ☎03-5950-8585
休憩1時間30分〜3時間 宿泊16時間〜17時間

本日の部屋 204号室／3600円

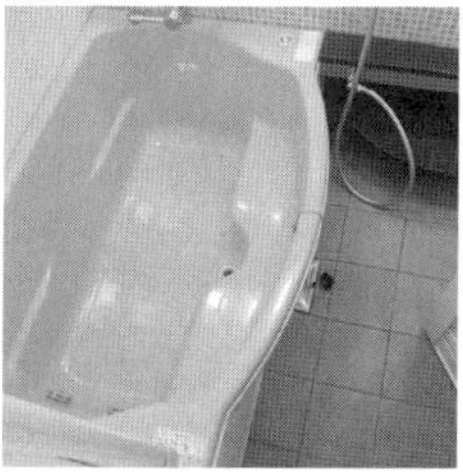

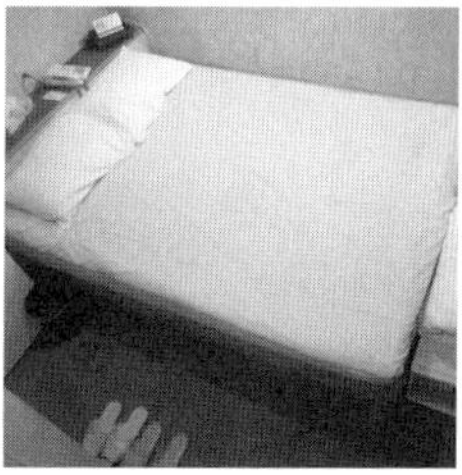

カジュアルなレジャーホテルも、上手に使い分け。

365ホテル旅、1か月おおよそ15万円の予算でホテルを利用しているが、上半期を前にして少々予算オーバー。5月なんて18万円を超えてしまった。4月だって17万円を超えた。このままでは後半戦がキツくなるなぁと、節約モードで「サイゼリヤ」へ行きパスタを食べながら考える。

デラックスホテルはインビテーションで利用させていただくことが多いのが365ホテル旅的にも大変助かっている。豪華なホテルを積極的に自腹利用しようとすれば、この予算ではとても追いつかない。

365ホテル旅の予算は、宿泊費だけでは15万円という目安だが、その他交通費など移動経費は別立てで考えている。LCCの積極利用により、ホテル自体では1か月15万円という予算をオーバーしても全体としては予算内に収まってはいる。

安くていいホテルないかなぁと思案していると、6日前に池袋で利用した3600円のレジャーホテルのこと思い出す。そこはイケてなかったが、確か同じような料金のレジャーホテルがあったなぁとひらめいて、その価格で内容が良かったらラッキーじゃんと予算重視のホテル選びとなった。

要町から池袋駅へ通じるメイン通りに面した『ホテルアゼリア』へ。こちらも料金相応だったが、エコノミー派のカップルには、いや、短時間寝るだけのサラリーマンには嬉しいホテルといったところか。

365ホテル旅ではレジャーホテルも積極的に利用しているが、未開拓の分野でもあり、どうしても評判の豪華な施設へ目が向きがちだ。一般のホテルならば、デラックスからエコノミーまでよくよく厳選吟味するが、やはりレジャーホテルもデラックスからエコノミーまで知らなきゃならんホテル評論家なのである。

総合得点
64
コスパpt
3.8

▼採点項目

立地	4
外観	4
エントランス	4
ロビー・フロント	23
パブリックスペース	20
客室	56
飲食環境	3
駐車場	2
全体特記事項	0

116pt／180pt

6月19日(木) 170／365

大阪　ユニバーサルシティ〈デラックス〉

ホテル京阪ユニバーサルタワー

大阪府大阪市此花区島屋6-2-45 ☎06-6465-1001
チェックイン15:00 チェックアウト11:00

本日の部屋 ツイン／2510号室／6700円

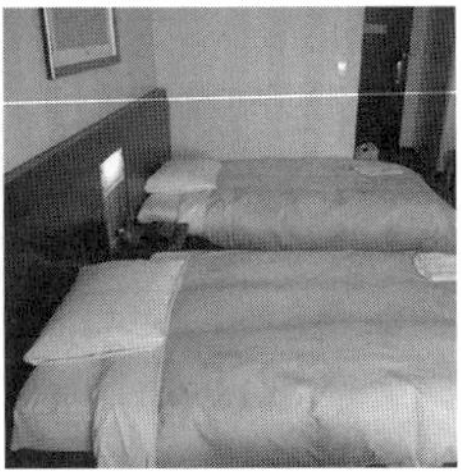

デラックスホテルを、裏技で激安予約。

当初火曜日に札幌へ行き、札幌から大阪へ直行する予定だったが、打ち合わせなどで札幌行きは来週に延期。直接大阪へ。

「東京〜大阪1万円の壁」が自身の密かなテーマとなっている。コンサルタントでクライアントのいる仕事をしていた頃は、大抵「のぞみ」のグリーン車だった。しかし、今では独立系一匹狼ホテル評論家。特に365ホテル旅においては、ホテル代を捻出するため、如何に移動を節約するかということもテーマとなっているのだ。東京〜大阪は、新幹線やレガシーキャリア*なら1万5000円程度。所要時間は4時間くらいまでなら許容範囲なので、新幹線であれば1万円ちょっとで行ける。そうそう「こだま」を激安利用できるJR東海ツアーズの「ぷらっとこだま」も候補になりそう。しかし大阪行きのこだまはN700系ではなく、基本的には各座席に電源コンセントがないので、長時間の乗車はやっぱり×。

ということで、成田空港から関空へのLCCに。関空行きはジェットスターかピーチだが、今日はジェットスターが6500円ほどで最安。成田までのスカイライナーが約2500円、関空からなんばまでが約1000円として、トータル約9000円となり1万円の壁を突破。

本日大阪のホテルは高レート。普通のビジネスホテルで8000円以上。そんな時はデラックスホテルを激安予約できる裏技、「ベストリザーブのおすすめハイランクホテル」で検索。『ホテル京阪ユニバーサルタワー』を周辺のビジネスホテルよりも安い6700円で予約。

ユニバーサルスタジオには何も用事はないが、ほぼ駅に直結という立地に加え、周囲に飲食店も揃っており、これはアリな選択だ。とはいえ仕事がたまっていて部屋から出られず。大阪食べナイトはナシということに。

総合得点
56

コスパpt
3.8

▼採点項目

立地	2
外観	3
エントランス	3
ロビー・フロント	19
パブリックスペース	20
客室	51
飲食環境	2
駐車場	2
全体特記事項	0

102pt／180pt

大阪　天満　〈エコノミー〉

アパホテル大阪天満

大阪府大阪市北区同心2-16-15 ☎06-6242-2111
チェックイン15:00 チェックアウト11:00

本日の部屋 シングル／1409号室／5500円

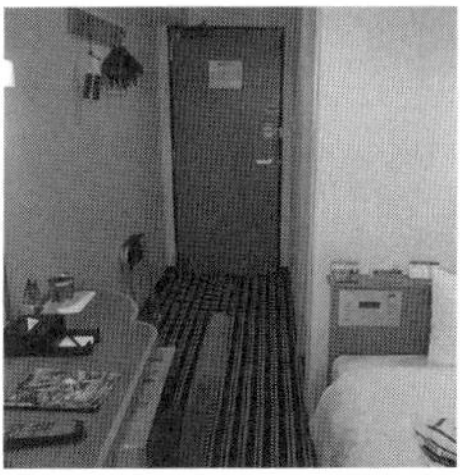

無料大浴場&サウナ付きは、ホテル選びの重要項目。

「ホテル京阪ユニバーサルタワー」の部屋はツインルームのシングルユースで何度か利用したことのある部屋。こちらの部屋にはデスクがない。いや、正確には入口脇にあるドレッサーがデスクを兼用している。デスクが部屋の入口にあるというのも何だか落ち着かないものだ。31階には「S-PARK（スパーク）」という有料の天然温泉のスパがありお気に入りの施設なのだが、結局チェックアウトまでの間、部屋に籠もっていたので1回も行けず。

今日のホテルには無料で利用できる大浴場&サウナがあるのだった。有料よりもそりゃ無料がいい。というわけで『アパホテル大阪天満』へチェックイン。こちらのホテルは、JR大阪環状線の天満駅と桜ノ宮駅の中間辺りに位置するが、天満駅から歩くのが便利だ。

チェックインして早速サウナへ。清潔感があって好印象だ。露天風呂もあるぞ。水風呂の温度が高めだったのがちょっと残念だが、無料であれば文句はない。

夜は3月にオープンしたばかりの「三井ガーデンホテル大阪プレミア」へ。予算的に許されるのであれば利用してみたいホテルだ。ホテル2階にある「博多廊」へ。

大阪の名だたるホテルの総支配人など10名が集う宴へお誘いいただいた。ホテルマンと飲む機会は多いが本当に楽しい。でも、今宵はホテルマンではなく、一個人としてプライベートでお酒を酌み交わす。

とはいえそこはホテルマン。ふとした時の身のこなしや、プライベートであっても飲食時のホスピタリティには感心してしまう。

みなさん自分のホテルを本当に愛してらっしゃる。話を聞くにつけ、365ホテル旅でぜひ一度は訪れてみたいホテルばかりだ。

会話はもちろん、料理も素晴らしく、マグナムボトルのシャンパンから日本酒に焼酎の一升瓶がすっかり空いてしまった。

総合得点
37
コスパpt
3.6

▼採点項目

立地	3
外観	3
エントランス	3
ロビー・フロント	20
パブリックスペース	15
客室	20
飲食環境	2
駐車場	1
全体特記事項	1

68pt／180pt

6月21日(土) 172／365

東京　下谷　〈カプセル〉

1泊1980円ホテル

東京都台東区下谷3-10-10 ☎03-6240-6027
チェックイン15:00 チェックアウト12:00

本日の部屋 上段／911-A号／2340円

オシャレで激安、カプセルというより滞在型ブース。

「東京～大阪1万円の壁」的には土曜でLCCも高レート。大阪駅から近いホテルだったので復路は新幹線で。とはいってもタダでは転ばぬ365ホテル旅。前日までに要購入である「ぷらっとこだま」のチケットをゲットしておいた。普通車指定席の利用で通常より3840円お得な1万300円で利用できるのだ。何よりお得感が高いのはグリーン車。1500円加算した1万1800円で通常より7120円お得。

特急券や乗車券同様グリーン料金も距離で設定されているが、滞在時間で料金を決めるべきという宮脇俊三先生のお言葉を借りれば、「こだま」のグリーン車に4時間滞在でグリーン料金実質1500円とはコスパ高すぎか⁉

この切符、いや、これは切符ではなく添乗員が同行しない旅行企画商品という扱いなので、指定された列車、そして指定された座席にしか座れない。グリーン車に座れても自由席には座れない。また、チケットに記された駅でしか乗降できない。掟破りには別途全額運賃が発生。

さぞかし仕事に没頭できる4時間の車中か、否、酒や弁当買い込んで、おひとり様新幹線宴会にもたっぷりの時間である。普段なら東京～新大阪であれば1次会でお開きになるおひとり様新幹線宴会、4時間もあれば2次会に突入出来るぞ。「お食事中失礼します、キップを拝見します」と検札に来るが「おひとり様ご宴会中失礼します」といい直してもらいたいものだ。すまん、単なる酔っぱらいである。

ひとり宴会は大いに盛り上がり帰京。夜は文京区の根津で会議があり、終了後下谷へ移動。以前からそのネーミングが気になっていた『1泊1980円ホテル』へチェックイン。今まで見たことのない新コンセプトカプセルホテル。オシャレで清潔そして激安。やはり若者が多い。

総合得点
57
コスパpt
3.8

▼採点項目

立地	3
外観	4
エントランス	4
ロビー・フロント	20
パブリックスペース	18
客室	50
飲食環境	3
駐車場	1
全体特記事項	0

103pt／180pt

6月22日（日） 173／365

東京　大塚　〈エコノミー〉

スーパーホテル東京・大塚

東京都豊島区北大塚2-17-13 ☎03-3918-9200
チェックイン15:00 チェックアウト10:00

本日の部屋 シングル／608号室／4980円

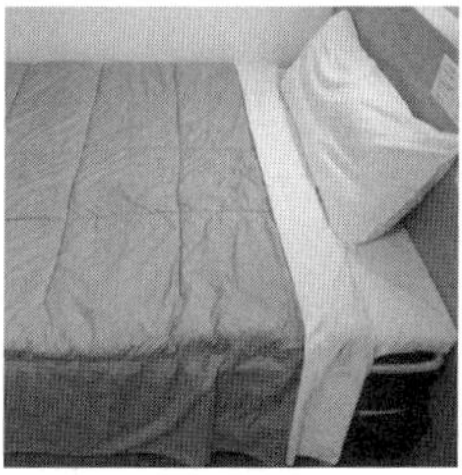

どこも空いてて、しかも安い、日曜ホテル。

『1泊1980円ホテル』、そのネーミングから安かろう悪かろうを想像していたが、エントランスから室内に至るまでオシャレでキレイなカプセルホテルで驚いた。「カプセル」というイメージではなく、「滞在型ブース」という表現がマッチするだろうか。若者や外国人客が多くインターナショナルな雰囲気。確かにサウナや豪華大浴場はないが、個人のスペースを確保するということに主眼を置けば、新しいスタイルの打ち出しともいえる1泊1980円ホテルであった。

そんな滞在に感動しつつ朝早い帰宅。やんなき（やんごとなきの省略形）事情により朝から池袋で酒宴。ちなみに仕事。24時間営業の池袋居酒屋といえば「帆立屋」。ジメジメした雨の朝にはビールとマカロニサラダが似合うぜ。辛口の牛すじ煮込みもたまらん一品。昼は朝からやっている2軒目の「一軒め酒場」へ。なんだかややこしい。こちらの人気メニュー、神田旨カツの大ファン。夜は大塚の「いろは」で武蔵野肉汁うどん&かき揚げ天。うどんって絶対ビール合うよなぁと思いつつ食べまくる。

池袋とその周辺で朝昼晩と飲み続けた日曜日であった。

どこも空いていて安い、よりどりみどり日曜ホテル。大塚駅前からその姿を望める『スーパーホテル東京・大塚』へチェックイン。ロビーが明るい。明るすぎるくらいだ。飲食店や風俗店、レジャーホテルなどが密集する大塚北口の繁華街にあって、猥雑としたネオンの明るさではなく眩しく健康的な明るさだ。女性スタッフも健康的な笑顔が好印象。

とはいえ、スーパーホテルは快適な眠りを追求したホテルチェーン。部屋は眠りへの導入を意識した程良い暗さである。ロビーの明るさとメリハリを感じて心地よい。飲みの一日、疲れはピーク。直ちに熟睡したことは言うまでもない。

総合得点
57
コスパpt
3.4

▼採点項目

立地	3
外観	3
エントランス	3
ロビー・フロント	21
パブリックスペース	17
客室	51
飲食環境	4
駐車場	2
全体特記事項	0

104pt／180pt

東京　立川　〈エコノミー〉

立川リージェントホテル

東京都立川市曙町2-11-7 ☎042-522-1133
チェックイン16:00 チェックアウト10:00

本日の部屋 シングル／3018号室／6000円

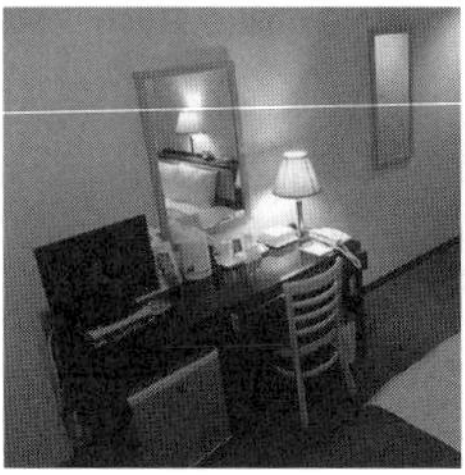

きれいなリニューアル、周囲の環境も文句なし。

　スーパーホテルは朝食も進化している。いまビジネスホテルチェーンでブームなのは無料朝食。無料とはいっても宿泊料金へ転嫁されているので、「無料」という言葉は不適切かという議論はあるが、別途朝食に料金の発生する「有料朝食」との対比でいえば「無料朝食」という表現になろうか。『スーパーホテル東京・大塚』の無料朝食はブッフェスタイルでホットミールもあり、なんと朝食時は自動販売機のドリンクを無料提供しているのである。他のビジネスホテルチェーンでも無料朝食には力を入れており、無料朝食の内容でホテルを選ぶ利用者も多いという。

　そんな大満足な朝食をいただき帰宅。一日書斎で原稿と格闘。良い朝食は充実した一日のはじまりというが、これも食べ過ぎると眠気を催してしまい一日がなかなかスタートできないのである。眠い状態で原稿へ向かっても書くことは困難なので、そういう時は素直に寝ることにしている。少し眠っただけでスッキリ。バリバリ原稿は捗り、結局充実した一日を過ごす。

　夕刻立川へ。打ち合わせなど終えると夜8時過ぎ。食事はまだであったがとりあえずホテル探し。とかく大きなホテルを注目しがちであるが、普段利用する機会のない立川市街地のビジネスホテルなど選んでみるのも365ホテル旅ならではだ。

　『立川リージェントホテル』は駅からも近く、周囲は飲食店などがたくさんあり賑やかな場所にある。

　ホテルの入居するビルは、ホテルウイングとレストランウイングに分かれ、エントランスには、「日高屋」や「鳥貴族」といった人気店の看板が並ぶ。2階のフロントはウッディな雰囲気で明るくオシャレ。部屋もキレイにリニューアルされ、快適に過ごすことが出来た。ひとりでの夕食も、日高屋という強い味方に助けられたのであった。

6月24日（火） 175／365

総合得点
37
コスパpt
3.5

▼採点項目

立地	3
外観	3
エントランス	3
ロビー・フロント	17
パブリックスペース	18
客室	19
飲食環境	3
駐車場	1
全体特記事項	0

67pt／180pt

東京　浅草　〈カプセル〉

ホテルニュー魚眠荘

東京都台東区雷門2-20-4 ☎03-3844-5117
チェックイン15:00 チェックアウト10:00

本日の部屋 下段／419号／2700円

明るさと清潔感が、カプセルには何より大事。

夜中まで立川のホテルで原稿と格闘。行く、行かないは別として、周囲に様々なお店がある繁華街の立地は、何があってもドンと来い的な安心感が抜群だ。

朝帰宅。自宅でも執筆。昼過ぎまで詰めの作業。16時に銀座へ。出版社で21時前まで更なる詰めの作業。本を世に送り出すのは本当に大変なことなのだ。

銀座から都営浅草線で浅草へ移動。スタジオ収録の件でテレビ局の方と打ち合わせ。打ち合わせとは、楽しいお酒を飲むことも意味すると大人になって知ったわけであるが、気付けば日付変更直前。夏の夜風が心地よい浅草の夜。

地下鉄銀座線浅草駅近くの『ホテルニュー魚眠荘』へ。ユニークなネーミングで以前から気になっていたホテルだ。カプセルホテルを利用するつもりだが、一般の客室もある様子。直前にじゃらんから予約したが、酔っぱらっていたせいか翌日の日程で予約してしまった。

たとえば、じゃらんと同じく宿泊予約サイト大手の楽天トラベルでは、予約する際の日付初期設定が当日になっている。宿泊する当日に予約することがほとんどの身としては、宿泊日設定を変更する必要がないので楽チンである。

しかし、じゃらんの場合は、初期設定が翌日になっているので、当日の日付を入力し直さなければならない。

当日予約する人の割合がどのくらいなのかは知らないが、楽天トラベルでの予約にも慣れている人が、いつもの調子でじゃらんを利用して予約すると、翌日の予約をしていた、なんてケースもあるのではなかろうか。特にパソコンでの予約に慣れていると、スマホの小さな画面は見にくく、日付にも気付かない酔っぱらいなのであった。

ホテルニュー魚眠荘、旧態型が多いこの辺りのカプセルホテルにあって、清潔感もあり明るく好印象であった。

総合得点
68
コスパpt
3.7

▼採点項目

立地	3
外観	4
エントランス	4
ロビー・フロント	25
パブリックスペース	23
客室	60
飲食環境	3
駐車場	3
全体特記事項	-1

124pt／180pt

6月25日（水） 176／365

北海道　札幌　〈デラックス〉

シェラトンホテル札幌

北海道札幌市厚別区厚別中央2条5-5-25 ☎011-895-8811
チェックイン15:00 チェックアウト12:00

本日の部屋 シングル／1918号室／6600円

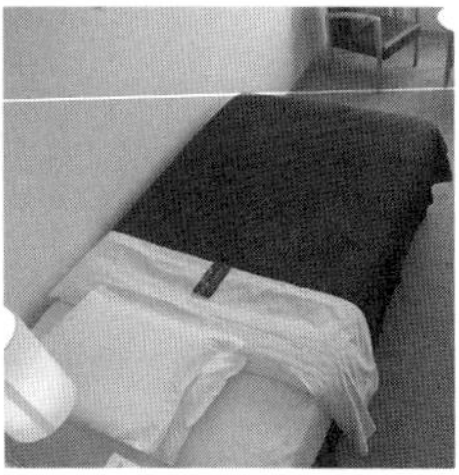

地下のスパ施設が素晴らしい、札幌郊外のホテル。

　先週行けなかった札幌へ。スカイライナー（2465円）＆バニラエア（6500円）という慣れた組み合わせだ。別途有料の座席指定せずとも、これまでは通路側だったり、隣席は空席のことも多くイイ思いをしてきたが、今回は残念ながら3列真ん中席。ヤラれた。隣席のおじさんがずっとキンドっている（キンドルで電子書籍を読む意）。スマホと比較して大型のタブレットなので、両手で操作しているが、肘掛けを完全に占領されている。肘掛けから腕が離れた瞬間を狙ってこちらも負けじと肘掛けを奪うも、おじさん、ジャケットを召されているので、改ページなどするたびにジャケットの粗い布地が、半袖Tシャツ姿の腕をチクチク攻撃してくる。機内ではいつも寝るのだが、一睡も出来ずに新千歳空港へランディング。

　札幌での仕事なので普段ならば札幌市街地のホテルを選ぶが、雑誌の覆面取材も兼ねて札幌市街地からは郊外の新札幌にある『シェラトンホテル札幌』へチェックイン。

　チェックイン時に大きな声で有料アップグレード案内をしてくるレセプションスタッフは苦手。最安値で予約しているので、何だか悪いような恥ずかしいような気分になる。

　エレベーターを降りると、節電のためなのか廊下は照明が消されていて暗い。自動販売機が設置されているが、料金の確認もできないほどである。部屋に入れば入ったで、浴室の扉を開閉するたびにギィィィィって大きな音がするし、デスクで執筆していたらノックもせずマスターキーで入室しようとしてくるし、何だかなぁの気分である。

　地下ワンフロアを占めるスパゾーンは素晴らしい。脱衣スペースやアメニティなどこれまで経験したホテルのスパ施設のなかでもかなりのクオリティであった。

総合得点
58
コスパpt
3.5

▼採点項目

立地	2
外観	3
エントランス	3
ロビー・フロント	19
パブリックスペース	15
客室	58
飲食環境	2
駐車場	4
全体特記事項	0

106pt／180pt

6月26日（木） 177／365

埼玉　所沢　〈レジャー〉

レステイMOON所沢

埼玉県所沢市上山口1363-2 ☎04-2922-3812
休憩2時間～5時間 宿泊14時間～21時間

本日の部屋 306号室／4910円

おすすめのデュベスタイル採用、清潔感たっぷり。

前夜はススキノへ。せっかくの札幌ナイトでもあるし、シェラトンホテルのある新札幌から地下鉄に20分ほど揺られ、「すし処のむら」へ。大将、「瀧澤さんの本が4月に出たってお客さんから聞いて早速本屋に行ったけどさ、売れてしまって入荷待ちって言うんだよ」（そりゃすみませんでした）「仕方ないからさ、ホテル○○○○へ行ったのよ」（えっ!?）「ホテルの人にさ、ホテル評論家の瀧澤さんの新刊ない？って聞いたらさ、お待ち下さいって言われて、奥から持ってきてくれてさぁ、ホテルの人に見せてもらったよ、ワハハハ」。大将、おもしろすぎるぜ（冷汗）。ホテルの方ありがとう。

そんなススキノ楽しいナイトを過ごすも、残念ながら今回の札幌は1泊。朝の飛行機で帰京。都内の仕事を終え一度帰宅。郵便物の確認や洗濯などやることはたくさん。夕方関越道で所沢へ移動。郊外になるとやはり車の移動が便利だ。

仕事を終えるとすっかり遅い時間だが、所沢にはめぼしいホテルがない。立川へ移動という手もありだが、立川では先日泊まったばかりだ。そんな時の所沢レジャーホテル。所沢市街地からは離れるが、西武園や多摩湖周辺にはレジャーホテルが多い。

車で走っていると大きな看板が目に入り『レステイMOON所沢』へ。様々な趣向を凝らしたレジャーホテルを利用してきたが、こちらはシンプルで清潔感がある。窓枠の切り方といい、場所柄のイメージも手伝って、一瞬リゾートホテルのような錯覚にも陥る。

ビジネスホテルでは、最近デュベスタイルの採用が進んできていると様々なメディアで発信しているが、デュベスタイルの採用率でいえば、レジャーホテルはピカイチだ。レジャーホテルにおけるベッドの清潔感は、ビジネスホテル以上に重要な要素なのだろう。

総合得点
59

コスパpt
3.6

▼採点項目

立地	2
外観	3
エントランス	2
ロビー・フロント	22
パブリックスペース	21
客室	52
飲食環境	2
駐車場	3
全体特記事項	0

107pt/180pt

東京　大島　〈エコノミー〉

リフレフォーラム

東京都江東区大島7-37-11 ☎03-5609-1201
チェックイン15:00 チェックアウト10:00

本日の部屋 シングル/335号室/4990円

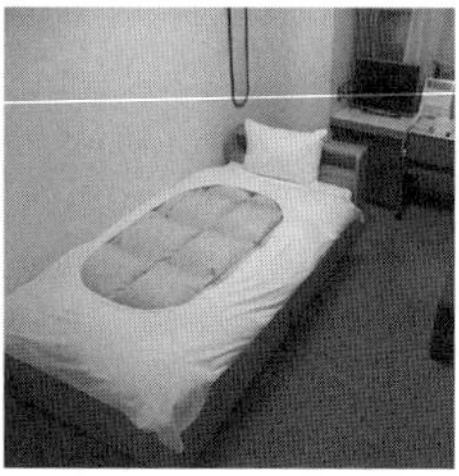

研修施設だが、意外な穴場。ビジネスユースに最適。

レジャーホテルの部屋、静かで執筆にはいい環境ではあるが、あまりにシーンとしているのも何だか落ち着かない。

2014年365ホテル旅上半期、すなわち6月末までを7月末に発売するという、超人的スケジュールの渦中である。毎日追い込(まれている)みをかけている気分だ。自宅近くのとしまえんで、あじさい祭りが開催されている期間だったこともすっかり忘れていた。毎年この時期、ライトアップされた夜のあじさいを愛でに行くのだが、今年はそんなことすらもすっかり忘れていた。

夜は江戸川区にある「タワーホール船堀」へ。箱根の「一の湯」がモデルになった舞台「ゆの暖簾」初日の舞台鑑賞へ。ミステリーあり、笑いあり、ちょっとウルッとしてしまうアッという間の2時間で、忙中閑的リラックス効果にてすっかり気分転換。

江戸川区船堀から、橋を渡って江東区へ。せっかくこの辺りまで来たのだからと、大島の『リフレフォーラム』へチェックイン。馴染みのないホテルであったが、研修施設や長期滞在の部屋もあるらしい。大浴場やサウナも完備している。

調べてみると、あの「共立メンテナンス」が運営しているというから驚きだ。共立メンテナンスといえば、大人気のビジネスホテルチェーン「ドーミーイン」を運営している会社として有名。

このような施設は宿泊料金が安めである。利用資格など条件はあるが、なんといっても大浴場やサウナなどを備えた例が多く、その他施設も充実している場合が多い。宿泊予約サイトに宿泊プランが出されることもあり要チェックだ。部屋は質素であるが、機能的なレイアウトで使いやすい。

ロビーに大きなコピー機が置かれているのも、まさに研修施設的雰囲気を醸し出している。ビジネスユースの外来宿泊でも威力を発揮しそうだ。

総合得点
60
コスパpt
3.3

▼採点項目

立地	3
外観	3
エントランス	3
ロビー・フロント	20
パブリックスペース	20
客室	54
飲食環境	2
駐車場	4
全体特記事項	0

109pt／180pt

6月28日（土） 179／365

長野　上田　〈エコノミー〉

上田東急イン

長野県上田市天神4-24-1 ☎0268-24-0109
チェックイン15:00 チェックアウト11:00

本日の部屋 シングル／710号室／6690円

フラッグシップホテルだが、進化にちょっと遅れが？

長野県上田市へ講演のため遠征。ゆっくりしていきたいところだが、明日は午後から夜まで日本テレビのスタジオ収録。1泊というものの、明朝は早く発たねばならない。こういう時は新幹線で行きたいが「本を大量に持ってきてくれ」と言われたので車で向かうことに。

大量に持ってきてくれ、というのはその大量の本を買ってくれる、と解釈しても良いのか微妙であるが、大人買いしてくれそうな雰囲気ではあった、に賭けよう。

上田市のイケてる中華「つばめの巣」でランチをすませ『上田東急イン』へチェックイン。何度も利用しているホテルだ。

東急インといえばビジネスホテルであるが、こちらは宴会場やレストランなども充実している。広々とした吹き抜けのロビーが印象的だ。シティホテルのない地方都市では、このような高いコミュニティ機能を備えたビジネスホテルがフラッグシップホテルとして、その役割を担っているケースがある。

上田東急インは、10年近く前から頻繁に利用してきたホテルだが、部屋は相変わらずで、デュベスタイルやお持ち帰りスリッパの導入はない。

他のホテルチェーンが日々進化しているのを目の当たりにしていると、取り残されている雰囲気を感じてしまう。

講演会のため別のホテルへ移動。演題は「おもてなしの心」。テレビやラジオ、講演会などで365ホテル旅の話をする機会が多くなった。

驚かれるのには最早慣れたものだが、特に講演会の場合は、「変人の話は面白そうだ」的に、その後に続く話に興味を持って耳を傾けていただける導入剤的効果もあると感じている。

講演を終えると主催者との懇親会。概ね好評だったようで、持ってきた本も飛ぶように売れ、サイン会も盛況であった。本当にありがたい。

総合得点

51

コスパpt

3.2

▼採点項目

立地	2
外観	3
エントランス	2
ロビー・フロント	15
パブリックスペース	16
客室	51
飲食環境	2
駐車場	1
全体特記事項	0

92pt／180pt

6月29日(日) 180／365

東京　新宿　〈エコノミー〉

ビジネスホテル　国際ホテル歌舞伎町

東京都新宿区歌舞伎町2-12-2 ☎03-5155-4172
チェックイン17:00 チェックアウト11:00

本日の部屋 ツイン／403号室／6000円

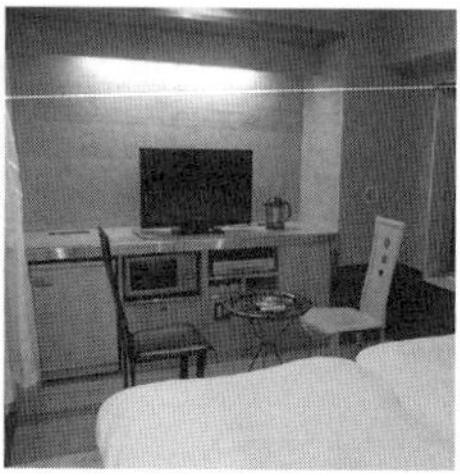

ビジネスなのか、レジャーなのか。謎が深まる。

さわやかな朝。そしてここは信州上田。美味しいものたくさん。温泉でも浸かってのんびりしていきたいところだが帰らねば。そんな思いを表すかのような小雨のどんよりした東京へ帰着。夜までパッパツ(洋服じゃないよ)の一日。

午前中は打ち合わせを1件すませ、午後は麹町へ移動。日本テレビでホテル企画の番組収録。バナナマンさんや蛭子能収さんとスタジオで楽しい時間を過ごす。やはりここでも365ホテル旅の話で盛り上がる。昨日の講演会といい、365ホテル旅の話に助けられている感すらある。収録終了後、バナナマンの設楽さんとホテル四方山話。今夜はどちらへ? と聞かれたので、歌舞伎町のラブホテル街にあるビジネスホテルです、と答えると更に驚かれる。

歌舞伎町のラブホテル街のど真ん中にそのホテルはある。カップル行き交うネオン街には異色な『ビジネスホテル　国際ホテル歌舞伎町』だ。

あえて「ビジネスホテル」を強調したネーミングはその立地ゆえか。周囲の派手なホテルと比較すると外観は地味であるが、これはレジャーホテルの建物をリニューアルしたのではないかと一見して感じた。

エントランスにはデイユース料金も表示されている。ビジネスホテルでデイユース料金表示はまだまだ異色であるが、こちらは新宿歌舞伎町のレジャーホテル街、デイユースの表示は別の意味で異色だ。

ロビーはイエロー、ブルー、グリーンといった派手な配色のインテリアだが、その照明の明るさも手伝って健康的な雰囲気を醸し出しており、メジャーホテルの雰囲気はほとんどない。

部屋はツインルームのシングルユース。入口でスリッパに履き替えるのは、これまで見てきたレジャーホテルと同じだ。でもここはビジネスホテルである。

6月30日（月） 181／365

神奈川　横浜　〈エコノミー〉

アパホテル横浜関内

神奈川県横浜市中区住吉町3-37-2 ☎045-650-6111
チェックイン15:00 チェックアウト11:00

本日の部屋 シングル／837号室／3500円

総合得点
62

コスパpt
4

▼採点項目

立地	3
外観	3
エントランス	3
ロビー・フロント	19
パブリックスペース	22
客室	57
飲食環境	3
駐車場	3
全体特記事項	0

113pt／180pt

この料金ではありえない部屋と施設に、驚愕しつつ宿泊。

　週明け月曜日は打ち合わせが多い。午前中は平河町のプレジデント社へ。ホテル企画の打ち合わせ。その後川崎へ。数少なくなったコンサルタントのクライアント先へ。

　今日は6月最終日。打ち合わせの予定を終え、記念すべき⁉　３６５ホテル上半期最後のホテルをどこにしようかと考えつつ、とりあえず横浜へ向かうことにした。

　それにしても今日はどこのホテルも安い。記念すべき折り返し日だ。思い切ってデラックスホテルへ、なんて考えるも、『アパホテル横浜関内』の３５００円に驚き思わず予約してしまった。

　確かに部屋は狭いが、アパホテルご自慢の「クラウドフィット」も導入され、大浴場とサウナが嬉しい。なんといっても３５００円はすごい。もちろん繁閑で大きく差はあるが、コスパということでいえばこの料金ではありえない部屋と施設だ。大画面テレビもうれしい。

　月末、即ち今日締め切りにして全く書いていなかった連載の原稿にとりかかる。アパホテルは部屋が狭いことでデスクの面積も限られているが、そんなことはいってられない。パソコンに向かい30分で仕上げる。そうなのである。書くときには既に出来上がっているのだ（うぉ！　カッコイイ感じだ）。

　この３６５ホテル旅の中で、1月1日の初日スタートからしてそうであるが、記念日はデラックスホテル！　と勢いづくこと何度か、しかし利用するには至っていない。

　旅とは非日常というが、３６５日毎日続くこの旅は、何ら特別な行為ではない「日常」なのだから、やはり「特別感」は似合わない気がしているのだ。折り返し日の今日も、いつもの街でビジネスホテルへチェックインするのがお似合いの３６５ホテル旅である。

column3

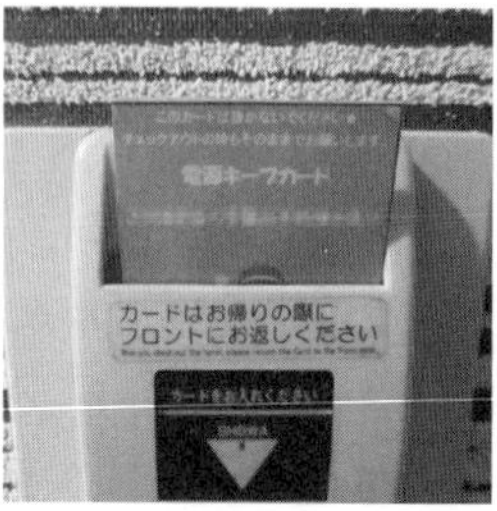

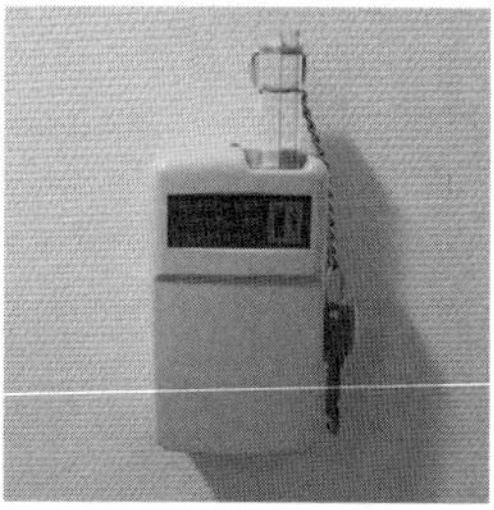

客室の電源に気を付けろ!

特にビジネスホテルの客室で、ルームキーと電源が連動していることがよくあります。旧式のタイプは、ルームキーが付いているアクリルやプラスチック製のホルダー(棒)を、スボッと差し込むタイプが多かったのですが、最近多く見かける電源方式は「カード式スイッチ」です。カード式のルームキーを、客室の入口の指定箇所へ差し込むと、部屋の電源がオンされるというシステムだ。ズボッと差し込むタイプもカードキー式も、外出時はキーを持って行くのですから、不在時には電源はオフになるので、省エネなどの観点からも効果は大きいと思われます。

ところが、電源のオン・オフが、エアコンやデスクのコンセントにまで連動していることがあり、外出しようとカードを抜き、戻るとパソコンのバッテリーが終わって強制終了されていたり、エアコンがオフで、特に夏場など、灼熱の客室に戻らなくてはならないケースもあります。新しいホテルでは、デスクのコンセントやエアコンは別系統になっているケースも増えているが、そうではない場合には、自衛策を講じる必要も出てきます。

利用者の話を聞くと、そのような場合にはキーの代用として、ズボッと差し込むタイプの場合には歯ブラシの柄などを、カードキー式の場合は、財布からショップのポイントカードなど取り出して差し込むという声を聞きます。歯ブラシの柄などを差し込むというのは、機械を破損しかねないので誉められた行為とはいえませんが、カードキーの場合に、他のカードを代用するというのは、発想としてはよく理解できます。しかし、そのように他のカードを代用した結果、チェックアウト時に抜き忘れてきたなどという話も。

先日、某有名チェーンのビジネスホテルへ宿泊した時のこと。やはりカードキーを差し込むタイプの電源であった。ところが、そこには「電源キープカード」なるものが既に差し込まれていました。おそらく、利用者からの苦情があったのでしょうか、宿泊者目線の嬉しい気遣いです。

column4

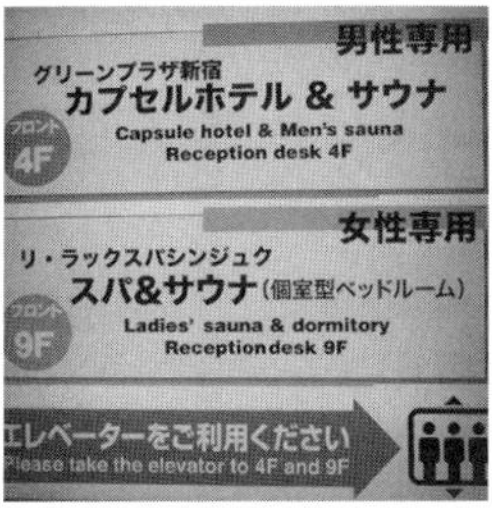

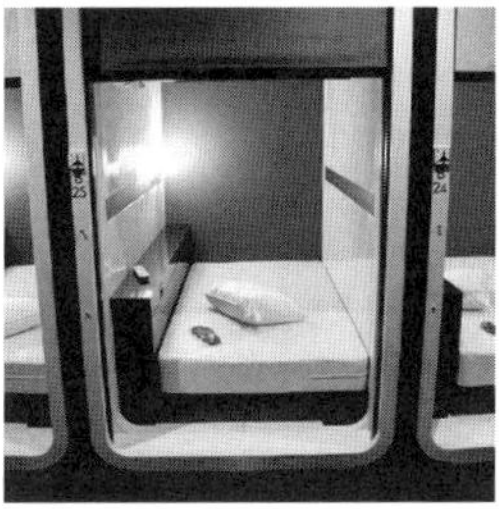

進化系カプセルは女性専用スペースも。

カプセルホテルは元々、終電に間に合わず帰宅できなくなったビジネスマンを主なターゲットに発達したものです。居所は個室ではないため、女性は性犯罪に巻き込まれる危険があることも男性専用が多かった理由です。ところが昨今、女性の社会進出はもとより、LCC（格安航空会社）や高速バス網などが発達して格安で清潔に安全に移動できる手段が増え、若い女性が一人旅に出る機会も増加、交通手段と共に宿泊手段としても、安全清潔で安価な施設への需要が多くなりました。

そのような中で、女性もターゲットにした進化系ともいえるカプセルホテルが増えています。このような施設は、男性専用のスペースと女性専用のスペースを完全に分離させていることが特徴ですが、清潔感はもちろんデザイン性にも優れているので、女性スペースだけではなく男性専用スペースも快適度は高くなっています。

進化系カプセルホテルの代表格といえば「ファーストキャビン」です。東京、大阪、福岡、京都で展開されています。こちらはもはやカプセルとはいえない「キャビンタイプ」。アコーディオンカーテンで仕切られた「準個室」ともいえる形態です。男性ゾーンと女性ゾーンを完全に分けたことによる安心感、女性を満足させるための充実したアメニティが取り揃えられています。

また、東京駒込の『カプセル&サウナ・ロスコ』は、全施設に女性専用スペースが用意され、アメニティも充実しています。

新宿歌舞伎町の有名なカプセルホテル「グリーンプラザ新宿」でも、「女性専用　宿泊施設&リ・ラックスパ」を展開、カプセルというのには違和感のある個室タイプの並ぶ宿泊スペースは、美顔器など美容にこだわった備品なども揃っています。

女性にやさしいカプセルホテルがいま密かなブームとなっています。

カテゴリー得点別 ベスト5

本書では利用した各ホテルに得点を付している。筆者がホテル評論家として日常的に用いている60項目のチェックリストから導き出された得点であるが、利用者によって重要視する部分が異なることは言うまでもない。あくまでも、読者がホテルを比較する際の一助とする狙いである。得点＝ホテルの絶対的評価ではないことに改めて留意されたい。なお、旅館、ホステルは5軒に満たないので集計から除外した。

デラックスクラス

このカテゴリーでは、客室面積、調度品、サービスなど全項目にわたり高得点となった。筆者の正式取材対象のホテルも多く、その場合はインビテーションとなるか、本書では実際に利用したことにより発生する料金の記載はないので、得点だけではなく予約サイトなどで実勢料金等も確認されたい。

1	フレイザーレジデンス南海大阪	86点
2	シェラトン都ホテル東京	83点
3	ロイヤルオークホテル スパ&ガーデンズ	81点
3	グランドハイアット福岡	81点
5	ホテルインターコンチネンタル東京ベイ	80点

ミドルクラス

このカテゴリーのホテルは、フルサービスではないものの、独自のコンセプトを打ち出す新しいホテルが多く、その中でも利用者に何らかの付加価値をもたらしているホテルが上位となった。

1	ロッテシティホテル錦糸町	75点
2	ホテルバー グランティオス	74点
3	ホテルフォルツァ博多	71点
4	リッチモンドホテル青森	70点
4	リッチモンドホテルなんば大国町	70点

エコノミークラス

最もバラエティーに富むカテゴリーである。エコノミーホテルチェーン間での競争は激化しており、1人でも多くの顧客を獲得するため、あの手この手で新しいサービスの提供を続けている。かような進化系エコノミーホテルと、旧態型エコノミーホテルでは得点に差ができ、カテゴリー内の得点差が最も大きいのもこのカテゴリーの特徴である。

1	立川ワシントンホテル	69点
1	ホテルココ・グラン北千住	69点
3	JRイン札幌	67点
3	津軽の宿弘前屋	67点
3	ホテル ラクシオ・イン	67点

カプセルホテル

法令上はホテルではなく、簡易宿所のカテゴリーとなる。本書では便宜的に他のカテゴリーと同様、まとめて「ホテル」と称しているが、カプセルホテルで割り当てられる各自の専有スペースは正確には「客室」ではない。本書でカプセルホテル利用について「○○号室」ではなく「○○号」と記載しているのもそのためで、簡単に言うと、複数のカプセルが設置されている部屋全体が客室という解釈となる。本書では、利用したホテル全てに得点を付しているが、得点の根拠となる60項目のチェックリストには、一般のホテルにあってカプセルホテルにはない設備(例えば客室のデスク)や、一般のホテルよりも条件が悪くならざるを得ない備品(テレビのサイズなど)に関する項目が複数あり、このような項目でカプセルホテルの得点は低くなるため総合得点も概して低得点である。本来であれば、カプセルホテル用のチェックリストを用意し、カプセルホテルならではの得点を算出すべきところではあるが、事実カプセルホテルよりも各自に個室が与えられる一般のホテルの快適性が上であることは言うまでもないし、複数のルールに則った得点が混在することを避けるという意味でも統一したチェックリストを用い、得点のルールを統一した。各カプセルホテルカテゴリーに関しては、設備の充実度に加え、女性の利用に特化したり、独自のコンセプトを打ち出している施設の得点が高くなった。いずれにしても、カプセルホテル特有の機能や特徴に対するの評価は、出来る限り本文中で記しているので、コスパポイントなどと共にあわせて参照いただきたい。ちなみに本書では、女性専用フロアの有無等については表記していないので、利用する際には確認していただきたい。

1	グリーンプラザ新宿	42点
2	カプセルホテル リード・イン大森	40点
3	サウナ&カプセル クリアイン巣鴨	39点
3	カプセル&サウナ・ロスコ	39点
3	カプセルイン川越	39点
3	パークプラザ大宮	39点
3	サウナ&カプセル サンフラワー	39点

レジャーホテル

設備、アメニティなど、最も進化しているカテゴリーである。しかし、レジャーホテルには基本的に人的サービスがなく、その項目では得点は低くなる。また、短時間の休憩利用、宿泊の場合の利用時間帯など、一般のホテルとは形態が大きく異なることにも留意されたい。レストランや共用のスパ施設といったパブリックスペースという概念はこのカテゴリーのホテルにはないので、主に外観・エントランス、客室内を中心とした項目での得点となった。

1	ホテル アペルト	70点
2	ホテルフォーション	66点
3	ホテルドマーニ	63点
4	ホテルエリアス	58点
4	レステイMOON所沢	58点

あとがき

２０１３年の終わり、クリスマスソングが賑やかな池袋の街に佇みひとり悩んでいた。そこは某生命保険会社の前。手には、保険証券と身分証明書、印鑑が握られていた。

メディアに露出することを評論家の条件とするならば、ホテル評論家としてのキャリアは7年近くになるが、実際は本業である経営コンサルタントの傍らとして副業的にやっていた。事態が変化したのは２０１３年の秋。ホテルの食品偽装問題が表面化しメディアから取材が殺到し本業が手に着かない状態となった。

そんなメディア露出がきっかけで以後も様々な仕事をいただくことに。副業が本業となり、職業ホテル評論家として正に独立したのである。ホテルを評論するためには、1つでも多くのホテルを利用することが、評論の質を高めていくことになると考えた。もはや本業である、時間はたっぷりだ。そんな考えと環境から３６５日毎日異なるホテルを利用してみるのはどうだろうと何気なく思った。

でもお金がない。ホテル評論家としての収入で生活はできるようになっていたが、そこに３６５日自腹でホテルに泊まるような余分なお金はなかった。でも、このミッションをやらないという選択は既になかった。ホテル評論家として今後の人生を賭する覚悟で、3本あった生命保険のうち1本を解約した。

毎日異なるホテルを利用しはじめ、体が慣れるまでに時間がかかった。毎日異なる空気と空間に身を置くことが体にこたえた。高級ホテル→高級ホテル→高級ホテルであればもちろん悦楽だが、安ホテル→安ホテル→安ホテルというのも意外に楽だということもわかった。それよりも安ホテル→高級ホテル→安ホテルという落差が体にこたえることを実感した。人的サービスのない設備の充実したレジャーホテルはある意味で楽チンであるが、外界と隔離された孤独を感じたこともあった。

そんな過酷な日々のホテルライフで、利用者目線やホテルマンの優しさと思いやりに何度癒やされただろう。そんな思いで何とか上半期6か月のホテル旅を終えることが出来た。そしてまだまだ旅は続く。「めぼしいホテル」は出来る限り利用せずグッとこらえて下半期に備え「とっておいた」。下半期では上半期以上に素晴らしいホテルが登場する予定だ。

さて、今日はどこのホテルへ向かおうか。

瀧澤　信秋

全国おひとりさま飲食店インデックス

兵庫／姫路　22

ふく鳥（居酒屋）

兵庫県姫路市駅前町225

電話　0792-82-5234

姫路の繁華街にある鶏料理の有名な居酒屋。手羽先は是非オーダーを。

大阪／天神橋筋　23

美酒美肴くすのき（居酒屋）

大阪府大阪市北区黒崎4-13

電話　06-6375-0814

天神橋筋のアーケードにある居心地のいいお店。大将との会話も楽しい。

札幌／すすきの　25

すし処のむら（寿司屋）

北海道札幌市中央区南6条西4

電話　011-531-3131

すすきの隠れ家的寿司屋。一見はお断りだが本を見たと是非電話で確認を。

札幌／すすきの　25

ta!sixun《タイスケサン》（バー）

北海道札幌市中央区南4条西5　第4藤井ビル1F

電話　011-252-7533

センス溢れる空間で落ち着いてお酒を。紹介制だが本を見たと是非電話で確認を。

北海道/新千歳空港　27

松尾ジンギスカン（ジンギスカン）

北海道千歳市美々987-22　新千歳空港国内線ターミナルビル3F

電話　0123-46-5829

北海道でジンギスカンを食べ逃したあなたは空港にある「まつじん」で。

北海道/新千歳空港　27

五十七番寿し（寿司）

北海道千歳市美々987-22　新千歳空港国内線ターミナルビル2F

電話　0123-45-6767

北海道の空港ならではのクオリティで気軽に楽しめる立ち喰い寿司。

東京／町田　30

いくどん（ホルモン焼き）

東京都町田市原町田6-17-2

電話　042-722-8688

長いカウンターがあり、おひとり様でもゆっくり楽しめるハイコスパのホルモン焼き。

大阪／新世界　38

ぜにや（居酒屋）

非公開

カウンターで、串カツから焼肉、刺身まで楽しめる。ザ・新世界を堪能。

京都／烏丸　39

禧龍《きりゅう》（中華）

京都府京都市下京区高材木町225

電話　075-351-9421

地元のサラリーマンで賑わう大衆中華。京都で地元密着系中華もまた楽しい。

東京／赤羽　42

たちばな（居酒屋）

東京都北区赤羽1-18-6　OK横丁

電話　03-3902-5536

昭和の雰囲気漂う赤羽OK横町にある美人女将とおでんが評判の居酒屋。

北海道／函館　46

活魚《かつうお》**ろばた汐活**《しおかつ》（居酒屋）

北海道函館市若松町6-10

電話　0138-27-1506

函館駅近くにあるメニュー豊富な地元密着系居酒屋。もちろん海鮮も最高。

札幌／狸小路　49

さかな屋金ちゃんの店　魚平《うおへい》（居酒屋）

北海道札幌市中央区南2条西6　狸小路6丁目西端（パストラルビル1F）
電話　011-221-0138
飲み放題880円。安く飲みたい新鮮な刺身が食べたいという時に1人でも楽しめる。

東京／大森　52

バローダの月（バー）

東京都品川区南大井6-24-4
電話　03-3768-0050
駅近のビジネスホテル2階にバー。隠れ家としても泊まったときにも最高の空間。

三重／四日市　57

うぐいす（ホルモン焼）

非公開
四日市の繁華街路地に佇むホルモン焼きのお店。1階はカウンターのみで1人客も多い。

名古屋／名駅　58

Pub Arco（バー）

愛知県名古屋市西区名駅2-20-30
電話　052-784-6488
ひっそりした路地にある隠れ家的空間。ダンディなマスターとの会話が楽しい。

埼玉／川越　63

やきとんとらや（居酒屋）

埼玉県川越市脇田本町6-8
電話　049-246-0839
敷居が低くいつもワイワイと賑わっている居酒屋。メニューが豊富で嬉しい。

横浜／元町　67

三郎寿司（寿司）

神奈川県横浜市中区元町1-51
電話　045-681-0123
寿司屋一筋50年。横浜元町にあって敷居の低い寿司屋。大将と奥様が楽しい。

長野／上田　68

たつみ寿司（寿司屋）

長野県上田市中央3-10-13
電話　0268-27-0125
信州の上田にこんな寿司屋があるなんて驚き。大将の丁寧な仕事が光る。

長野／長野　80

里（居酒屋）

長野県長野市南県町1041　新建第2ビル2F
電話026-238-1231
ご夫妻で営業されているアットホームな居酒屋。晩酌セットはお得。

福岡／博多　91

寿久（居酒屋）

非公開
博多駅至近、地元では有名な居酒屋。大衆酒場という表現がピッタリ。安旨。

横浜／山下町　93

491HOUSE（ライブバー）

神奈川県横浜市中区山下町82
徳永ビルディング1F
電話　045-662-2104
チャージなしで毎日ジャズライブが楽しめるお店。料理も抜群に美味しい。

青森／弘前　113

津軽衆《つがるしゅ》（居酒屋）

青森県弘前市大町1-6-2
電話　0172-35-6256
100円というホタテの貝焼きはオーダー必至。B級グルメのメニューがたくさん。

青森／青森　114

鳥清（鶏料理）

青森県青森市古川1-7-5
電話　017-722-5874
ご夫婦で営業されている絶品鶏料理のお店。手羽焼はそのボリュームと価格に圧倒。

青森／青森　114

きたさん（居酒屋）

非公開

キャサリンこと豪快なママさんと控えめなきたさんが楽しい、ゆったりできる居酒屋。

秋田／横手　115

湯あがり海鮮BAR（居酒屋）

秋田県横手市駅前町7-7
横手駅前温泉　ゆうゆうプラザ2F
電話　0182-32-7777

ホテル内にあるカウンターの居酒屋。横手牛タンのクオリティは感動的。

神奈川／小田原　122

奴寿司（寿司屋）

神奈川県小田原市荻窪529-1
電話　0465-34-5728

大将おまかせで握りを頼めば、次から次へ出される寿司。その旨さに感激。

長野／上田　125

つばめの巣（中華）

長野県上田市秋和194-1
電話　0268-21-3210

若きオーナーの工夫が光る中華料理の数々。駅からは離れるがコスパが高い。

群馬／高崎　125

ホドリ（焼肉）

非公開

地元の方に愛される焼肉の名店。中でも梅ミノは絶対オーダーすべし。

東京／大手町　137

全や連総本店（焼鳥）

東京都千代田区大手町1-7-2
東京サンケイビルB2F
電話　03-3231-7705

1人でもサッと楽しめるアクセスの大手町駅直結やきとりエンターテインメント。

東京／大塚　151

天下寿司　大塚店（回転寿司）

東京都豊島区北大塚2-15-8
電話　03-3917-6563

職人が目の前で握る回転寿司。都内各所で展開。そのクオリティにファンは多い。

千葉／成田　154

パブスナック東洋（バー）

千葉県成田市花崎町842
電話　0476-22-0869

昭和へタイムスリップする成田駅近くの路地裏バー。メニューはカクテルブック。

広島／広島　161

メインバー　ブラドール（バー）

広島県広島市中区銀山町11-25　第1ダイヤモンドビル4F
電話　082-247-6147

座り心地のいいチェアと店長西本さんとの楽しい会話でつい長居してしまう。

愛媛／松山　162

たにた（割烹）

愛媛県松山市二番町3-7-4
電話　089-945-2300

全日空ホテル裏手に位置する、瀬戸内の美味しい料理が堪能できる上質な居酒屋。

高知／高知　163

葉牡丹（居酒屋）

高知県高知市堺町2-21
電話　088-872-1330

昼から呑めるカウンター中心のお店。メニューは豊富、美味しい料理たくさん。

大阪／新世界　166

八重勝（串カツ）

大阪府大阪市浪速区恵美須東3-4-13
電話　06-6643-6332

新世界では一番人気の行列がたえない串カツ屋。回転は速いので並んでも平気。

大阪／新世界　166

大興寿司（寿司屋）

大阪府大阪市浪速区恵美須東3-2-18
電話　06-6641-4278
新世界で有名なジャンジャン横丁にあるカウンターのみの寿司屋。安くて美味しい。

大阪／道頓堀　167

金龍ラーメン　道頓堀店（ラーメン）

大阪府大阪市中央区道頓堀1-7-26
電話　06-6211-3999
難波の定番ラーメンといえば金龍。ライスにキムチもお代わり自由。

東京／池袋　175

蒙古タンメン中本西池袋（ラーメン）

東京都豊島区西池袋3-26-6
サンサーラ西池袋2F
電話　03-3989-1233
劇辛ラーメンで有名なチェーン。まずは定番の「蒙古タンメン」から。

群馬／高崎　176

ココシエール（バー）

群馬県高崎市東町3-5　ホテルココグラン高崎2F
電話　027-320-7707
大人気のホテルレストランが夜はバー営業。癒し空間で素敵な夜の時間を。

カテゴリー別インデックス

デラックス

東京	シェラトン都ホテル東京	20
大阪	フレイザーレジデンス南海大阪	23
北海道	ホテルモントレエーデルホフ札幌	25
北海道	ノボテル札幌	26
京都	ANAクラウンプラザホテル京都	39
北海道	クロフォード・イン大沼	45
静岡	オークラアクトシティホテル浜松	55
千葉	ホテル・ザ・マンハッタン	60
東京	ホテルインターコンチネンタル東京ベイ	71
長野	ホテル国際21	80
神奈川	ホテルニューグランド	93
東京	京王プラザホテル多摩	100
長野	ホテルメトロポリタン長野	124
滋賀	ロイヤルオークホテル　スパ&ガーデンズ	130
東京	ロイヤルパークホテル	137
東京	リーガロイヤルホテル東京	153
北海道	東京ドームホテル札幌	155
広島	オリエンタルホテル広島	161
福岡	グランドハイアット福岡	170
福岡	アゴーラ福岡山の上ホテル&スパ	171
愛知	ウェスティンナゴヤキャッスル	188
三重	四日市都ホテル	189
大阪	ホテル京阪ユニバーサルタワー	192
北海道	シェラトンホテル札幌	198

ミドル

東京	ザ・クレストホテル立川	21
兵庫	天然温泉白鷺の湯ドーミーイン姫路	22
千葉	マロウドインターナショナルホテル成田	24
東京	ホテルグランドパレス	33
北海道	アートホテルズ札幌	37
北海道	チサングランド函館	48
東京	ホテルバー　グランティオス	52
埼玉	川越プリンスホテル	63
東京	ロッテシティホテル錦糸町	66
大分	ホテルフォルツァ大分	89
福岡	ホテルフォルツァ博多	91
青森	リッチモンドホテル青森	114
秋田	ホテルプラザアネックス横手	115
福島	ホテルプリシード郡山	116
京都	糸屋ホテル	129
京都	アルモントホテル京都	131
群馬	榛名の湯ドーミーイン高崎	135
北海道	ANAホリデイ・イン札幌すすきの	156
大阪	リッチモンドホテルなんば大国町	166

エコノミー

東京	ビジネスホテル西池	16
東京	スマイルホテル巣鴨	17
東京	ホテルブーゲンビリア板橋	18
東京	アゴーラ・プレイス浅草	19
千葉	スーパーホテル千葉駅前	27
横浜	コンフォートホテル横浜関内	28
東京	ホテルリソル町田	30
東京	大塚タウンホテル	32
東京	アパホテル小伝馬町駅前	34
東京	パレスジャパン	35
東京	八王子ホテルニューグランド	36

INDEX

大阪	チサンホテル心斎橋	38
東京	ホテルウィングインターナショナル後楽園	41
千葉	アパホテル京成成田駅前	43
北海道	ホテルローヤルステイ・サッポロ	44
北海道	函館リッチホテル五稜郭	46
北海道	ホテルリソルトリニティ札幌	49
東京	東京ビジネスホテル	50
静岡	Hotel Brush Up	54
岐阜	ホテル イルクレド岐阜	56
三重	スーパーホテル四日市・国道1号沿	57
名古屋	名鉄イン名古屋駅前	58
東京	ホテルサンターガス大塚店	64
神奈川	スターホテル横浜	67
長野	上田第一ホテル	68
茨城	ホテルマークワンつくば研究学園	69
東京	アパホテル浅草蔵前	70
神奈川	ホテルマイステイズ横浜	72
東京	立川ワシントンホテル	73
東京	ザ・ビー八王子	75
長野	ユーイン上田	79
東京	クラブイン荻窪	87
福岡	HOTEL LA FORESTA BY RIGNA	90
千葉	東横イン成田空港	92
東京	ホテルリンデン	95
東京	ホテル昌庭	96
埼玉	川口ステーションホテル	97
栃木	イーホテル小山	99
千葉	東横イン千葉みなと駅前	106
北海道	JRイン札幌	107
北海道	スーパーホテル札幌すすきの	108
青森	津軽の宿弘前屋	113
東京	スマイルホテル浅草	120
東京	ビジネスホテル三番館	121
群馬	アパホテル高崎駅前	125
東京	新宿ビジネスホテル	132
東京	ホテルウィングインターナショナル池袋	136
横浜	メルパルク横浜	138
東京	ホテルリブマックス新橋	139
東京	スマイルホテル東京阿佐ヶ谷	142
東京	アパホテル新橋虎ノ門	143
東京	アパホテル東京潮見駅前	146
東京	アパホテル池袋駅北口	147
東京	晴海グランドホテル	149
東京	スーパーホテルInn池袋北口	150
東京	R&Bホテル大塚駅北口	151
東京	ホテル ラクシオ・イン	152
千葉	成田ゲートウェイホテル	154
東京	ベイサイドホテル アジュール竹芝	159
愛媛	プレミアムイン松山	162
高知	セブンデイズホテルプラス	163
東京	ホテルメンテルス大塚	164
徳島	アグネスホテルプラス	167
東京	ホテルオーエド	168
東京	ホテルココ・グラン北千住	169
埼玉	デイリーイン254	172
東京	ホテルアーバン	175
群馬	高崎ワシントンホテルプラザ	176
東京	池袋ロイヤルホテル東口館	177
東京	華宮旅館	178
埼玉	川口センターホテル	179
埼玉	ホテルアーバングレイス西川口	180
東京	新大久保シティホテル	181
神奈川	塔ノ沢キャトルセゾン	182
東京	ホテルマイステイズ東池袋	183
東京	浅草セントラルホテル	184
東京	アパホテル東新宿駅前	186

地域	施設名	頁
東京	ふくおか会館	187
東京	大塚シティホテル	190
大阪	アパホテル大阪天満	193
東京	スーパーホテル東京・大塚	195
東京	立川リージェントホテル	196
東京	リフレフォーラム	200
長野	上田東急イン	201
東京	ビジネスホテル 国際ホテル歌舞伎町	202
神奈川	アパホテル横浜関内	203

カプセル

地域	施設名	頁
東京	サウナ&カプセル クリアイン巣鴨	29
東京	グリーンプラザ新宿	31
東京	カプセルイン大塚	40
東京	カプセル&サウナ コスモプラザ赤羽	42
東京	カプセルランド湯島	51
東京	東京木場ホテル	53
東京	サウナ&カプセル太陽	59
東京	カプセル&サウナ・ロスコ	62
東京	カプセル&サウナ センチュリー渋谷	65
東京	カプセルイン錦糸町	74
東京	ホテルニュー栃木屋	78
東京	カプセル&サウナ 池袋プラザ	81
東京	ホテルヒルトップ	82
東京	ホテルカワセ	94
埼玉	カプセルイン川越	98
東京	カプセルホテル新宿510	102
東京	池袋ホテル&カプセル オアシス	103
東京	かぷせるイン赤坂	104
東京	カプセルきぬやホテル上野店	105
東京	ファーストイン京橋	110
埼玉	パークプラザ大宮	111
東京	サンライズ・イン赤羽	112
東京	シーサイドイン大森	118
東京	カプセル&サウナ センチュリー	123
東京	サウナ&カプセル サンフラワー	126
東京	カプセル&サウナ オリエンタル	133
東京	サウナ&カプセル ビッグレモン	134
東京	Single CABIN 立花	144
東京	カプセルホテルFK	145
東京	カプセルホテルはたごや	165
東京	カプセルホテル リード・イン大森	174
東京	1泊1980円ホテル	194
東京	ホテルニュー魚眠荘	197

レジャー

地域	施設名	頁
東京	ホテルフォーション	83
東京	グランファーレ	84
東京	ホテルエリアス	85
東京	ホテルドマーニ	86
東京	HOTEL X	88
埼玉	ホテルモンフレール	117
名古屋	ホテルミラージュ	119
東京	ホテル ビアンカ ドゥエ	127
東京	ホテルセリオ	128
東京	遊楽膳	157
東京	H-SEVEN OHTSUKA	158
東京	ホテル アペルト	160
東京	ホテルアメジスト	185
東京	ホテルアゼリア	191
埼玉	レスティMOON所沢	199

旅館

地域	施設名	頁
茨城	アトンパレスホテル 茶寮砂の栖	61
神奈川	仙石原品の木一の湯	122
静岡	伊豆長岡温泉 南山荘	148

ホステル

東京
東京セントラルユースホステル 101

エリア別インデックス

北海道

大沼　クロフォード・イン大沼　45
札幌　ホテルモントレエーデルホフ札幌　25
札幌　ノボテル札幌　26
札幌　アートホテルズ札幌　37
札幌　ホテルローヤルステイ・サッポロ　44
札幌　ホテルリソルトリニティ札幌　49
札幌　JRイン札幌　107
札幌　スーパーホテル札幌すすきの　108
札幌　東京ドームホテル札幌　155
札幌　ANAホリデイ・イン札幌すすきの　156
札幌　シェラトンホテル札幌　198
函館　函館リッチホテル五稜郭　46
函館　チサングランド函館　48

青森

青森　リッチモンドホテル青森　114
弘前　津軽の宿弘前屋　113

秋田

横手　ホテルプラザアネックス横手　115

福島

郡山　ホテルプリシード郡山　116

茨城

神栖　アトンパレスホテル　茶寮砂の栖　61
つくば　ホテルマークワンつくば研究学園　69

栃木

小山　イーホテル小山　99

群馬

高崎　アパホテル高崎駅前　125
高崎　榛名の湯ドーミーイン高崎　135
高崎　高崎ワシントンホテルプラザ　176

埼玉

大宮　パークプラザ大宮　111
川口　川口ステーションホテル　97
川口　川口センターホテル　179
川口　ホテルアーバングレイス西川口　180
川越　川越プリンスホテル　63
川越　カプセルイン川越　98
所沢　ホテルモンフレール　117
所沢　レステイMOON所沢　199
新座　デイリーイン254　172

千葉

千葉　スーパーホテル千葉駅前　27
千葉　ホテル・ザ・マンハッタン　60
千葉　東横イン千葉みなと駅前　106
成田　マロウドインターナショナルホテル成田　24
成田　アパホテル京成成田駅前　43
成田　東横イン成田空港　92
成田　成田ゲートウェイホテル　154

INDEX

東京

赤坂	かぷせるイン赤坂	104
赤羽	カプセル&サウナ　コスモプラザ赤羽	42
赤羽	サンライズ・イン赤羽	112
赤羽	Single CABIN 立花	144
阿佐ヶ谷	スマイルホテル東京阿佐ヶ谷	142
浅草	アゴーラ・プレイス浅草	19
浅草	アパホテル浅草蔵前	70
浅草	ホテルニュー栃木屋	78
浅草	ホテルカワセ	94
浅草	スマイルホテル浅草	120
浅草	浅草セントラルホテル	184
浅草	ホテルニュー魚眠荘	197
飯田橋	東京セントラルユースホステル	101
池袋	ビジネスホテル西池	16
池袋	カプセル&サウナ　池袋プラザ	81
池袋	ホテルエリアス	85
池袋	ホテルドマーニ	86
池袋	HOTEL X	88
池袋	ホテル昌庭	96
池袋	池袋ホテル&カプセル　オアシス	103
池袋	ビジネスホテル三番館	121
池袋	ホテルウィングインターナショナル池袋	136
池袋	アパホテル池袋駅北口	147
池袋	スーパーホテルInn池袋北口	150
池袋	ホテルオーエド	168
池袋	ホテルアーバン	175
池袋	池袋ロイヤルホテル東口館	177
池袋	華宮旅館	178
池袋	ホテルマイステイズ東池袋	183
池袋	ホテルアメジスト	185
池袋	ホテルアゼリア	191
板橋	ホテルブーゲンビリア板橋	18
板橋	サウナ&カプセル太陽	59
上野	カプセルきぬやホテル上野店	105
上野	カプセル&サウナ　センチュリー	123
上野	カプセル&サウナ　オリエンタル	133
大島	リフレフォーラム	200
大塚	大塚タウンホテル	32
大塚	カプセルイン大塚	40
大塚	ホテルサンターガス大塚店	64
大塚	ホテル　ビアンカ　ドゥエ	127
大塚	R&Bホテル大塚駅北口	151
大塚	H-SEVEN OHTSUKA	158
大塚	ホテル　アペルト	160
大塚	ホテルメンテルス大塚	164
大塚	大塚シティホテル	190
大塚	スーパーホテル東京・大塚	195
大森	ホテルバー　グランティオス	52
大森	シーサイドイン大森	118
大森	カプセルホテル　リード・イン大森	174
荻窪	クラブイン荻窪	87
北千住	ホテルココ・グラン北千住	169
木場	東京木場ホテル	53
京橋	ファーストイン京橋	110
錦糸町	ロッテシティホテル錦糸町	66
錦糸町	カプセルイン錦糸町	74
九段下	ホテルグランドパレス	33
小岩	カプセルホテルFK	145
後楽園	ホテルウィングインターナショナル後楽園	41
駒込	カプセル&サウナ・ロスコ	62
潮見	アパホテル東京潮見駅前	146
下谷	1泊1980円ホテル	194
渋谷	カプセル&サウナ　センチュリー渋谷	65
白金台	シェラトン都ホテル東京	20

新大久保　新大久保シティホテル　181
新宿　グリーンプラザ新宿　31
新宿　東京ビジネスホテル　50
新宿　ホテルフォーション　83
新宿　グランファーレ　84
新宿　カプセルホテル新宿510　102
新宿　ホテルセリオ　128
新宿　新宿ビジネスホテル　132
新宿　サウナ&カプセル　ビッグレモン　134
新宿　遊楽膳　157
新宿　カプセルホテルはたごや　165
新宿　アパホテル東新宿駅前　186
新宿　ビジネスホテル　国際ホテル歌舞伎町　202
新橋　ホテルリブマックス新橋　139
新橋　アパホテル新橋虎ノ門　143
巣鴨　スマイルホテル巣鴨　17
巣鴨　サウナ&カプセル　クリアイン巣鴨　29
巣鴨　サウナ&カプセル　サンフラワー　126
竹芝　ホテルインターコンチネンタル東京ベイ　71
竹芝　ベイサイドホテル　アジュール竹芝　159
立川　ザ・クレストホテル立川　21
立川　立川ワシントンホテル　73
立川　立川リージェントホテル　196
多摩　京王プラザホテル多摩　100
成増　ホテルヒルトップ　82
日本橋　アパホテル小伝馬町駅前　34
日本橋　ロイヤルパークホテル　137
八王子　八王子ホテルニューグランド　36
八王子　ザ・ビー八王子　75
晴海　晴海グランドホテル　149
半蔵門　ふくおか会館　187
町田　ホテルリソル町田　30
町田　ホテル　ラクシオ・イン　152
南千住　パレスジャパン　35
湯島　カプセルランド湯島　51
湯島　ホテルリンデン　95
早稲田　リーガロイヤルホテル東京　153

神奈川

横浜　コンフォートホテル横浜関内　28
横浜　スターホテル横浜　67
横浜　ホテルマイステイズ横浜　72
横浜　ホテルニューグランド　93
横浜　メルパルク横浜　138
横浜　アパホテル横浜関内　203
箱根　仙石原品の木一の湯　122
箱根　塔ノ沢キャトルセゾン　182

静岡

伊豆の国　伊豆長岡温泉　南山荘　148
御殿場　Hotel Brush Up　54
浜松　オークラアクトシティホテル浜松　55

長野

上田　上田第一ホテル　68
上田　ユーイン上田　79
上田　上田東急イン　201
長野　ホテル国際21　80
長野　ホテルメトロポリタン長野　124

岐阜

岐阜　ホテル イルクレド岐阜　56

愛知

名古屋　名鉄イン名古屋駅前　58
名古屋　ホテルミラージュ　119
名古屋　ウェスティンナゴヤキャッスル　188

三重

四日市　スーパーホテル四日市・国道1号沿　57
四日市　四日市都ホテル　189

滋賀

大津　ロイヤルオークホテル スパ&ガーデンズ　130

京都

京都　ANAクラウンプラザホテル京都　39
京都　糸屋ホテル　129
京都　アルモントホテル京都　131

大阪

大国町　リッチモンドホテルなんば大国町　166
天満　アパホテル大阪天満　193
長堀橋　チサンホテル心斎橋　38
難波　フレイザーレジデンス南海大阪　23
ユニバーサルシティ　ホテル京阪ユニバーサルタワー　192

兵庫

姫路　天然温泉 白鷺の湯 ドーミーイン姫路　22

広島

広島　オリエンタルホテル広島　161

高知

高知　セブンデイズホテルプラス　163

愛媛

松山　プレミアイン松山　162

徳島

徳島　アグネスホテルプラス　167

福岡

福岡　HOTEL LA FORESTA BY RIGNA　90
福岡　ホテルフォルツァ博多　91
福岡　グランドハイアット福岡　170
福岡　アゴーラ福岡山の上ホテル&スパ　171

大分

大分　ホテルフォルツァ大分　89

=この本で訪れた
都道府県
北海道
青森
秋田
岩手
山形
宮城
福島
新潟
栃木
群馬
茨城
石川
富山
長野
埼玉
千葉
東京
山梨
福井
岐阜
神奈川
静岡
愛知
京都
滋賀
鳥取
兵庫
島根
岡山
三重
大阪
奈良
広島
香川
和歌山
徳島
山口
高知
愛媛
福岡
佐賀
大分
熊本
長崎
宮崎
鹿児島
沖縄

瀧澤信秋
(たきざわ・のぶあき)

ホテル評論家。「All About」公式ホテルガイド、ホテル情報メディア「Hotelers」編集長。日本旅行作家協会会員。宿泊者・利用者の立場からホテルや旅館全般を評論。ホテルや旅のエッセイなども多数発表。日本を代表するホテル評論家としてテレビやラジオへの出演、雑誌などへの寄稿など多数。著書に『ホテルに騙されるな! プロが教える絶対失敗しない選び方』(光文社新書)など。

365日
365ホテル ㊤

2014年7月31日　第1刷発行

著者　瀧澤信秋
発行者　石﨑孟
発行所　株式会社マガジンハウス
〒104-8003 東京都中央区銀座3-13-10
書籍編集部　☎03-3545-7030
受注センター　☎049-275-1811

デザイン　株式会社イデシタ事務所
印刷・製本所　株式会社リーブルテック

ISBN978-4-8387-2686-8 C0095

マガジンハウスのホームページ　http://magazineworld.jp/

ホテル インターコンチネンタル 東京ベイ p71

東京 竹芝

スタイリッシュな客室は眺望も抜群。眠りのおもてなしをテーマにしたベッドやリネン類のクオリティに驚く。

都心のリゾートという表現がふさわしい湾岸ベイエリアの立地は開放感抜群で、快適なホテルステイを約束。

おすすめ
8ホテル

ホテルニューグランド p93

神奈川 横浜

歴史ある本館も魅力的であるが、新しいタワー館は快適性と眺望にも優れる。これもニューグランドクオリティ。

伝統と格式のクラシックホテルステイは本館へ。客室はリニューアルされ快適であるが、至る所に歴史が息づく。

ロイヤルオークホテル スパ&ガーデンズ p130

滋賀 大津

様々なシーンを見せるリゾートホテル。琵琶湖の眺望、英国式庭園の眺望、どちらも捨てがたい贅沢なステイ。

季節になると花が咲き誇る中庭を散策しベンチでくつろぐと、改めてその贅沢なロケーションに感動させられる。

おすすめ
8ホテル

アゴーラ福岡山の上ホテル&スパ p171

福岡 福岡

福岡市街を見下ろすロケーションゆえ、至るところから望める景色は筆舌に尽くしがたい。様々なシーンも演出。

快適な客室はもちろん、スパ施設、レストランやバンケット施設などが充実した滞在を約束する。

ホテルバー グランティオス p52

東京 大森

全17室、全て異なるタイプの客室で、ビジネスからファミリー、カップルユースまで様々なシーンに対応。

2階にはクオリティの高いバーを有する。バーがテーマになったスモールホテルは、まさに大人の隠れ家である。

ホテルフォルツァ博多 p91

福岡 福岡

ワンランク上のビジネスホテルとしての付加価値をもたらした部屋は、調度品などのクオリティにも驚かされる。

目を引く斬新な外観に見とれて一歩ホテルへ入ると、スタイリッシュなロビーと笑顔のスタッフに迎えられる。

ホテルココ・グラン北千住

p169

東京 北千住

ビジネスホテルというイメージを大きく覆す全室マッサージチェア付きの部屋は、快適性と利便性も折り紙付き。

清潔感のある大浴場。男性には露天風呂・ドライサウナ、女性には岩盤浴・セラピーチェアなどを設けている。

おすすめ
8ホテル

塔ノ沢 キャトルセゾン

p182

神奈川 箱根

箱根の温泉旅館チェーン一の湯グループでは異色の「温泉特化型ホテル」。一部客室がリニューアルされ快適に。

経年感のある建物本体からは想像できないスタイリッシュなリニューアルで、トイレや浴室も快適に利用できる。